Markus Spieker

W0197581

Übermorgenland

Eine Weltvorhersage

Bibliografische Information der Deutschen Nationalbibliothek
Die Deutsche Nationalbibliothek verzeichnet diese Publikation in der Deutschen
Nationalbibliografie; detaillierte bibliografische Daten sind im Internet über www.dnb.de
abrufbar.

© 2019 by Fontis-Verlag Basel

Umschlag: Olaf Johannson, Spoon Design, Langgöns
Bild Umschlag U1: Illerlok_Xolms/Shutterstock.com
Foto Umschlag U4: Markus Spieker
Bild Umschlag U4 (unten): Canicula/Shutterstock.com
Satz: InnoSet AG, Justin Messmer, Basel
Druck: Finidr
Gedruckt in der Tschechischen Republik

ISBN 978-3-03848-164-5

Inhalt

Dritter Teil

Übermorgenland
Wie wir besser, krisenfester und unsterblich werden 239

Epilog

Prolog

Nacht

(Hammelburg & Berlin)

Es ist stockdunkel.

Seit vier Stunden und einer gefühlten Ewigkeit hocke ich mit verbundenen Augen auf dem Boden. Ich weiß nicht, wo ich bin. Aus einem Lautsprecher scheppert orientalische Tanzmusik. Ich habe Durst, aber traue mich nicht, um Wasser zu bitten. Ich wage nicht einmal, meine Sitzposition zu verändern. Wenn ich mit meinem Hintern zur Seite rutsche, bellt eine Stimme auf Englisch, dass ich mich gefälligst nicht rühren soll. Dass ich Dreck bin.

«Sag, dass du Dreck bist. Sag, dass du gehorsam sein wirst.»

«Ich werde gehorsam sein», sage ich.

«Lauter!»

«ICH WERDE GEHORSAM SEIN!»

«Mitkommen!»

Jemand packt mich am Arm. Ich werde aus dem Zelt geführt, über einen Hof, in ein Gebäude.

«Setz dich.»

Ich sacke auf einen Stuhl. Einige Männer mit barschen Stimmen verhören mich. Ich habe keine Ahnung, wie viele. Für wen ich spioniere, wollen sie wissen.

«Ich bin Journalist», verteidige ich mich.

«Du lügst!», schreien sie mich an.

Nach einer Viertelstunde werde ich abgeführt, muss mich wieder zu den Kollegen hocken, die zusammen mit mir verschleppt wurden.

Am frühen Morgen haben sie uns entführt, aus einer schäbigen Herberge. Ich hatte nur ein paar Stunden geschlafen, als ich Lärm hörte, Schritte, Schüsse. Eine Gruppe Vermummter stürmte das Haus, trieb alle dort Anwesenden zusammen. Wir mussten die Hände hochnehmen, bekamen Säcke über die Köpfe gestülpt, wurden in einen Kleinbus bugsiert. Nach einer wilden Fahrt kamen wir in unserem Gefängnis an. Ich habe keine Ahnung, wo wir sind und wie unsere Entführer aussehen.

Das ändert sich plötzlich. Meine Augenbinde, die nicht fest genug zugebunden war, löst sich von selbst. Ich kann darunter durchblicken. Ich sehe einige bärtige Männer, die wiederum Blickkontakt zu einer Frau halten.

Sie ist um die dreißig, blond, sieht ganz und gar nicht wie eine islamistische Terroristin aus.

Es ist die Bundeswehrpsychologin, die aufpasst, dass die Übung nicht aus dem Ruder läuft. Sie blickt auf die Uhr. Dann nickt sie den als Terroristen verkleideten Soldaten zu.

Das Gejaule aus den Lautsprechern stoppt. Das Krisenvorbereitungstraining für Journalisten ist beendet. Die anderen Kollegen und ich nehmen die Augenbinden ab und freuen uns, dass bald der Zug abfährt. Aus Hammelburg in Unterfranken geht es dann zurück in unsere verschiedenen Redaktionen.

Ich habe jetzt eine ungefähre Vorstellung davon, was mich in meiner künftigen Einsatzregion erwartet. Ich soll als Fernsehkorrespondent aus Südasien berichten. Mein Berichtsgebiet umfasst, grob gesagt, die Länder, die zwischen dem Himalaya und der Antarktis liegen. Fast zwei Milliarden leben hier, die meisten davon in Indien, die übrigen in Nepal, Bhutan, Sri Lanka, Bangladesch, Pakistan, Afghanistan. Und, nicht zu vergessen, auf den Malediven.

Aber an dieses Inselparadies denkt mein Chef sicher nicht, als er mir bei der Abschiedsfeier in Berlin mit auf den Weg gibt: «Sie reisen in das gefährlichste Korrespondentengebiet.» Mein Hals wird trocken. Ich nippe an meiner Apfelschorle.

Inzwischen ist meine Korrespondentenzeit um.

Die gute Nachricht für mich ist: Ich lebe noch. Die schlechte Nachricht für uns alle ist: Jetzt geht der Stress erst richtig los.

Ursprünglich wollte ich ein Buch über meine spannendsten Reporter-Erlebnisse am Hindukusch und am Ganges schreiben. Bis ich mir eingestehen musste: Es gibt eine Geschichte, die wichtiger ist und die alle meine Erlebnisse überlagert. Es ist die Geschichte einer Welt, die sich im Krisenmodus befindet.

Krise bedeutet nichts anderes als Wendepunkt oder Umstellung. Wir erleben gerade die größte anzunehmende Umstellung aller Zeiten, einen welthistorischen GAU.

Im 21. Jahrhundert kommen drei Megatrends zusammen, die jeder für sich genommen alle bisherigen Revolutionen in den Schatten stellen und die zusammen den perfekten Sturm, den maximalen «Wind of Change» erzeugen: Die Globalisierung. Die Digitalisierung. Die Individualisierung.

Alles ändert sich gerade, die Weltordnung, die Arbeitswelt, die Beziehungsstrukturen. Mehr Wandel erfordert mehr Anpassung, das Einüben neuer Entscheidungsprozesse kostet viel Energie, was wiederum anstrengt, Stress verursacht, Burn-out bewirkt. Deshalb bewegen sich immer mehr Gesellschaften am Rande des Nervenzusammenbruchs.

Mein Chef hatte Recht. Es wird gefährlich. Für uns alle.

Bei meinen Reisen durch Asien und bei Urlaubsbesuchen in der Heimat habe ich einen Vorgeschmack auf die Zukunft bekommen. Ich habe eine Welt im Aufbruch erlebt und Gesellschaften, die unter extremen Wachstumsschmerzen leiden.

Ich habe aber auch gesehen, wie eine Welt untergeht. Die Welt, in der wir uns wohlig eingerichtet haben. Die Welt, in der es immer weiter aufwärtsgeht – mit uns an der Spitze. In der es immer gerechter zugeht – selbstverständlich auf unserem Niveau. Die Welt, die wir kennen, die wir mögen und kontrollieren. Diese Welt ist Geschichte. Das 19. Jahrhundert gehörte uns Europäern, im 20. Jahrhundert dominierten die USA, und das 21. Jahrhundert wird am stärksten von asiatischen Ländern geprägt werden. Die Musik spielt immer lauter da, wo die Sonne früher aufgeht als bei uns: im Morgenland.

Mich treibt in diesem Buch die Frage um: Was kommt auf uns zu, was verschwindet, was bleibt? Wie können wir uns für die neuen Herausforderungen wappnen – wirtschaftlich, politisch, kulturell?

So weit, so vernünftig.

An dieser Stelle ist eine Warnung angebracht. Vor mir selbst. Einige Leser werden sich an einigen Stellen verwundert die Augen reiben. Dann nämlich, wenn ich vom Pfad der journalistischen Beobachtung abweiche und zum religiösen Bekenner mutiere.

Dass Asien seinen Besuchern die Köpfe verdreht, ist nichts Neues. Das ging schon dem Lieblingsautoren meiner Kindheit so. Karl May (1842–1912) war berühmt geworden mit schnörkellosen Abenteuergeschichten über Länder, die er nie gesehen hatte. Dann reiste er selbst in den Orient und quälte anschließend seine Fans mit allegorischen Romanen über die Fantasiereiche «Ardistan» und «Dschinnistan» und mit Spekulationen über das «Reich der Edelmenschen».

Auch ich werde mich auf einen zuweilen schrägen Trip begeben. Ich werde die in meiner Branche übliche nüchtern-skeptische Haltung aufgeben und mich klar positionieren. Allem voran als Christ. Mein Lebensmotto ist nun einmal der Ratschlag, den ein anderer Pfarrerssohn und Journalist, Matthias Claudius (1740–1815), seinem Sohn gegeben hat: «Gehe nicht aus der Welt, ohne deine Liebe und Ehrfurcht für den Stifter des Christentums durch irgendetwas öffentlich bezeugt zu haben.»[2]

Dass ich das Thema Religion sehr ausführlich behandeln werde, hat aber auch einen professionellen Hintergrund. Anders als im säkularisierten Europa sind die Religionen in Südasien allgegenwärtig und überdeutlich sichtbar. Ich habe in den letzten Jahren mehr Mönche, Mullahs und Priester interviewt als Politiker oder Wirtschaftsbosse. Für sie, genau wie für die meisten

Menschen in Asien, sind diesseitige und jenseitige Dinge, Tradition und Fortschritt ganz selbstverständlich miteinander verbunden. Sie sind davon überzeugt, dass zukünftiges Wachstum nur möglich ist, wenn man seine eigenen Wurzeln pflegt.

Und ich bin davon überzeugt, dass wir in dieser Hinsicht von Asien lernen können.

Aber keine Angst: Ich werde nicht den Propheten geben. Ich werde zwar viele Prognosen machen und versuchen, sie mit Statistiken und Anekdoten zu begründen. Mein hauptsächliches Anliegen besteht aber darin, Denkmöglichkeiten aufzuzeigen und neue Vorstellungsräume aufzuschließen. Meine Ausführungen beruhen nicht auf Offenbarungen, sondern auf Gedankenblitzen, die mir in den letzten vier Jahren gekommen sind. Ich verstehe mich als Pilger, der in einer Zeit der rasanten Beschleunigung und der extremen Horizonterweiterung versucht, sich selbst und anderen Orientierungshilfen zu geben.

Einen präzisen Zukunftsfahrplan lege ich nicht vor. Ich beschreibe Eindrücke und Ahnungen, bin mir aber im Klaren darüber, dass sie schon in wenigen Monaten überholt sein können.

Damit die Lektüre auch dann noch Wissen vermittelt und Spaß macht, habe ich das Buch so angelegt, dass es auch als Reisebericht funktioniert. Ich war schließlich da unterwegs, wo Sindbad der Seefahrer herumirrte und wo das historische Vorbild von Robinson Crusoe ums Überleben kämpfte,[3] in den Ländern, in denen Pfeffer, Chili und Curry und andere natürliche Geschmacksverstärker wachsen.

In diesem Sinn hoffe ich, dass *Übermorgenland* kein Unwohlsein verursacht, sondern bei aller heftigen Kost Appetit auf die Zukunft macht.

Erster Teil

Gesternland

Warum wir die Welt nicht mehr verstehen

Vor dem Aufbruch ins Morgen kommt der Abschied vom Gestern.

Ich gehe zwanzig Jahre zurück: 1999. Damals begann meine journalistische Laufbahn. Die Regierungschefs hießen Schröder, Blair, Clinton, Jelzin, der islamistische Terrorismus war nur eine ferne Bedrohung, China immer noch ein bloßer Geheimtipp und Deutschland zehn Jahre nach dem Fall der Mauer obenauf.

Bei der Millennium-Party am Brandenburger Tor feierte ich mit einer Million Menschen aus Ost und West den Anbruch des neuen Jahrtausends. Modern Talking sang «You're My Heart, You're My Soul», und Otto Waalkes riss seine alten Kalauer. Die Show müffelte nach Vergangenheit, aber die Atmosphäre war dennoch von Aufbruchsstimmung geprägt.

Mittlerweile ist das so weit weg, dass ich mich insgeheim frage, warum die abgespeicherten Bilder in meinem Kopf nicht schwarzweiß sind. Die Selbstverständlichkeit von damals ist jedenfalls futsch, genau wie die Idee, das Ende der Geschichte sei erreicht und man könne die nächsten Jahrhunderte im Chill-Modus verbringen. 1989 ging nicht die Geschichte zu Ende, sondern nur das kommunistische Projekt. Mittlerweile ist auch das liberal-kapitalistische Projekt in der Krise.

«Wir leben in verrückten Zeiten», höre ich oft. Das erinnert mich an den berühmtesten Theaterhelden: Hamlet.

«Die Zeit ist aus den Fugen», klagt er, weil er die Ereignisse um sich herum nicht einsortiert kriegt. Dabei ist das Hauptproblem er selbst. Er schwankt zwischen Aktionismus und Zaudern. Am Ende liegen fast alle Protagonisten, er selbst eingeschlossen, tot auf der Bühne.

Ganz so schlimm wird es uns schon nicht treffen. Mit «uns» meine ich vor allem uns Deutsche, aber auch uns Europäer, uns Westler, uns Bewohner des christlichen Abendlandes. Von Hamlet können wir lernen, wie man es besser macht. Nämlich indem man die Zeichen der Zeit korrekt diagnostiziert und dann angemessen reagiert.

Es folgen einige sachdienliche Hinweise.

1. Hilfe, wir haben uns selbst geschrumpft!
Warum wir immer weniger wichtig werden

Auch Politiker haben Mantras: Sprüche, die sie so oft aufsagen, dass man glauben könnte, sie wollten damit die Welt verändern. Besonders gut gefällt mir das Mantra von Volker Kauder, dem langjährigen Vorsitzenden der Unions-Bundestagsfraktion. Ich kann mich an kaum ein Gespräch mit ihm erinnern, in dem er es nicht aufgesagt hat. Es lautet:

«Politik beginnt mit der Betrachtung der Wirklichkeit.»

Er hat Recht. Nur könnte man seine Einsicht von der Politik auf die gesamte menschliche Existenz erweitern. Klug ist, wer sich der Realität stellt. Umgekehrt ist Wirklichkeitsverlust das wichtigste Kennzeichen von Wahnsinn.

Zur Wirklichkeitserfassung gehört die Einschätzung der eigenen Wichtigkeit. Und hier fängt bei vielen Debatten in Deutschland das Problem an. Wir tun so, als würde der Rest der Welt mit großem Interesse auf uns schauen, als wären wir eine Großmacht.

Sind wir aber nicht. Und zwar immer weniger.

Vor hundert Jahren war einer von fünfundzwanzig Erdbewohnern deutsch.

Heute nur noch einer von hundert.

1 Prozent.

Das ist, jedenfalls in puncto Personenstärke, unser Gewicht in der Welt. Am Ende des 21. Jahrhunderts werden es kaum mehr als 0,5 Prozent sein. Wir werden in der Welt dann ungefähr dieselbe Machtstellung haben wie heute das kleine Slowenien in Europa.

Wir machen unsere geringere Quantität auch nicht durch gesteigerte Qualität wett. Weil ich ein Bücherliebhaber bin, suche ich in allen Metropolen der Welt, die ich bereise, Buchläden auf. In der Abteilung «Klassiker» stoße ich immer noch auf die Werke von Thomas Mann und Günter Grass. Neuere deutsche Literatur: Fehlanzeige. Und deutsche Kinofilme zeigt in den meisten Ländern höchstens das Goethe-Institut.

Der deutsche Export läuft zwar immer noch auf Hochtouren, aber einige Statistiken zeigen, dass unsere Wirtschaft sich im Stagnations- oder sogar Abstiegsmodus befindet. Wir fallen zurück in den Kategorien Produktivität, Patent-Anmeldungen, Gesamtwirtschaftsstärke.

Auch unsere Infrastruktur ist in vielen Bereichen entfernt von der Weltspitze. Der Internet-Empfang ist in manchen Himalaya-Dörfern besser als in einigen deutschen Landkreisen. Unsere wichtigsten öffentlichen Bauvorhaben machen uns weltweit zur Lachnummer:

In derselben Zeitspanne, in der es immer noch nicht gelungen ist, den Berliner Flughafen BER fertigzustellen, sind alleine in Indien hundert hochmoderne Flughäfen entstanden. Und in den meisten davon geht die Abfertigung ruckzuck.

Ganz anders in Deutschland: Wenn ich von Frankfurt nach Delhi zurückflog, wurde manchmal gestreikt. Oder die Anfahrt verzögerte sich wegen zahlloser Baustellen. Oder die Geräte bei der automatischen Passkontrolle waren defekt. Oder die Schlangen beim Sicherheitscheck reichten fast bis zum nächsten Terminal, weil zu viele Sicherheitskräfte gerade krank waren.

Hochsommerliche Bahnfahrten in Deutschland wurden für mich zur Tortur, weil immer wieder die Klimaanlage ausfiel. Und auf der Autobahn kam ich wegen der vielen Baustellen oft langsamer voran als auf Wüstenpisten in Rajasthan.

Zukunftsfähigkeit sieht anders aus.

Doch die meisten scheint das nicht zu stören. Unsere wirtschaftliche Zukunftsfähigkeit treibt uns weniger um als das Abschneiden bei der Fußball-WM oder beim European Song Contest. Wer unsere Zeitungen liest, könnte meinen, der entscheidende Wettbewerb finde vor allem zwischen Parteien statt – um Prozentpunkte bei Umfragen. Dabei ist der Wettbewerb zwischen Volkswirtschaften natürlich viel wichtiger. Es geht um Marktzugänge, Fachkräfte, Innovationen.

Junge deutsche Linke, die gegen die Milliardäre im eigenen Land wettern, lassen außer Acht, dass die meisten Milliardäre längst nicht mehr in Europa, auch nicht in Amerika, sondern in Asien zuhause sind – und irgendwann versuchen werden, auch Aldi, Siemens und Mercedes aufzukaufen.

Es hat bekanntlich über hundert Jahre gedauert, bis unsere Vorfahren den Schock der kopernikanischen Wende verdaut hatten. Jetzt kommt die nächste Zumutung, an der wir ebenfalls etwas länger kauen werden, bis wir sie herunterschlucken.

Die Welt dreht sich zwar, aber sie dreht sich nicht um uns und unsere Wünsche.

Deutschland, mit seinen sauber ausgearbeiteten Verwaltungsvorschriften, erinnert mich immer mehr an einen Zoo, der allmählich in die Jahre kommt. Die Welt da draußen ist ein Dschungel. Und dort herrscht das älteste und gnadenloseste Recht: das des Stärkeren. Es reicht nicht, gut zu sein, um sich durchzusetzen. Man muss besser sein.

Dafür brauchen wir keine neuen Feindbilder. Denn eigentlich will uns niemand etwas Böses. Da, wo die Konkurrenz stärker wird, findet man uns im Gegenteil ganz gut. Deutschland gehört seit Jahren konstant zu den beliebtesten Ländern schlechthin. In Asien, wo wir in den letzten Jahrhunderten anders als die Franzosen, Engländer und Amerikaner nicht durch Kolonialverbrechen und Kriege negativ aufgefallen sind, haben wir vielleicht sogar die meisten Fans.

«I like Germany», habe ich fast jedes Mal gehört, wenn ich mich als deutsch geoutet habe. Als Begründung kam meistens eine der 3-M-Antworten: Merkel. München – nicht die Stadt, sondern der FC Bayern. Und Mercedes – oder ganz allgemein Maschinen und Motorwagen. Wenn ich durch die Gassen in Delhi laufe, halten mir die Anwohner ihre hochgestreckten Daumen entgegen oder wollen Selfies mit mir knipsen.

Krasse Erkenntnis: Die Menschen mögen uns.

Wie der freundliche Unbekannte in Delhis vollster U-Bahn-Station, der mir vom Fahrkartenschalter bis zum weit entfernten Bahnsteig hinterherrannte – mit einem Geldschein, den ich liegen gelassen hatte. Zehn Rupien, umgerechnet zwölf Cent. Ich war perplex und sagte, er könne das Geld gerne behalten. Er bestand darauf, dass ich es einsteckte, um dann zu fragen, woher ich käme.

Auf meine Antwort hin strahlte er: «I like Germany.» Er nannte mir auch den Grund. Irgendwas mit M.

Beliebt statt stark und wichtig, vielleicht ist das gar keine so schlimme Entwicklung. Solange man akzeptiert, dass man sich davon nicht so viel kaufen kann.

2. Sorry, aber wir sind gerade mit uns selbst beschäftigt
Wie Asien an uns vorbeizieht

Was habe ich gelacht damals. 1998 brachte der Comedian Rüdiger Hoffmann eine CD heraus. «Asien. Asien.» Eine spöttische Auseinandersetzung mit dem Asien-Hype, den es damals schon gab. Wirklich daran geglaubt, dass China und seine Nachbarn uns eines Tages überholen würden, haben außer dem 2015 verstorbenen Alt-Bundeskanzler Helmut Schmidt aber die wenigsten.

Wer nach Peking und Shanghai reiste, kam mit Uhren und DVD-Raubkopien im Gepäck zurück. Und mit der Gewissheit: Die sind noch lange nicht so weit.

Inzwischen ist uns das Lachen vergangen. Viele asiatische Länder ziehen an uns vorbei – zumindest architektonisch. Neun der zehn höchsten Gebäude der Welt befinden sich östlich des Bosporus, dazu viele andere Beton-, Stahl- und Glas-Extravaganzen.

Wer Doha besucht, die Hauptstadt des Golf-Staats Katar, kommt aus dem Kopfschütteln nicht heraus. Wer hat sich diese Zick-Zack-Türme, diese Ostereier-Hochhäuser ausgedacht, und wer hat das Geld dafür ausgegeben?

Mein futuristischer Lieblingsbau steht in Dubai, im Schatten des (momentan) weltweit höchsten Gebäudes, des Burj Khalifa. Von dessen Aussichtsplattform kann man den «Dubai Frame» sehen, eine Art Triumphbogen, der wie ein Bilderrahmen aussieht, hundertfünfzig Meter hoch.

Für mich hat der Rahmen eine symbolische Bedeutung. Statt des Abendlands rückt neuerdings das Morgenland die Dinge ins Bild, setzt die Maßstäbe, gibt Orientierung. Das Momentum, die Dynamik, das größte Wachstumspotenzial liegen im Osten. Fast zwei Drittel der Weltbevölkerung leben in Asien. Zählt man Istanbul dazu, befinden sich neun der zehn größten Städte der Welt auf diesem Kontinent.

Aber es kommt ja nicht nur auf die Größe an.

Eher bescheiden sind die Ausmaße der Wolkenkratzer in Singapur, sechstausend Kilometer weiter östlich. Der Stadtstaat am Äquator wurde zur «Smartest City» weltweit gewählt. Nirgendwo ist die Infrastruktur moderner, sind die Verkehrsmittel besser aufeinander abgestimmt, ist der Wohlstand größer. Ein riesiger Einkaufstempel mit den führenden Luxusläden reiht sich an den anderen. Und im Nationalmuseum erklärt der Staatsgründer Lee Kuan Yew (1923–2015) in einem Video aus dem Jahr 1965 das nationale Ziel: Man wolle ein multikulturelles Musterland werden.

Das ist gelungen, wenn auch um den Preis erheblicher Freiheits-Einschränkungen und drakonischer Strafbestimmungen. Für Drogenschmuggel gibt es die Todesstrafe, für Graffiti-Schmierereien Prügel, für Kaugummi-Einfuhr Gefängnis oder eine hohe Geldstrafe. Singapur gilt, gerechnet auf das Pro-Kopf-Einkommen und die Lebenshaltungskosten, als reichste Stadt Asiens und als teuerste Stadt der Welt.

Wer sich davon nicht vor Ort überzeugen will, kann das stattdessen im Kino tun. Singapur ist der Schauplatz eines der erfolgreichsten Kinofilme des Jahres 2018: «Crazy Rich Asians». Wie der Name verrät, geht es um obszön wohlhabende Asiaten, die eine dekadent opulente Hochzeit feiern.

Der Vorspann der knallbunten Komödie spricht für sich: Rückblende in die neunziger Jahre. Eine Chinesin betritt in London ein Luxushotel und will die für sie reservierte Suite beziehen. Der Rezeptionist kann die Buchung nicht finden und schlägt ihr stattdessen herablassend vor, im Stadtviertel Chinatown nach einem Zimmer zu suchen: «Das passt bestimmt besser für Sie.»

Die Chinesin hat eine andere Idee. Sie geht kurz vor die Hotel-tür, erledigt einen Anruf, kauft das Hotel.

Szenen wie diese haben den Film vor allem bei Asiaten zu einem Riesenhit werden lassen. Sie sind stolz darauf, es den arroganten Schnöseln im Westen zu zeigen.

Ein paar Filmszenen später folgt, zumindest für westliche Zuschauer, die nächste Zumutung. Wir sehen die stolze Hotel-Käuferin in ihrem Palast in Singapur. Sie trifft sich mit anderen wohlhabenden Frauen – zum Bibelkreis. Gemeinsam studieren sie die Paulus-Briefe. Die Szene entspricht der Wirklichkeit: Christen bilden in Singapur die zweitgrößte Religionsgemeinschaft. Im teuren Zentrum der Metropole gibt es ebenso viele Kirchen wie Shopping-Malls.

Singapur ist da keine Ausnahme. Auch in anderen asiatischen Ländern boomt das Christentum, vor allem in Südkorea, aber auch in China. Dort gibt es mittlerweile mehr Christen als in Deutschland. Nicht nur finanziell, auch christlich-spirituell läuft Asien dem Abendland den Rang allmählich ab.[4]

Technologisch sowieso.

Im Spätsommer 2018 habe ich Shanghai besucht. Schon die Fahrt vom Flughafen in die Innenstadt hat mich schwer beeindruckt. Mit 301 Stundenkilometern schießt der Transrapid durch die Vororte. Theoretisch könnte der Zug noch 130 km/h zulegen, aber dafür ist die Strecke zu kurz.

Als ich aussteige, bin ich umzingelt von Wolkenkratzern, von denen der «Shanghai Tower» mit 632 Metern am höchsten ragt. An den Straßenlaternen hängen Plakate für die große «Künstliche Intelligenz»-Weltkonferenz, die gerade stattfindet. Ich habe leider keine Zeit, selbst hinzugehen.

Und wie sieht es bei uns aus?

Auf meinem Handy schaue ich nach, welche Nachrichten die Kollegen in der deutschen Heimat beschäftigen. Es gibt mal wieder Riesen-Zoff in der GroKo. Der Streit um den Noch-Verfassungsschutzchef Maaßen spitzt sich zu. Es geht um sein zukünftiges Gehalt, um die hundertfünfzigtausend Euro im Jahr, ein paar Tausend Euro mehr als vorher. Die Aufregung ist groß. Die Diskussionen darüber, wie er künftig eingruppiert werden soll, wird die deutsche Nation tagelang in Atem halten.

Von der Künstliche-Intelligenz-Konferenz lese ich dagegen nirgendwo etwas. Auch nicht davon, dass die Stadt Shanghai in den nächsten Jahren fünfzehn Milliarden Euro für die Entwicklung von Künstlicher Intelligenz ausgeben will.

Und China ist gerade in Spendierlaune. Ich erinnere mich an eine Schlagzeile, die erst ein paar Wochen her ist: Da hat die Regierung in Peking für Projekte in Afrika insgesamt sechzig Milliarden Dollar lockergemacht.

Wir beschäftigen uns lieber mit uns selbst. Auch wenn es krass klingt: So führen sich Verlierer auf. Selbstbezogen und blind für das, was sich draußen zusammenbraut. Wenn wir uns vor äußeren Bedrohungen fürchten, dann vor den falschen. In der aktuellen Rangliste der «Ängste der Deutschen» stehen der amerikanische Präsident Donald Trump und seine Weltpolitik ganz vorne.[5] Die Leute plappern hier die Phantom-Ängste nach, die ihnen von den Medien souffliert werden.

In Wirklichkeit werden unser Wertesystem und unser wirtschaftlicher Wohlstand von ganz anderer Seite bedroht. Das habe ich jedenfalls in vielen Gesprächen mit hochrangigen deutschen Diplomaten gelernt. Sie sehen allesamt China als die größte Herausforderung. Sie zeichnen gleichzeitig ein differenziertes Bild des Fernen Ostens. Der ist nämlich bei Weitem nicht so einig wie Europa, im Gegenteil. Sämtliche Nachbarn Chinas fürchten das Reich der Mitte und setzen deshalb auf Bündnisse mit Europa und den Vereinigten Staaten.

Dass Asien unterschätzt wird, liegt auch an der Berichterstattung über den Kontinent. Hundert Tote in Afghanistan haben Vorrang vor einem Hundert-Milliarden-Euro-Investment der Chinesen. Ich habe bei meinen eigenen Beiträgen nicht genau nachgezählt, aber ich schätze, in den deutschen Nachrichtensendungen und auf den ersten Seiten unserer Tageszeitungen kommt «Terror Made in Asia» zehnmal öfter vor als «Business Made in Asia».

Umgekehrt würde es mehr Sinn ergeben. Denn scheiternde Staaten wie Afghanistan sind traurige Ausnahmen einer insgesamt boomenden, hochdynamischen Region, für die Experten ein «Zeitalter des Ehrgeizes»[6] ausgerufen haben. Die Innovationen, die im asiatischen Raum geschaffen werden, die Energieströme, die hier freigesetzt werden, die Sogkräfte, die hier entstehen, werden uns massiv verändern – und unter Druck setzen.

Vielleicht wollen wir uns damit einfach nicht beschäftigen, weil diese Entwicklung uns nicht in den Kram und ins Bild passt.

Asien, zumindest ein großer Teil davon, macht uns verrückt, weil einerseits der technologische Fortschritt und der wachsende Wohlstand nicht zu leugnen sind. Und weil andererseits die Freiheitsrechte eingeschränkt werden und die Schere zwischen Arm und Reich auseinandergeht. Der Fortschritt ist unübersehbar – aber er verläuft quer durch die bewährten Kategorien links und rechts, progressiv und traditionell, liberal und autoritär. Und wir kommen nicht mehr mit.

Eines der berühmtesten Zitate der Filmgeschichte lautet: «Vergiss es, Jake, das hier ist Chinatown.» Damit endet der Krimi-Klassiker «Chinatown» (1974). Ein naseweiser Detektiv, gespielt von Jack Nicholson, muss erkennen, dass im asiatischen Teil von Los Angeles völlig andere Gesetze gelten und dass er mit seinen guten Absichten genau das Gegenteil erreicht hat. Ihm wird zum Verhängnis, dass er glaubt, sich auszukennen. Er hat damit denselben Fehler gemacht wie viele deutsche Idealisten, die dem Irrtum aufsitzen: Am deutschen Levitenlesen wird die Welt genesen.

Doch im Rest der Welt ist das Interesse an Moralin der Marke «Made in Germany» gering. Die Musik, nach der global getanzt wird, kommt eben zunehmend aus Asien und nicht aus Europa.

Das muss keine schlechte Nachricht für uns sein.

Erstens, weil Asien uns nicht als gegnerische Großmacht gegenübersteht. Dazu ist Asien viel zu heterogen und sind die dortigen Interessensgegensätze zu groß. Zwischen dem libanesischen Beirut und dem südkoreanischen Busan, zwischen dem kasachischen Astana und dem jemenitischen Aden gibt es viel Platz und keine gemeinsame Linie.

Zweitens, weil es nach jahrhundertelangem Wissenstransfer von West nach Ost zur Abwechslung wir selbst sind, die bei anderen in die Schule gehen dürfen. Von Asien lernen heißt unter anderem: lernen, wie man seine eigenen Traditionen hochschätzt, wie man der Familie und überhaupt dem Kollektiv eine große Bedeutung einräumt.

Drittens, weil die asiatische Herausforderung uns dazu zwingt, unseren Fokus zu verlagern: weg von unseren lähmenden Befindlichkeitsdebatten hin zu dem, was uns in der globalisierten Welt Wohlstand sichert und Frieden beschert.

Und schließlich tut es auch einfach gut, sich nicht immer für das Weltwohl und Weltweh hauptverantwortlich zu fühlen.

Sich dafür interessieren und sich für eine bessere Welt einsetzen sollte man trotzdem.

3. Wir Weltverbesserer
Auf dem falschen Trip mit dem Außenminister

Wie schnell die Zeit vergeht, wird mir immer bewusst, wenn ich an Guido Westerwelle (1961–2016) denke. Er war einer der talentiertesten Politiker der deutschen Nachkriegszeit. Ich erwähne ihn an dieser Stelle nicht, weil er irgendetwas falsch gemacht hat, sondern weil er eine Welt repräsentiert, die Geschichte ist. Anfang 2010 sonnte er sich noch im Glanz des besten FDP-Bundestagswahlergebnisses aller Zeiten. Er war quicklebendig, Vizekanzler, Außenminister. Ich begleitete ihn auf einer seiner ersten Auslandsreisen. Es ging nach Peking. Die neue Stärke des «Reichs der Mitte» hatte sich inzwischen herumgesprochen. Aber der deutsche Blick auf China glich immer noch dem eines noblen Großbürgers, der einen grobschlächtigen Neureichen für dessen üble Manieren verachtet.

Bei China waren es – damals wie heute – die Menschenrechtsverletzungen, die übel aufstießen. Das Ziel des China-Besuchs war damit gesteckt: Die Bundesrepublik sollte der Volksrepublik Benimm beibringen. Das jedenfalls war die Erwartung der Öffentlichkeit, auch der meisten Journalisten, die Westerwelle begleiteten.

Er selbst wusste natürlich, dass humanitäre Appelle wenig ausrichten würden und dass es für Deutschland vor allem um gute Handelsbeziehungen ging. Aber er bemühte sich, den Anforderungen gerecht zu werden, er wollte schließlich weg vom Image des herzlosen Neoliberalen. Auf dem Hinflug redete er ausführlich darüber, wie sehr ihm der Dalai Lama, die diskriminierten Tibeter und überhaupt die Menschenrechte in China am Herz lagen. Man müsse sich nur diplomatisch verhalten und die Akzente geschickt setzen. Die Journalisten nickten aufmunternd.

Westerwelle hielt Wort: Bei der Pressekonferenz in Peking schockte er seinen chinesischen Amtskollegen damit, dass er gleich mehrmals von «Meinungsverschiedenheiten» beim Thema Menschenrechte sprach.

Die Journalisten hämmerten hektisch die Überschriften in ihre Laptops und schickten sie nach Deutschland: «Westerwelle fordert mehr Menschenrechte!»

Die Chinesen waren sauer auf den unhöflichen Gast, Westerwelle dennoch zufrieden über seine Performance, die deutschen Pressevertreter gnädig gestimmt. Einige von ihnen fuhren anschließend in ein riesiges Einkaufszentrum, um billig Uhren und Elektrogeräte einzukaufen.

Guido Westerwelle hatte das, was er in China an Wirtschaftsaufbruch gesehen hatte, offenbar doch schwer beeindruckt. Jedenfalls schimpfte er kurz nach seiner Rückkehr über die deutsche Anspruchsmentalität, die er sogar mit «spätrömischer Dekadenz» verglich. Die Menschenrechtler-Maske war ab, der herzlose Neoliberale hatte sich geoutet, die Presse fiel über ihn her.

Das ist fast zehn Jahre her.

Seitdem hat sich einiges geändert, auch die Handelsbeziehungen, zunehmend zu unseren Ungunsten. China entwickelt sich vom lukrativen Absatzmarkt zum Handelsrivalen, schert sich immer noch nicht um Patentrechte, macht uns auch auf anderen Märkten Konkurrenz.

Und der chinesische Staatsrat stößt sich immer weniger an Vorhaltungen aus dem Westen.

Nicht, dass es falsch wäre, gegen die Verfolgung von Minderheiten oder gegen anti-christliche Schikane zu protestieren. Aber man muss die Kräfteverhältnisse richtig einschätzen. Da Politiker naturgemäß einen guten Machtinstinkt haben, fällt ihnen das eigentlich nicht schwer. Außerdem haben sie ja die Botschaften mit ihren hochqualifizierten Diplomaten, die sie ziemlich zuverlässig über die Zustände in ihren Konkurrenz-Ländern informieren.

Aber viele Politiker sind getrieben. Von Erwartungen, die oft wenig mit der Realität zu tun haben. Viele dieser Erwartungen entstehen in der «Berliner Blase», dem Hauptstadtmilieu, in dem sich neben Politikern allerlei andere Funktionäre, dazu Akademiker, Lobbyisten, Kulturschaffende tummeln.

Es ist schon ironisch: Ausgerechnet diejenigen, die ein besonders gutes Sensorium für neue Entwicklungen haben wollen, sind oft stumpf für das, was wirklich passiert. Wenn es nämlich ihren eigenen Überzeugungen entgegensteht.

Ich habe inzwischen fast hundert Theaterinszenierungen auf den verschiedenen Berliner Bühnen gesehen. Oft habe ich mich gut unterhalten gefühlt oder zumindest geistig stimuliert.

Gleichzeitig bin ich überzeugt: Die Meinungsvielfalt in einem pietistischen Bibelseminar ist größer als im Berliner Theaterbetrieb. Unvorstellbar, dort ein Stück über die Vorzüge freien Unternehmertums auf dem Spielplan zu finden oder ein Drama, in dem eine funktionierende christliche Großfamilie im Mittelpunkt steht.

Es gibt zwar auch immer weniger klassenkämpferische Abgesänge auf den Kapitalismus oder das Patriarchat. Dafür gibt es immer mehr postmoderne Befindlichkeits-Inszenierungen, bei denen hinterher keiner weiß, was richtig und was falsch ist.

Mit einer solchen Inszenierung kam meine Lieblings-Bühne aus Berlin nach Indien. Die Charlottenburger «Schaubühne». Eingeladen vom Goethe-Institut, bezahlt aus deutschen Steuergeldern, gab sie ein paar Gastspiele, das erste in der Hauptstadt Delhi.

Aufgeführt wurde «Ein Volksfeind» von Henrik Ibsen (1828–1906). Die Handlung ist zeitlos aktuell. Ein Arzt an einem Kurort entdeckt, dass ausgerechnet die Heilquelle verseucht ist und krank statt gesund macht. Er geht an die Öffentlichkeit. Aber weil er damit den wirtschaftlichen Standort gefährdet, verleumden ihn die Kommunalpolitiker, und die Lokalzeitung weigert sich, seinen Artikel mit der brisanten Entdeckung zu drucken.

Der Stoff passt zu den Problemen in Indien: schmutziges Grundwasser, reformunwillige Behörden, korrupte Journalisten – trauriger Alltag in vielen Kommunen. Das Stück ist in Indien bekannt, es gibt sogar eine erfolgreiche Bollywood-Verfilmung, in der die Handlung den lokalen Verhältnissen angepasst wurde.

Der Schaubühne ging es allerdings eher ums Grundsätzliche, das heißt das, was Berliner Hipster darunter verstehen: das Unwohlsein in der durchökonomisierten Gesellschaft, das Aufbegehren gegen die repressive Toleranz der pseudo-liberalen Mehrheit, die Verzweiflung des Einzelnen, sich die eigene Lebendigkeit zu beweisen.

Irgendwann wichen die Schauspieler, wie an fortschrittlichen deutschen Theatern üblich, vom Original-Text ab, hielten Monologe und forderten das Publikum schließlich zum Mitmachen auf. Mit mäßigem Erfolg.

Die Zuschauer im Saal, viele davon Studenten, rutschten verunsichert auf ihren Plätzen herum. Statt von der Weltrevolution träumen sie davon, sich einmal eine eigene Wohnung leisten und eine Familie gründen zu können.

Die Interaktion mit dem Publikum lief nur schleppend an. Die Schauspieler versuchten es mit Fragen: Was könne der Arzt denn tun, wenn ihn die Presse boykottieren würde?

«Twittern», schlug ein Zuschauer vor.

Nach der Aufführung gestand einer der Schaubühnen-Mimen: «Mein Eindruck war auch, dass diese Themen hier gar nicht durchdringen. Es ist ein echtes Luxusproblem, mit diesen Fragen zu kommen, wenn sechshundert Millionen Menschen auf der Straße schlafen», das sei eine «typisch europäische Hybris».

Da hatte er Recht. Mit der Hybris, nicht mit den 600 Millionen Obdachlosen; tatsächlich liegt die Zahl der Obdachlosen in Indien bei knapp zwei Millionen.[7] Was nicht heißt, dass es vielen der anderen 598 Millionen nicht auch dreckig geht.

Viele Westeuropäer, die sich mit den neuen globalen Herausforderungen beschäftigen, kommen mit den besten Absichten, aber auch jeder Menge Klischees im Gepäck. Das ist menschlich, genau wie der Irrtum an sich. Solange man bereit ist, sich von den Realitäten vor Ort korrigieren zu lassen.

4. Von Marco Polo zu Pippi Langstrumpf
Wir machen uns die Welt, wie sie uns gefällt

Bevor ich von Marco Polo zu Pippi Langstrumpf komme, springe ich von Guido Westerwelle und der Schaubühne zu Margot Käßmann.

Es gibt vieles, was ich an Deutschlands bekanntester Protestantin bewundere: Sie hat Charisma, Geist und kennt sich in der Welt aus.

Aber nicht unbedingt in Zentralasien.

«Nichts ist gut in Afghanistan», verkündete die damalige EKD-Vorsitzende und Bischöfin Margot Käßmann am Neujahrsfest 2010. Vermutlich hatte sie diese Einschätzung aus den Medien. Womöglich hatte sie sogar einen meiner Tagesschau-Beiträge zum Thema gesehen.

Ich hatte zu diesem Zeitpunkt Afghanistan zwar noch nie besucht, aber oft über Anschläge und die Reaktionen deutscher Politiker darauf berichtet. Mich hatte der Satz von Margot Käßmann deshalb nicht sonderlich verwundert. Da aber, wie meistens am Jahresanfang, sonst nicht viel los war in der Hauptstadt, machte der «Nichts ist gut»-Spruch tagelang Schlagzeilen. Ich bekam den Auftrag, die Bischöfin zu interviewen: in der Lobby eines schicken Hauptstadthotels.

Frau Käßmann verteidigte ihre pazifistische Sicht der Dinge. Der Einmarsch in Afghanistan habe nun einmal keinen Frieden gebracht, und in diesem Sinne sei dort eben nichts gut.

Damals konnte ich dem nichts entgegenhalten.

Heute schon.

Nach fast einem Dutzend Aufenthalten in Afghanistan fällt mir einiges ein, was dort gut läuft und jedenfalls viel besser als unter den Taliban. Vor allem fallen mir viele Menschen ein, denen es besser geht.

Negin zum Beispiel, die zierliche junge Frau, die im «Nationalen Musikinstitut» von Afghanistan ein Frauenorchester leitet. Sie musste sich nicht nur gegen den Widerstand ihrer Sippe durchsetzen, sondern auch eine schmerzhafte Handverletzung wegstecken. Statt Pianistin ist sie nun Dirigentin, die sogar beim Weltwirtschaftsforum in Davos auftreten durfte.

Soosan, die nach der Vertreibung der Taliban mit ihrer Familie aus dem iranischen Exil zurückkam, sich zunächst als Teppichknüpferin durchschlug und nun als afghanische «Hip-Hop-Queen» gegen Korruption und Frauendiskriminierung rappt.

Zulala, die sich trotz Morddrohungen bei der Talent-Show «Afghanistan sucht den Superstar» anmeldete und dort den zweiten Platz belegte.

Ein Jahr nach ihrer «Nichts ist gut ...»-Predigt hielt Margot Käßmann ihre nächste vielbeachtete Rede. Inzwischen war sie nicht mehr EKD-Chefin, sondern Hochschulprofessorin in Bochum. Vor fast zweitausend Zuhörern im «Auditorium Maximum» hielt sie ihre Antrittsvorlesung. Thema war: «Die multikulturelle Gesellschaft – Wurzeln, Abwehr und Visionen.»[8]

Ich war nicht dabei, habe nur anschließend den Vortragstext gelesen. Ich konnte verstehen, warum die Ex-Bischöfin viel Applaus für ihre Ausführungen bekommen hatte. Sie stellte die Situation dar, nannte auch die Probleme beim Namen und endete mit dem positiven Appell, die «kreative Kraft der Differenz zu entdecken».

In der Zwischenzeit war sie immer noch nicht in Afghanistan gewesen. Leider. Denn dort hätte sie unter anderem gesehen, dass das Nebeneinander unterschiedlicher Kulturen oft mehr destruktive als kreative Kräfte freisetzt. Ich selbst habe inzwischen gelernt, dass eine Hauptursache der Konflikte in Afghanistan die Vielzahl unterschiedlicher Volksstämme ist. Paschtunen, Usbeken, Hazara, Tadschiken, Turkmenen, Nuristani, Belutschen – um nur einige der Stämme zu nennen – begegnen einander oft mit Misstrauen und sogar Hass.[9] Die inner-afghanischen Unterschiede unterstreichen die Alltagsweisheit:

«Gleich und gleich gesellt sich gern.» Oder, noch zutreffender:
«Ähnlich und ähnlich gesellt sich gern.»

Ethnische und kulturelle Vielfalt produziert in der Regel mehr Stress als Harmonie.

«Denn sie wissen nicht, wovon sie reden» gilt für viele aktuelle Essays und Reden zum Thema «Multikulturelle Gesellschaft». Weder leben die Autoren in Stadtvierteln, die von Ghettobildung betroffen sind, noch haben sie Gesellschaften erforscht, die von kulturellen Gegensätzen zerrissen sind. Und schon gar nicht haften sie dafür, wenn ihre Vorschläge, statt Harmonie zu produzieren, vor allem sozialen Unfrieden auslösen. Stattdessen bedienen sie die Selbstvergewisserungswünsche einer akademischen Oberschicht, deren Kinder keine Brennpunktschulen besuchen müssen und später gute Chancen haben, in Princeton oder Oxford studieren zu können.

Hier liegt ein Grundübel aktueller Diskussionen darüber, wie wir uns in der neuen Welt zurechtfinden sollen. Eigene Befindlichkeit geht vor Weltklugheit, Ideologie vor Empirie, Ideen vor Tatsachen. Statt an Marco Polo (1254–1324), der China und Indien erst erkundete, bevor er darüber schrieb, orientieren sich viele Welterklärer heute an Pippi Langstrumpf. Der erste Pippi-Film kam 1969 in die Kinos, auf dem Höhepunkt der Hippie-Bewegung. Der bekannte Titelsong beschreibt immer noch ziemlich treffend die unter Idee-Ologen verbreitete Haltung: «Ich mach mir die Welt, widdewidde, wie sie mir gefällt ...»

Mehr Wirklichkeitskonstrukt als Tatsachenfeststellung war auch einer der meistzitierten und umstrittensten Sätze der letzten Jahre, das Bundespräsidenten-Dekret: «Der Islam gehört zu Deutschland.» In der originalen Rede war das Zitat etwas länger: «Der Islam gehört inzwischen auch zu Deutschland.»

Der Redner Christian Wulff hatte sicher die beste Absicht, nämlich: den gesellschaftlichen Zusammenhalt zu stärken. Die Rede kam auch ganz gut an. Die meisten Zeitungen feierten Wulff für sein Bekenntnis zu einem multikulturellen Deutschland.

Ich fand die Aussage eher verwirrend als hilfreich. Die theoretische Frage, ob der Islam und welche Strömung davon zu Deutschland gehört, führt nicht weiter, schließlich können auch Mormonen, Zen-Buddhisten oder Wünschelrutengänger für sich das Etikett «Gehört zu Deutschland» reklamieren. Die praktische Frage, die sich die meisten Deutschen stellen, ist:

Gehört auch die weltweit dominierende Ausrichtung des Islams, nämlich die sunnitisch-konservative, zu Deutschland? Gehören die Vorschriften des Propheten, die in der «Scharia» zusammengefasst sind, zu Deutschland? Nützt der Islam Deutschland?

Damit verknüpft sind wieder eine Reihe anderer Fragen, zum Beispiel: Sollen christliche Traditionen und Institutionen in Deutschland weiterhin privilegiert bleiben? Ist der deutsche Mainstream, in den sich die hier lebenden Muslime integrieren sollen, säkular oder multireligiös oder leitet er sich aus dem christlich-abendländischen Erbe ab?

Christian Wulff hatte vor seiner Rede sicher keine ausführliche Koran-Exegese betrieben. Er reichte auch keine detaillierte Begründung nach, sondern ließ die Sache sacken. Ein Jahr nach der Rede hatte er die Gelegenheit, ein Land zu besuchen, in dem der Islam nicht nur dazugehört. Sondern vielmehr: das ganze Land dem Islam gehört.

In der «Islamischen Republik Afghanistan» liegt der Anteil der Muslime an der Gesamtbevölkerung bei sage und schreibe 99,9

Prozent. Wulff flog unter anderem in die drittgrößte Stadt von Afghanistan, Masar-e Scharif, deren Blaue Moschee ein wichtiger islamischer Wallfahrtsort ist. Wie bei Staatsbesuchen in gefährlichen Ländern üblich, blieb der Kontakt mit Land und Leuten auf Blicke aus dem Auto- und Flugzeugfenster beschränkt.

Auf dem Rückflug machte er mir gegenüber eine Bemerkung, die mir nicht mehr aus dem Kopf gegangen ist. Weil sie viel klüger war als alles, was er zur Rolle des Islams in Deutschland gesagt hatte. Er erzählte mir, dass er über eine neue Rede nachdenke. Er hatte schon ein Thema: die Demut, angeblich seine Lieblingstugend.

Ich horchte auf. Die Demut ist auch meine Lieblingstugend, die bei mir immerhin so weit ausgeprägt ist, dass ich weiß, dass ich viel zu wenig davon habe.

Ich ermutigte ihn, die Rede zu halten. Wulff war sich nicht sicher. Waren die Deutschen bereit dafür? Würde man ihm, dem ersten Mann im Staat, das Thema überhaupt abnehmen oder das Ganze irgendwie peinlich finden?

«Trotzdem», sagte ich, «das Thema ist goldrichtig, die Zeit ist reif.»

Ich hätte die Rede gerne gehört. Aber der Bundespräsident hatte keine Gelegenheit mehr, sie zu halten. Ein paar Monate später sah er sich zum Rücktritt gezwungen – auf zutiefst demütigende Weise.

Während ich seinen «Islam-Satz» immer noch sehr skeptisch sehe, kann ich sein Lob der Demut nur nachdrücklich bekräftigen. Und dazu gehört auch intellektuelle Demut. Die Bereitschaft, sich seine Wissenslücken einzugestehen und sich umfassend zu informieren, bevor man große Sprüche macht.

Aber das fällt nicht nur Politikern und Pastorinnen schwer. Ich schüttele immer wieder den Kopf, wenn etwa Medienleute sich aufführen, als wären sie habilitierte Religionswissenschaftler. Im Brustton der Überzeugung proklamieren sie Sätze wie: «Der

Buddhismus ist die friedlichste Religion.» – «Der Hinduismus ist die älteste Religion.» – «Der Islam war dem Christentum lange Zeit hoch überlegen und überhaupt viel toleranter.»

Stimmt alles nicht, zumindest nicht so eindeutig.

Warum, erkläre ich später. Jetzt möchte ich die Kollegen in Schutz nehmen. Denn ihr Wissen verdanken sie Experten, die ihre Erkenntnisse ebenfalls oft nicht aus Praxiserfahrungen haben, sondern aus Textanalysen.

Dieses Primat der Theorie vor der Praxis hat eine jahrhundertealte Tradition.[10] «Die Inder sind der sanftmütigste Stamm der Menschen», behauptete aus der Distanz der Dichter Johann Gottfried Herder (1744–1803). Persönliche Kontakte mit Indern hatte er freilich keine.

Der Philosoph Arthur Schopenhauer (1788–1860) feierte nach der Lektüre hinduistischer Schriften die im indischen Kastenwesen ganz oben angesiedelten Brahmanen als «edelstes und seltenstes Volk».

Der Pastorensohn Friedrich Nietzsche (1844–1900) benutzte die nichtchristlichen Weltreligionen, um den Glauben zu verunglimpfen, in dem er selbst erzogen worden war. In seiner Hasstirade *Der Antichrist* lobte er die «Erfahrung, Klugheit und Experimental-Moral» der alten Hindus. Der Buddhismus schien ihm «hundertmal realistischer als das Christentum». Er schwärmte von der buddhistischen «Sanftmut und Liberalität der Sitten», die er auf das dortige milde Klima zurückführte.

Tatsächlich ist es in Bodhgaya, dem Ort, an dem Buddha seine Erleuchtung erfuhr, meistens brütend heiß. Aber mit der Realität hatten die Nietzsche-Elogen auf fremde Religionen ohnehin wenig zu tun, am wenigsten, wenn er beim Islam den dort herrschenden «Freigeist» hervorhob.

«Wenn man mich fragen würde, wo die menschliche Vernunft die kostbarsten Früchte hervorgebracht hat, wo die Grundfragen des Lebens am gründlichsten durchdacht wurden», schrieb ein renommierter Kulturforscher des 19. Jahrhunderts, Max Müller (1823–1900), «dann würde ich auf Indien zeigen.»

Max Müller, Sohn des «Winterreise»-Dichters Wilhelm Müller, verfasste ein schwärmerisches Buch: *Was wir von Indien lernen können.* [11] Passender wäre ein anderer Titel gewesen: «Was ich von meinen Übersetzungen alter indischer Texte gelernt habe.» Müller war nämlich nie über die Donau hinausgekommen.

Selbst die unappetitlichsten Bräuche bekamen noch einen hübschen Anstrich verpasst. Die Poetin Karoline von Günderrode (1780–1806) reimte sich die Verbrennung von Witwen als eine Art finalen Valentinstag zusammen: «Zum Flammentode gehen an Indusstranden / mit dem Gemahl in Jugendherrlichkeit / die Frauen ohne Zagen, ohne Leid / geschmückt festlich, wie in Brautgewanden.»

Flammen der Liebe – huch, wie romantisch! Die irrwitzigen Verse kamen mir in den Sinn, als ich die Festungsanlage in Jodhpur besucht habe. An einem der Eingangstore haben fünfzehn junge Witwen, kurz bevor sie auf ihre Scheiterhaufen gestiegen sind, ihre kleinen Handabdrücke hinterlassen. Ich habe mir ihr Stöhnen und ihr Schreien vorgestellt, als erst ihre Brautkleider verkohlten und dann das Feuer die Haut von ihren Knochen schälte.

In Indien gibt es immer noch fanatische Hindus, die den Brauch der Witwenverbrennung («Sati») für eine gute Tradition halten. Im Westen findet man natürlich keine Befürworter mehr. Aber es gibt immer noch die Tendenz, die Defizite des eigenen kulturellen Erbes grell zu beleuchten und extra scharf zu konturieren, dafür andere Kulturen in warmem Licht zu baden und weichzuzeichnen.

Im 18. Jahrhundert waren die europäischen Geistesgrößen berauscht von der Exotik der islamischen Welt, im 19. Jahrhundert von den Lehren der frisch übersetzten indischen Upanischaden, im 20. Jahrhundert von den Meditationstechniken der Buddhisten.

Das Christentum hingegen gilt vielen immer noch als Synonym für Kreuzzüge, Inquisition, Prüderie. Seine heiligen Texte wurden mikroskopisch auf Fehler analysiert, im Zweifel für den Zweifel, während die anderen großen Glaubenssysteme gönnerhaft mit dem Teleskop angezwinkert wurden.

Wenn ich hier in Delhi auf Deutsche mit geisteswissenschaftlichem Hintergrund treffe, schwärmen sie oft von der Tiefe hinduistischer Weisheitsbücher, der Schönheit des Sufismus, der Relevanz des Lao-Tse. Bringe ich das Gespräch auf Kirchen oder christliche Hilfswerke, rollen sie mit den Augen. Anders als Marco Polo, der mit offenen Augen und gleichzeitig einer großen Loyalität zum eigenen Glauben in die unbekannte Welt aufbrach, kommen sie vollbeladen mit fragwürdigem Bücherwissen und einer Herablassung gegenüber dem eigenen kulturellen Erbe.

5. Das Judas-Prinzip
Was Macht mit uns macht

Wenn man Psychologen glaubt, sind wir Menschen Mimosen. Eine Kritik zieht uns so weit runter, dass es fünf Komplimente braucht, um uns wieder auf emotionales Normalniveau zu bringen. [12]

So gesehen sind Politiker die ärmsten Zeitgenossen überhaupt. Dauernd wird an ihnen herumgemeckert und nur ab und zu positiv über sie geredet, etwa nach Wahlerfolgen oder bei Beerdigungen. Ich selbst will mir gar nicht ausmalen, wie viel seelischen Schaden ich mit meinen kritischen Beiträgen bei Ministern und Abgeordneten angerichtet habe. Dabei geben sie sich in der Regel viel Mühe, arbeiten oft siebzig Stunden in der Woche oder sogar mehr und sorgen dafür, dass unser Land zu den am besten regierten der Welt gehört.

Wenn sie sich Fehltritte erlauben, dann liegt das auch daran, dass sie öfter als der Durchschnittsbürger einer hochgefährlichen Droge ausgesetzt sind. Einer Droge, die egoistisch macht und den Blick für die Realität trübt.

Ich meine die Machtdroge.

Was sie mit Politikern macht, habe ich auf skurrile Weise in einem der Hintergrundkreise erfahren, die ich in meiner Hauptstadtzeit besucht habe. In solchen Kreisen treffen sich Journalisten mit Politikern, die aus dem Nähkästchen plaudern. Die Politiker erhoffen sich davon, die Berichterstattung in ihrem Sinn beeinflussen zu können. Die Journalisten erhoffen sich Insider-Informationen. Die Bedingung dabei lautet, dass die Namen der Politiker nicht genannt werden und ihre Informationen vertraulich bleiben.

Deshalb verrate ich auch nicht den Namen des Gastes des besagten Hintergrundkreises und nur so viel: Er war bis vor Kurzem eine große Nummer und saß in vielen Talkshows. Er gehört einer Partei an, deren Name Anlass zur Vermutung gibt, dass er sich mit der Bibel auskennt. Aus der Bibel hatte er sich sein politisches Motto geholt. Er offenbarte es uns während des Gesprächs im Hinterzimmer eines Berliner Restaurants.

Anlass war seine Ernennung zum Minister. Gleich zu Beginn seiner Amtszeit hatte er dort hochrangige Mitarbeiter geschasst, die sein Vorgänger eingestellt hatte. Getreu seinem Motto, dem von ihm stolz zitierten Bibelwort: «Was du tun willst, das tue gleich.» Er ergänzte: «Ich weiß allerdings nicht genau, wo das Zitat in der Bibel steht.» Die anderen Journalisten hatten auch keine Ahnung.

Ich meldete mich zu Wort, stolz darüber, mit meinem Pfarrerssohn-Wissen punkten zu können: «Das ist die Stelle in der Bibel, wo Jesus beim letzten Abendmahl zu Judas redet.»

Der Minister stutzte: «Echt? Judas?»

«Ja, es ist die Aufforderung an ihn, seinen Verrat schnell durchzuziehen.»

Die anderen Journalisten lachten, und der Minister wechselte das Thema. Ich vermute, er hat sich inzwischen ein anderes Motto zugelegt.

Natürlich muss man einem solchen Zitat-Fehlgriff kein großes Gewicht beimessen. Ich fand ihn dennoch verräterisch. Wenn die Macht ins Spiel kommt, landen nämlich alle Menschen ganz schnell eher bei Judas als bei Jesus.

Ohne Macht und ihre Ausübung geht es nicht, weder in der Politik noch im Alltag. Man kann nicht jede Entscheidung durch langwierige Diskussionen im Konsens lösen, manchmal muss man sie ohne langes Labern durchdrücken, einfach, weil man das kann.

Die Macht ist auch deshalb eine so gefährliche Droge, weil sie unsichtbar ist und nicht nur persönlichkeits-, sondern vor allem beziehungszerstörend wirkt. Wer sich daran gewöhnt hat, anderen seine Absichten aufzuzwingen, will davon so schnell nicht lassen.

Die Demokratie ist auch deshalb die beste Staatsform, weil sie das Machtgift verdünnt. Völlig aus der Welt schafft sie es nicht, und immun dagegen macht sie auch nicht. Auch durch die Flure des Bundestags weht ein Hauch von Mordor, dem dunklen Machtimperium im «Herrn der Ringe». Denn die Abgeordneten sind Machttechniker, die um Mehrheiten kämpfen und dabei manchmal das Ziel, nämlich das Allgemeinwohl, aus den Augen verlieren.

In einer Talkrunde habe ich einmal einen anderen Bundesminister, der privat Kampfsport betrieb, danach gefragt, was ihn so sehr am politischen Geschäft reize.

Seine Antwort lautete: «Dass Politik auch Kampfsport ist.»

«Und außerdem?», hakte ich nach.

Er blieb bei seiner Antwort und dabei, dass ihn nichts so sehr fasziniere wie die Niederwerfung des politischen Gegners.

Aber was hat das alles mit der Zukunft zu tun, mit der Herausforderung des Abendlands durch das Morgenland, mit unserer Wettbewerbssituation?

Sehr viel. Denn zwischen Machtsicherung und Zukunftsgestaltung besteht ein Spannungsverhältnis. Oben bleibt, wer sich den aktuellen Verhältnissen am erfolgreichsten anpasst, wer auf unangenehme Reformen verzichtet, wer den Wählern gibt, was sie wollen. Im Fokus der Regierenden stehen nicht die nächsten zehn oder zwanzig Jahre, sondern die Ergebnisse der nächsten Sonntagsfrage.

Meistens merken es die Politiker nicht einmal, wenn ihre Beschlüsse auf Kosten der nächsten Generation gehen. Wer derzeit an den Schalthebeln von Macht und Einfluss sitzt, hat sich in der Regel noch im 20. Jahrhundert dahin aufgemacht und will nicht zugeben: Das Beste der 70er, 80er und 90er Jahre ist noch lange nicht das Beste fürs 21. Jahrhundert.

Mein eigenes, ziemlich pessimistisches Politik-Motto lautet daher:

Die Eliten von *heute*
stützen sich auf die Ideen von *gestern*
und sind deshalb unfähig,
die Probleme von *morgen*
in den Griff zu kriegen.

Diese Tatsache ist geschichtlich verbürgt, sie hat bereits den alten Griechen ihre Demokratie vergällt, den Römern ihre Republik kaputt gemacht und Gorbatschow prophezeien lassen: «Wer zu spät kommt, den bestraft das Leben ...»

Wir sind im Moment nicht besonders zukunftsfähig, weil auch die besten Machtsysteme den Weg allen Fleisches gehen und träge werden. Weil eine unserer großen Stärken gegenüber Schwellen- und Entwicklungsländern, nämlich unsere gut funktionierende Verwaltungsbürokratie, eine Achillesferse hat: Sie passt sich nur langsam, manchmal zu langsam neuen Entwicklungen an – besonders in Zeiten gewaltiger technologischer und gesellschaftspolitischer Sprünge.

In der Zwischenzeit gärt es, manchmal explodiert es. Deshalb kommt es in der Geschichte immer wieder zu Vertrauenskrisen, zu Revolutionen, zu Systemstürzen.

Sie ereignen sich insbesondere dann, wenn auf lange Wohlstandsphasen plötzliche Rezessionen folgen. Menschen kommen weit besser damit klar, etwas gar nicht zu haben, als damit, etwas zu verlieren.

Eine Zeit der Verlustängste und der Verwirrung beschrieb vor hundert Jahren der irische Poet William Butler Yeats (1865–1939) in seinem Gedicht «The Second Coming» (1919). Seine Verse haben noch immer eine prophetische Wucht: «Zerfall ringsum / Das Zentrum hält nicht stand / Die Anarchie ist losgelassen in die Welt.» Über die politische Klasse von damals urteilte er: «Die Besten ohne Kraft / Die Schlechtesten voll leidenschaftlicher Besessenheit.»[13]

Das Schrecklichste an diesen Versen war, dass sie sich wenige Jahre später bewahrheiteten.

Hoffentlich haben wir daraus gelernt.

6. Des einen Leid ist des anderen Karrieresprungbrett
Der morbide Charme der Medien

In meiner Studentenzeit habe ich mit Kommilitonen manchmal über die uralte Frage diskutiert, ob nun das Sein das Bewusstsein bestimmt oder umkehrt das Bewusstsein das Sein. Weder noch, weiß ich heute. Richtig ist:

Der Schein bestimmt das Bewusstsein.

Oder, frei nach dem Philosophen Arthur Schopenhauer (1788–1860) und seinem Hauptwerk *Die Welt als Wille und Vorstellung:* Wir sehen die Welt nicht, wie sie ist, sondern wie wir sie uns einbilden. Beziehungsweise: wie sie uns gezeigt und eingeredet wird.

Damit bin ich bei meiner eigenen Branche, den Medien.

Ich kann nicht für alle Auslandsberichterstatter sprechen, aber alle, die ich kenne, verrichten ihren Job gewissenhaft. Ich habe noch keinen getroffen, der vorsätzlich «Fake News» in die Welt gesetzt hat. Bei der «Tagesschau» werden alle Informationen mehrfach gegengeprüft.

Dennoch zeigen Nachrichten natürlich nicht die Wirklichkeit, sondern nur Ausschnitte daraus – und zwar die spektakulärsten. «Unwahrscheinlichkeitsverstärker» hat der Soziologe Niklas Luhmann (1927–1998) die Medien genannt. Weil sie das Gewöhnliche ignorieren und das Außergewöhnliche betonen – und das sind oft Kriege, Naturkatastrophen und andere Schreckensfälle.

Ich selbst bin ein Krisengewinnler. Der anderen Leid ist mein Tätigkeitsfeld. Das habe ich mit Ärzten gemeinsam. Was mich von ihnen unterscheidet, ist, dass mein Job mit der schlechten Nachricht, der Diagnose, der Analyse aufhört und ich die Besserung anderen überlassen muss.

Besonders zwiespältige Gefühle hatte ich, als ich über das verheerende Erdbeben in Nepal berichtet habe. Vorher hatte ich bei einem befreundeten Korrespondenten gejammert, es würde so wenig passieren in meinem Berichtsgebiet und ich hätte kaum Gelegenheit, meine Reporterfähigkeiten unter Beweis zu stellen. «Du brauchst ein Event», stellte er fest, «aber bleib locker, das kommt irgendwann.»

Das «Event» kam im Frühjahr 2015 mit Stärke 7,8 und tötete fast zehntausend Menschen.

Am Tag nach dem Beben erwischte ich das letzte Flugzeug aus Delhi in die Hauptstadt Kathmandu, raste mit einem Taxi dahin, wo gerade die ersten Übertragungswagen aufgestellt wurden, und war stolz, als erster deutscher Reporter eine Live-Fernsehschalte absetzen zu können.

Am nächsten Tag fuhr ich mit meinem inzwischen dazugestoßenen Team in die umliegenden zerstörten Dörfer. Überall sah ich eingestürzte Häuser, in deren Trümmern verzweifelte Menschen nach ihren verschütteten Angehörigen gruben. Ich interviewte einen Mann, dessen Hochzeit vom Erdbeben unterbrochen wurde. Nun begruben er und seine Frau, die auch überlebt hatte, den Rest der getöteten Familie.

«Grandioses Stück, du bist ganz nah drangekommen!», wurde ich nach der Ausstrahlung gelobt. Ich produzierte ein Dutzend weiterer Beiträge. «Damit hast du dich als Korrespondent etabliert!», wurde ich ermutigt.

Die Komplimente schmeckten bitter.

Mich trösteten die vielen Spenden, die auf den Konten der Hilfswerke eingingen und die zeigten, wie wichtig unsere Berichterstattung war. Seitdem bekomme ich immer wieder E-Mails von Hilfswerken, die darum bitten, über den schleppenden Wiederaufbau zu berichten. Ich muss sie enttäuschen. Es gibt genügend neue Unglücksfälle, die Sendezeit beanspruchen.

Leichen pflastern meinen Reporterweg. Wenn einer meiner indischen Assistenten in mein Büro gerannt kommt und ausruft: «Afghanistan!» – dann habe ich immer dieselben drei Fragen.

Was ist passiert?

Wie viele Tote?

Auch Deutsche darunter?

Je nach Anzahl gibt es in den Nachrichten eine kurze Wortmeldung, einen Bericht in einer frühen Ausgabe oder, bei einem besonders blutigen Anschlag, in der Hauptsendung um 20 Uhr.

Dabei gehen die kleinen positiven Entwicklungsschritte in Afghanistan unter. Bei einem meiner letzten Besuche in Kabul berichtete ein dortiger Freund, dass es in seinem Stadtviertel endlich vorwärtsgehe. Die Verwaltung habe den Mülltransport neu geregelt. Seitdem seien die Straßen sauber und die Luft nicht mehr vom Abfallgestank verpestet. Ich bedankte mich bei ihm für die interessante Information und dachte gleichzeitig: *Die Welt wird nie etwas davon erfahren.*

Laut Umfragen gehen die meisten Deutschen davon aus, dass sich die Sicherheitslage in den letzten Jahren verschlechtert hat. Dabei ist das Gegenteil der Fall und die Anzahl der Schwerverbrechen rückläufig. In China glaubt hingegen der Großteil der Bevölkerung, durchaus korrekt, dass es in ihrem Land immer weniger Morde und Vergewaltigungen gibt.[14] In beiden Ländern spiegeln die Menschen die Berichterstattung der Medien wider, in Deutschland der freien, in China der staatlich kontrollierten.

Es ist nicht so, dass wir deutschen Journalisten die Wirklichkeit bewusst verzerren. Manchmal sind wir die Negativberichterstattung selbst satt. Die Nachrichten sind, wie sie sind, weil die Menschen sind, wie sie sind: mehr interessiert an krassen Geschichten als an Routine-Fakten. Wer nach einem Urlaub wahrheitsgetreu davon berichtet, dass alles super war, fesselt damit keine Zuhörer. Wer lauthals über schimmelige Hotelzimmer, rüde Kellner und turbulente Flüge klagt, hingegen schon. Wir ziehen gespannt die Vorhänge zur Seite, wenn bei unserem Nachbarn der Scheidungsanwalt oder der Gerichtsvollzieher klingelt. Wenn bei ihm die Müllabfuhr pünktlich vorfährt, kriegen wir es nicht einmal mit.

Vermutlich geht es deshalb nicht anders, sind Verzerrungen bei der Informationsvermittlung unvermeidlich. Problematisch wird der Wettbewerb um Klicks, Auflagen und Quoten allerdings, wenn dadurch die Wirklichkeit auf den Kopf gestellt wird.

Wie damals, als ich 2011 mit dem Entwicklungsminister Dirk Niebel den Irak besuchte. Der Fall, den ich schildere, ist ziemlich harmlos, aber vielsagend. Den Journalistentross im Gefolge, besuchte Niebel verschiedene Hilfsprojekte in Bagdad und in der nordirakischen Stadt Erbil. Was uns vorgeführt wurde, machte Mut. Es ging allmählich aufwärts im Irak, allerdings nicht steil genug, um daraus knallige Schlagzeilen zu formulieren.

Für mediale Aufmerksamkeit sorgte stattdessen eine Lappalie.

Auf dem Flughafen in Bagdad verzögerte sich der Weitertransport. Es ging um eine Flughafengebühr, die der Minister bezahlen sollte. Es gab Verhandlungen. Die Maschine hob zwei Stunden später ab als geplant. Wir Journalisten lästerten: über die sturen irakischen Beamten, aber auch über den Minister, den die Verzögerung sichtbar nervte. Ein Kollege informierte seine Heimatredaktion.

Kurz darauf ploppten auf deutschen Internetseiten martialische Überschriften auf: «Abflug-Blockade», «Niebel im Irak festgehalten», «Irakische Beamte piesacken Niebel», «Niebel sauer über Panne». Nach «Regeln des Rugby», so wurde berichtet, hätte er sich den Weg in die Maschine freikämpfen müssen. Es klang, als habe er sich aus einer Geiselhaft befreit.

Wen interessierte da noch das Thema Wirtschaftsaufbau zwischen Euphrat und Tigris? In Deutschland entstand einmal mehr der Eindruck: Die können es nicht, denen kann man eh nicht helfen, was haben wir da überhaupt zu suchen?

Solche Vorfälle sind unvermeidlich, aber traurig. Sie schmälern die Erfolge kleiner Schritte. Selbst kaputte Staatsgebilde wie Afghanistan und der Irak sind eben nicht nur Notstandsgebiete, sondern auch Chancenräume.

7. Fake History
Wie uns moderne Mythen in die Irre führen

In Indien gibt es mehr Tempel, als Hamburg Einwohner hat. Zwei Millionen alleine für Hindus. Einem besonders bizarren Tempelkult bin ich im nordwestlichen Bundesstaat Rajasthan begegnet, unweit der Stadt Jodhpur, am Rande einer staubigen Hauptstraße.

Es war neun Uhr morgens, und neben einer Autoraststätte herrschte großer Betrieb. Ständig kamen neue Leute, kletterten von ihren Motorrädern oder stiegen aus ihren Autos, zogen die Schuhe aus und knieten sich vor einen gläsernen Schrein. Sie senkten die Köpfe und murmelten Gebete. Als sie aufstanden, erkannte ich die Gottheit, der sie huldigten.

Ein Motorrad, Marke «Royald Enfield».

Ab und zu kam ein Priester vorbei und leerte die Schale mit den gespendeten Rupien-Scheinen. Er erklärte mir den Hintergrund des gerade mal dreißig Jahre alten Kultes. Damals war ein Mann aus der Nachbarschaft mit dem Motorrad tödlich verunglückt. Das Gefährt wurde abtransportiert. Kurz darauf machte die Nachricht die Runde, das Zweirad sei von selbst an den Unfallort zurückgekehrt. Der Vorgang, so schworen Augenzeugen, soll sich mehrmals wiederholt haben. Kein Zweifel, hier waren überirdische Kräfte am Werk. Der Schrein bekam den Namen «Om Banna», nach dem getöteten Besitzer der Maschine.

Das verstand ich nicht. War die Unfallstelle nicht eher ein Ort der Trauer und wäre nicht ein Grab für den Verunglückten angemessener als eine Kultstätte?

Der Motorrad-Verehrer zuckte mit den Schultern. Mensch, Maschine, tot, lebendig, für ihn alles Teil eines großen Ganzen, dem wir uns nur anbetungsvoll nähern können, auch wenn es bloß wie ein Motorrad aussieht.

Der «Om Banna»-Mythos ist einer der neuesten von unendlich vielen, die in Indien kursieren. Kein Wunder, bei angeblich über drei Millionen Gottheiten, die hier verehrt werden.

Es gibt allerdings zwei Mythen, die eine besonders große Bedeutung haben. Sie erzählen nicht nur die Geschichte einzelner Gottheiten, sondern fügen sie in einen größeren Rahmen ein. Die beiden Mythen heißen «Mahabharata» und «Ramayana».[15] Wer beide Erzählungen nachlesen will, braucht viel Geduld. Alleine das Mahabharata ist mehr als doppelt so lang wie die Bibel. «Die große Geschichte der Bharatas», wie der Titel übersetzt heißt, wird auch als «indische Ilias» bezeichnet.

Erzählt wird der Machtkampf zwischen zwei verwandten Clans, den Pandavas und den Kauravas, den die Pandavas dank des Helden Arjuna und des hilfreichen Gottes Krishna für sich entscheiden.

Das Ramayana, «der Gang Ramas», ist deutlich kürzer und hat eine ähnliche Dramaturgie. Diesmal ist es der Prinz Rama, der um die Königswürde und die Herrschaft des Guten kämpfen muss – unterstützt von seiner treuen Frau Sita und dem Affengott Hanuman.

Aus Sicht vieler Hindus sind die beiden Mythen tatsächlich der Weisheit letzter Schluss und beruhen auf historischen Tatsachen. An vielen Orten in Indien finden, unterstützt von der hindu-nationalistischen Regierung, Ausgrabungen statt, die archäologische Beweise dafür liefern sollen.

Lächerlich, sagt da kopfschüttelnd der kritische Westeuropäer. Und ignoriert, dass er selbst dem einen oder anderen Mythos anhängt. Natürlich nicht den Abenteuern des Herakles, an die auch in Griechenland praktisch kein Mensch mehr glaubt. Ebenso wenige Engländer gibt es, die den Drachentöter Beowulf für eine historische Gestalt halten.

Stattdessen sitzen viele moderne Zeitgenossen fragwürdigen Großerzählungen auf, die mit Mythen gemeinsam haben, dass sie sinnstiftend sind und von ihren Anhängern nicht mehr hinterfragt werden.

Ein solcher Mythos ist die Geschichte vom unaufhaltsamen Siegeszug des freiheitlichen Fortschritts.[16] Die Geschichte ist seit ungefähr zweihundertfünfzig Jahren im Umlauf und erzählt den Kampf aufgeklärter Wissenschaftler und Künstler gegen die Betonköpfe aus Kirche, Adel und Kleinbürgertum. Die Freigeister erringen Etappensiege in Europa und Amerika. Letztendlich ist aber die Befreiung der ganzen Welt vom Joch des Aberglaubens und der Lusteinschränkung nur eine Frage der Zeit. Am Ende der Menschheit steht der Triumph der unverdünnten Vernunft und der uneingeschränkten Selbstbestimmung.

Immer noch verbreitet, wenn auch nicht mehr ganz so populär wie im vergangenen Jahrhundert, ist ein anderer Mythos: der von der schrittweisen Gleichstellung aller Menschen. Nach harten Kämpfen werden die Klassen endlich abgeschafft, die Geschlechtergrenzen aufgelöst, die Nationen in die Geschichtsbücher verbannt.

Und dann gibt es noch einen Über-Mythos, eine Meta-Erzählung, die beide Geschichten vereinigt. Der Höhepunkt und Endpunkt der Menschheit ist demnach dann erreicht, wenn alle Menschen zugleich frei und gleich sind. Das Paradies auf Erden eben.

Allerdings kollidieren alle diese Großerzählungen mit der Wirklichkeit.

Die Menschen werden zwar freier, aber insgesamt nicht weniger religiös und traditionsverbunden.

Die sozialen und wirtschaftlichen Unterschiede werden immer größer.

Und die Fusion der Freiheits- und Gleichheits-Utopie scheint unmöglicher denn je. Beides schließt sich sogar logisch aus. Unter schrankenloser Freiheit und radikalem Individualismus leiden die Schwachen, während konsequente Gleichmacherei viel bürokratische Gängelei erfordert und notgedrungen die Freiheitsrechte einschränkt.

Dass zwischen Freiheit und Gleichheit eine nicht aufzulösende Spannung besteht, zeigen schon die Biografien linker Intellektueller. Progressive Künstlertypen mögen sich für globale Gerechtigkeit engagieren, in Wirklichkeit interessieren sie sich für die ausgebeuteten Massen so viel wie Goethes Faust für das Gretchen. Am Ende des ersten Teils der Tragödie ist das arme Mädchen bekanntlich tot und Faust auf dem Sprung zum nächsten Erkenntnisfortschritt.

Längst von den Tatsachen überholt ist auch ein anderer moderner Mythos: die Geschichte vom unaufhaltsamen Siegeszug der radikalen Vernunftorientierung. Fast zweihundertfünfzig Jahre, nachdem Immanuel Kant (1724–1804) seine *Kritik der reinen Vernunft* veröffentlichte, hat sich herausgestellt: Die reine Vernunft ist Illusion, alles Denken nur Annäherung an die Wirklichkeit und alle Erkenntnisse über Gott und die Welt provisorisch und spekulativ.

Aus der Physik wissen wir, dass es bei Beobachtungen auf den Standpunkt ankommt, dass die Dinge paradoxerweise diffus werden, wenn man ganz nah an sie herangeht, und dass die Materie nicht aus kleinen Teilchen besteht, sondern eher aus Energien, Zusammenhängen, Entwicklungen. Alles hängt mit allem zusammen, und selbst Genies sind viel zu verstrickt in die komplexe Wirklichkeit, als dass sie darüber objektive Urteile fällen können. Auch sie forschen vorzugsweise nach dem, was ihre eigenen Annahmen bestätigt.

Der Philosoph Georg Wilhelm Friedrich Hegel (1770–1831) hat die Weltgeschichte typisch deutsch-idealistisch als den «Fortschritt im Bewusstsein der Freiheit» definiert. Dieser naive Glaube an einen Automatismus des menschenfreundlichen und freiheitlichen Fortschritts lässt sich immer weniger aufrechterhalten.

Ich halte es deshalb mit dem englischen Philosophen Arnold Toynbee (1889–1975), der die Weltgeschichte ganz nüchtern als Abfolge von Herausforderungen und den Reaktionen darauf beschrieben hat.[17]

Jede Zeit hat ihre eigenen Probleme und auch ihre eigenen Lösungen. Auch wenn ich ein großer Fan der freiheitlichen Ordnung der Bundesrepublik bin, warne ich davor, das gesamte Weltgeschehen daran zu messen, wie wir uns Fortschritt vorstellen.

- Falsches Fortschrittsdenken liegt vor, wenn darunter die Auflösung von Familien und Nationen verstanden wird.
- Falsches Fortschrittsdenken liegt vor, wenn darunter die Säkularisierung von Gesellschaften und die zwangsläufige Marginalisierung von Kirchen verstanden wird.
- Falsches Fortschrittsdenken liegt vor, wenn Christen als Fortschrittsblocker denunziert und die Kirchengeschichte zur Kriminalgeschichte verfälscht wird.

Hinter solchen Verfälschungen stehen oft knallharte Machtinteressen. Schon der griechische Philosoph Platon (ca. 428–348 v. Chr.) wusste, dass den Geschichtenerzählern die Welt gehört. In seinem Hauptwerk *Der Staat* kommt er zu dem Schluss, dass die Zukunftsfähigkeit eines Staates davon abhängt, welche Geschichten er seinen Bürgern und vor allem seinem Nachwuchs erzählt.[18]

Ob sich eine Geschichte in einen sakrosankten Mythos verwandelt hat und als Herrschaftsinstrument benutzt wird, erkennt man an den roten Bändern ringsherum, den «Darf nicht angezweifelt werden!»-Verbotsschildern, den Sanktionen bei Infragestellung.

Heutzutage gilt das besonders für die Geschichte der «sexuellen Revolution» und deren segensbringenden Wirkungen, zu der die Auflösung klassischer Geschlechtsrollen und Familienmuster gehört. Wer dazu eine andere Meinung hat, bekommt es mit den Gouvernanten der politischen Korrektheit zu tun, die humorfreier sind als Fräulein Rottenmeier im Heidi-Roman.

Als sich Papst Franziskus 2018 erlaubte, das dreitausend Jahre alte jüdisch-christliche Familienbild zur immer noch geltenden Norm zu erklären, fauchte die feministische Chef-Jakobine von «Spiegel Online», Margarete Stokowski: «Fehlt nur noch der Scheiterhaufen».[19]

Es reichen schon kleinste begriffliche Unklarheiten, um abgekanzelt zu werden. Bei mir war das in den letzten Jahren nur einmal der Fall. Ich hatte einen Beitrag über eine Transgender-Moschee in Pakistan produziert. Es war übrigens das erste Mal in meinem Leben, dass ich überhaupt Menschen begegnete, die sich offen zu einem dritten Geschlecht zählten. Ich habe mich bemüht, ihre Sorgen und Wünsche fair darzustellen.

Die transsexuellen Moschee-Gründer waren mit dem Beitrag zufrieden. Ein deutscher Zuschauer aber ganz und gar nicht. Er nahm Anstoß daran, dass ich angeblich respektlos von «Transmenschen» geredet hatte. Der Begriff sei falsch, unpräzise und ein Affront gegenüber der ganzen Lesbian-Gay-Bisexual-Transgender-Queer-Gemeinde. Er forderte eine Entschuldigung und Klarstellung vor der Kamera. Ich habe ihm freundlich geantwortet und die Sache damit auf sich beruhen lassen.

Der fanatische Glaube an überkommene Fortschrittserzählungen hat fatale Folgen. Wer die Auflösung der klassischen Familie für einen begrüßenswerten Endpunkt der Zivilisationsgeschichte hält, wird genau darauf hinarbeiten. Wer Deutschland und überhaupt den Westen an der Spitze des Fortschritts sieht, wird China, Indien und andere Staaten für Nachzügler halten, die sich an uns orientieren müssen.

Ein schiefer gedanklicher Rahmen verfälscht den Blick auf die Wirklichkeit. Es gibt vielleicht ein richtiges Leben im falschen, schließlich kann man sich auch in einer Diktatur eine geistige Freiheit bewahren.

Es gibt aber kein richtiges Denken im falschen.

Der amerikanische Kulturforscher Jared Diamond hat in seinem Buch *Kollaps* die Gründe für den Zusammenbruch von Zivilisationen untersucht. Seine These lautet, dass es die Verhaftung im Status quo und der blinde Glaube an alte Erfolgsstorys ist, der Gesellschaften paralysiert und zum Untergang verdammt.[20]

Manchmal sind aber Fake Storys und Fake Historys gar nicht das Problem – sondern falsche Gewichtungen. Der Teufel liegt eben nicht nur im Detail, sondern in dessen Einordnung. Die korrektesten Informationen helfen nicht, wenn sie in einen falschen Gesamtzusammenhang gestellt werden.

Wie beim Reformationsjubiläum. Ich hatte mich darauf gefreut, auch wenn ich ein paar tausend Kilometer von den zentralen Feierlichkeiten entfernt war. 500 Jahre «Hier stehe ich, ich kann nicht anders» – das war doch eine gute Gelegenheit, auf eine Sternstunde der Kirchengeschichte hinzuweisen, jedenfalls aus protestantischer Sicht. Schließlich ist Martin Luther (1483–1546) nicht nur für Christen, sondern für alle Verfechter von Meinungs- und Glaubensfreiheit eine Inspirationsquelle. Oft genug habe ich selbst von Atheisten gehört, dass auch den anderen Religionsgemeinschaften eine Reformation guttun würde. Ich freute mich deshalb auf jede Menge PR für das christliche Abendland.

In der indischen Hauptstadt Delhi fand 2017, soviel ich weiß, nur eine einzige Gedenkveranstaltung statt. Eingeladen hatte die Deutsche Schule. Statt einer Feier gab es einen Vortrag, gehalten vom Schuldirektor persönlich. Es ging um Luther – aber nicht um seinen Thesenanschlag, sondern um seine antisemitischen Aussagen und deren Auswirkungen auf die jüdische Gemeinschaft in Frankfurt. Die Fakten stimmten, aber ihre Auswahl war höchst fragwürdig, und eine angemessene Einordnung fand schon gar nicht statt.

Nach der Veranstaltung war eine indische Zuhörerin verwirrt: «Die Reformation hat also den Zweiten Weltkrieg und den Holocaust verursacht?»

Mir kam ein anderer Gedanke: Die deutsche Geschichts-Pädagogik braucht eine Reformation.

8. Guru-Dämmerung
Grau ist alle Gender-Theorie.
Oder: Welchen Experten wir vertrauen können

Wer von Mythen redet, darf von Gurus nicht schweigen. Von diesen spirituellen Lehrmeistern gibt es in Indien genauso viele wie Tempel, und manche bescheren ihren Anhängern erst eine Erleuchtung, dann ein böses Erwachen.

Wie Gurmeet Ram Rahim Singh. Auf seinen Namen stieß ich kurz nach meiner Ankunft in Indien. Er befand sich auf einer Liste der «Hundert mächtigsten Menschen» des Landes. Ein Guru als Superstar – das faszinierte mich. Ich produzierte einen Beitrag über sein neuestes Projekt, einen Actionfilm. Er selbst spielte die Hauptrolle, nämlich sich selbst, nannte sich und den Film «Der Bote Gottes».

Zwei Jahre später wurde er wegen mehrfacher Vergewaltigung zu einer Gefängnisstrafe verurteilt. Seine Anhänger randalierten. Es gab 29 Tote.

«Er war ein böser Guru», sagte mir ein indischer Bekannter, «davon gibt es hier viele. Meistens verüben sie ihre Verbrechen im Verborgenen. Aber manchmal kommen sie auch ans Licht.»

Auch im Abendland ist es an der Zeit, einige geistige Führerfiguren von ihren Denkmalsockeln zu holen. Zu lange haben wir uns von vermeintlichen Großdenkern blenden lassen, deren Lebensläufe sie als Beziehungs-Legastheniker entlarven und deren Prognosen von der Wirklichkeit längst überholt sind.

Mich erstaunt immer wieder, dass sich ansonsten vernünftige Menschen als Anhänger von Egomanen bekennen, bei deren Auftauchen man im normalen Leben rasch die Straßenseite wechseln oder die Kinder schnell nach Hause rufen würde.

Ich denke zum Beispiel an den Wahrhaftigkeitsapostel und Selbstverwirklichungspropheten Jean-Jacques Rousseau (1712– 1778). Er war sicher ein poetisches Genie und immerhin so ehrlich, sich in seiner Autobiografie offen zu den Fehlern zu bekennen, die man ihm heute vorhält.

Er entsorgte alle seine fünf Kinder bald nach der Geburt im Findelhaus. Keiner weiß, was aus ihnen geworden ist. Aber die Überlebenschancen in solchen Einrichtungen waren damals gering. Mit fast allen Freunden und Förderern zerstritt Rousseau sich. Das hinderte ihn nicht daran, sich als Experte in Erziehungs- und Beziehungsfragen aufzuspielen.[21]

Auch Jeremy Bentham (1748–1832) qualifizierte sich mit seinem Lebenswandel eher als Studienobjekt für Psychiater denn als Philosoph. Er ist heutzutage weit weniger bekannt als die von ihm begründete Ethik: der Utilitarismus.[22]

Gut war aus Benthams Sicht alles, was das allgemeine Glücksniveau hob, egal, ob es den guten Geschmack verletzte, Traditionen zerstörte oder Minderheiten benachteiligte. Bentham sprach sich deshalb auch für ein Recht auf totale sexuelle Freizügigkeit aus.

Seine Ethik passte zu seiner Autobiografie. Er war nie verheiratet, hatte keine einzige feste Beziehung. Wissenschaftler gehen mittlerweile davon aus, dass er unter dem Asperger-Syndrom litt, einer milden Form des Autismus.[23] Die Ego-Ethik des Utilitarismus war also das Hirngespinst eines schwer beziehungsgestörten Mannes.

Karl Marx (1818–1883) war als Ehemann und Familienvater eine ziemliche Zumutung und ist auch als Welterklärer mit großer Vorsicht zu genießen.[24] Er wuchs in behüteten Verhältnissen auf, heiratete eine Adelige, hatte kaum Kontakt zum Arbeitermilieu. Zuerst wollte er Poet werden, dann Philosoph, schließlich

Journalist, und hatte bei jedem Karriereschritt das eine große Ziel vor Augen: die eigene Bedeutsamkeit zu steigern.

Immerhin das gelang ihm eindrucksvoll – bis zum heutigen Tag. Seine Qualitäten als Wirtschaftswissenschaftler sind unbestritten, sein Verständnis des kapitalistischen Systems im 19. Jahrhundert eindrucksvoll.

Von seinen Geschichtsvorhersagen kann man das nicht behaupten. Beinahe komisch muteten die Versuche seiner Anhänger an, anlässlich seines zweihundertsten Geburtstags seine Relevanz für das 21. Jahrhundert herauszustreichen. Dabei hätte er bei seinen wichtigsten Prognosen gar nicht schiefer liegen können: Nicht die Arbeiter sind die Gewinner der Geschichte, sondern die Bourgeoisie; nicht die Arbeitskraft lässt heutzutage das Kapital wachsen, sondern das Know-how; nicht die Religionen haben sich als gefährlichstes Volksopium herausgestellt, sondern das Versprechen eines kommunistischen Paradieses.

Geradezu kriminell muten aus heutiger Sicht die Machenschaften des Zoologen (sprich: Tierforschers) Alfred Kinsey (1894–1956) an. Seine Studien lieferten die wichtigste theoretische Grundlage der sexuellen Revolution. Unter anderem behauptete er, ein großer Teil der Bevölkerung sei bisexuell, viele außerdem sadomasochistisch veranlagt und die meisten Zeitgenossen sexuell viel aufgeschlossener als bisher angenommen – Kleinkinder eingeschlossen.

Der Mythos von der wissenschaftlichen Qualität seiner Untersuchungen hat sich bis heute gehalten. «Alfred Kinsey ging empirisch und vorurteilsfrei vor», hieß es in einem Bericht der Deutschen Presseagentur zum 70. Jahrestag der Veröffentlichung.[25] Dabei steht längst außer Frage, dass die pseudowissenschaftlichen «Kinsey Reports» von Fehlern, Fälschungen und Manipulationen strotzen und der Autor nicht davor zurückschreckte, einen pädophilen Schwerverbrecher zu einer seiner wichtigsten Informationsquellen zu machen.[26]

Auf wissenschaftlichen Sand und persönliche Neurosen gebaut sind auch die Behauptungen der vermutlich einflussreichsten lebenden Philosophin, der Gender-Theoretikerin Judith Butler (*1956).[27] Ihr wichtigstes Werk, *Das Unbehagen der Geschlechter,* veröffentlichte sie im Jahr nach dem Mauerfall und der Erfindung des Internets und löste damit in Intellektuellenkreisen eine kleine Revolution aus.

Aus ihrer Sicht ist das Mann- oder Frausein nicht angeboren. Stattdessen ist sie der Meinung, «dass die Geschlechtsidentität eine Art ständiger Nachahmung» ist und Männlichkeit und Weiblichkeit eine «kulturelle Performance» sind. Es kommt nicht auf das biologische Geschlecht an, sondern auf die Geschlechterrolle («Gender») – und die ist wähl- und wandelbar.

Diese Erkenntnis verdankte sie nicht biologischen Untersuchungen, psychologischen Experimenten oder sozialwissenschaftlichen Erhebungen. Ihre wichtigsten Inspirationsquellen waren Hegel, Marx, Heidegger, also ebenfalls philosophische Theoretiker. Es ging ihr nicht um Wahrheitsfindung, sondern darum, neue Wahrheiten zu schaffen – durch neue Begriffe und neue Wirklichkeitskonstruktionen.

Der Originaltitel ihres Buches, *Gender Trouble,* also Geschlechterrollen-Ärger, beschreibt ihre Agenda ganz treffend: Verwirrung zu stiften, Chaos in den Köpfen anzurichten und aus dieser Ordnung eine neue Welt zu schaffen.

Judith Butler ist mit ihren Thesen berühmt geworden. Ihre Anhänger zogen zu Zigtausenden in die neu geschaffenen Genderforschungs-Institute ein. Den Preis für die Gedankenexperimente zahlen andere. Alles Irre kommt wieder mal von oben, aus hochsubventionierten wissenschaftlichen Elfenbeintürmen.

Daran erkennt man die falschen Gurus: dass sie nicht für die Konsequenzen ihrer Lehren haften.

Das behauptet unter anderem der Expertenkritiker Nassim Nicholas Taleb (*1960). Ich bin ihm vor einigen Jahren beim Weltwirtschaftsforum in Davos begegnet. Es war kurz nach dem Wall-Street-Crash. Taleb gehörte zu den wenigen, die den Börsenkrach vorhergesagt hatten.

Der Autor und frühere Aktienhändler stammt aus dem Libanon und hatte dort als Angehöriger der christlichen Bevölkerungsgruppe den Bürgerkrieg erlebt. Ihm musste niemand erklären, dass es in der Welt chaotisch, schmutzig und zuweilen sehr überraschend zugeht.

Das war auch die Hauptthese seines populärsten Buches, *Der Schwarze Schwan*.[28] Es handelt von Freak-Events, von Ereignissen, die alles umstürzen, weil niemand sie kommen sah. Taleb nennt solche Ereignisse «Schwarze Schwäne»: wie die 9/11-Anschläge. Oder den Börsencrash. Oder, um ganz weit in der Geschichte zurückzugehen, den Ausbruch des Ersten Weltkriegs.

Die Ereignisse treffen uns unvorbereitet, weil wir ganz andere Dinge auf unseren Radarschirmen haben. Und während wir anschließend jahrelang über die Ursachen forschen, kommt schon der nächste Schwarze Schwan angeflogen.

Die Weltgeschichte entwickelt sich nicht linear und aufwärtsgerichtet, sondern überrascht mit Schlenkern und Sturzfahrten. Wer glaubt, es geht immer geradeaus, fliegt aus der Kurve.

Taleb warnt deshalb auch vor Ideologien, die blind machen für neue Phänomene. In seinem neuesten Buch *Skin in the Game* (deutsche Übersetzung: «Das Risiko und sein Preis») – was so viel bedeutet wie «Die eigene Haut zu Markte tragen» – knöpft Taleb sich pseudo-wissenschaftliche Gurus vor, vermeintliche Experten, deren Ratschläge oft in die falsche Richtung weisen.[29] Weil sie meistens nicht selbst betroffen sind, aus der Distanz urteilen, nicht für Fehlprognosen geradestehen. Im Gegenteil gewinnen sie mit falschen Alarmen Aufmerksamkeit, scharen mit absurden Forderungen Jünger um sich, generieren massenhaft Klicks und hohe Vortragshonorare.

Taleb rät, nicht darauf zu achten, «was Menschen sagen, sondern nur darauf, was sie tun und wie viel sie dafür riskieren». Er warnt vor der Übermacht von Bürokratien, weil diese «dafür sorgen, dass Personen von den Folgen ihrer Handlungen getrennt werden». Für ihn besteht ein Kennzeichen der Moderne darin, «dass es immer mehr Menschen gibt, die besser sind im Erklären als im Verstehen».

Taleb behauptet auch: «Was zählt, ist nicht, was eine Person hat oder nicht hat, sondern was sie zu verlieren fürchtet.» Eben deshalb leben viele moderne Gurus in Angst und reagieren auf Kritik aggressiv: weil sie ihre Felle im Strom der Zeit davonschwimmen sehen.

Seit ich Taleb kenne, ist mein Interesse geschwunden an Ermahnungen und Ruck-Reden *made in* Starnberg, Blankenese oder dem Berliner Kollwitz-Kiez. Nur noch nervig finde ich die Twitter-Kommentare von Popstars, die in der Regel von deren PR-Agenten verfasst werden und die nur den eigenen Gesprächswert zum Ziel haben.

Ich selbst bin Idealist und weiß nur zu gut, dass die Luftschlösser des «Wünsch dir was» schöner aussehen als die Werkstätten des «So isses». Am Ende müssen wir aber alle Ideen danach beurteilen, ob sie funktionieren, nicht danach, ob sie sich gut anhören.

9. Besuch beim Herrn des Universums
Wie die Welt wirklich tickt

Wer wissen will, was den Menschen ausmacht, sollte nach Odisha (früher: Orissa) kommen. Der ostindische Bundesstaat ist für Kulturforscher dasselbe wie die Klondike-Region in Alaska für Goldsucher im 19. Jahrhundert. Immer wieder reisen Wissenschaftler an, besuchen die religiösen Feste, interviewen die Gläubigen, dokumentieren ihre alltäglichen Rituale – in der Hoffnung, hier den «echten Menschen» zu finden.

Auch ich bin nach Odisha geflogen – in die Küstenstadt Puri, die am Golf von Bengalen liegt. Ich drehe hier einen Film über das jährliche «Wagenfest».

Ich stehe in einer Masse aus einer halben Million aufstöhnender Menschen. Vor mir setzt sich eine Prozession in Bewegung. Drei riesige Wagen werden von Hunderten von Priestern vorwärtsbugsiert. Hoch auf den bunten Wagen stehen noch mal genauso viele Männer in Orange und Weiß vor riesigen Götterstatuen.

Die Karossen mit den Priestern und Holzstatuen bewegen sich langsam die Straße entlang. Mitten hinein in den Menschenpulk. Und ich mittendrin. Die Sonne brennt, vierzig Grad im Schatten, die Luftfeuchtigkeit liegt bei neunzig Prozent. Kein Wunder, dass die Priester keuchen und schwitzen, als sie die kolossalen Wagen vor sich herschieben oder an schweren Tauen hinter sich herziehen.

Auf dem mittleren Wagen thront Jagannatha, der «Herr des Universums» (die englische Superhelden-Bezeichnung «Juggernaut» ist von ihm abgeleitet), ein besonders wichtiger Gott im bevölkerungsreichen hinduistischen Pantheon. Links und rechts von ihm sitzen seine Geschwister. Wie jedes Jahr wird ihre mythische Pilgerreise beim Wagenfest «Ratha Yatra» nachgespielt.

Die Massen von Gläubigen, die aus dem ganzen Land zusammengekommen sind, warten seit dem frühen Morgen darauf, den Wagen berühren zu dürfen. Das soll Glück bringen und von Sünden reinigen.

Alle paar Minuten kippt ein Jagannath-Anhänger aus Schwäche um. Sanitäter wühlen sich durch die Menge, transportieren die Kranken auf Bahren ab. Manche reglosen Gestalten machen den Eindruck, sie würden es nicht mehr ins Hospital schaffen.

Ich bin froh, dass ich größer bin als die meisten. So kann ich wenigstens frei atmen. Ich will gar nicht daran denken, was bei einer Massenpanik passieren könnte. Dann würden bestimmt viele Menschen erdrückt werden. Das kommt öfter vor bei solchen religiösen Events. Anders als in Deutschland werden sie dann im Jahr darauf trotzdem wiederholt. *The Show must roll on.*

Für die Inbrunst, mit der die Pilger sich dem Wagen entgegenstrecken, gibt es in Deutschland kein Äquivalent. Am ehesten noch, wenn wie 2014 nach einer gewonnenen Fußball-WM der Mannschaftsbus zum Brandenburger Tor fährt.

Ich kann mich noch lebhaft daran erinnern, wie ich in der Menschenmasse stand, Toni Kroos und Co. mit ihrem «Goucho Dance» die Argentinier verhöhnten und eine junge Kollegin neben mir alle journalistische Zurückhaltung verlor und «Mesuuuuut!» kreischte. Özil spendierte ihr später ein gemeinsames Selfie. Er war damals ein deutscher Juggernaut. Wie sich die Zeiten ändern.

Die Orte, an denen in Deutschland religiöser Glaube intensiv gelebt wird, muss man umständlich suchen – und findet sie zuweilen im Fernsehprogramm unter Überschriften wie «Sieben Tage unter radikalen Christen».

Was dort gezeigt wird, erscheint vielen Zuschauern absonderlich, wie Berichte von einem anderen Stern. Sie machen sich nicht bewusst: Im Vergleich mit den meisten Menschen weltweit sind säkular ausgerichtete Deutsche selbst die Exoten, die große Ausnahme. In Indien bezeichnen sich mehr als 99 Prozent aller Einwohner als religiös. Das religionslose eine Prozent lebt zum großen Teil in den Metropolen Mumbai, Delhi, Kalkutta. In Odisha liegt die Gläubigen-Quote bei hundert Prozent.

Genau das ist es, was Odisha für Wissenschaftler so attraktiv macht. Dass hier Traditionen lebendig sind, die Jahrhunderte zurückreichen – und die aussagekräftig für die gesamte Menschheitsgeschichte sind.

Der Kulturpsychologe Richard Shweder (*1945) hat nach Aufenthalten in Odisha die These aufgestellt, dass die unterschiedlichen Wertvorstellungen der Völker sich in drei große Gruppen unterteilen ließen: Die einen folgten einer Ethik der Selbständigkeit, andere einer Ethik der Gemeinschaft, wieder andere einer Ethik der Heiligkeit. In westlichen Gesellschaften sei die Autonomie-Ethik prägend. Hier wird das menschliche Verhalten daran gemessen, ob es dem Einzelnen dient. Die meisten anderen Gesellschaften würden dagegen für erstrebenswert halten, was der Gruppe nützt und den Gottheiten dient.[30]

Ein Schüler von Shweder, der ebenfalls einige Monate in Odisha verbrachte, entwickelte das Konzept weiter. Jonathan Haidt (*1963) bezeichnet sich als Atheist und politisch eher links orientiert. Doch das Weltbild, das sich aus seinen Beobachtungen ergibt, ist ein konservatives. Haidt vertritt die These, dass sich die Menschheit seit Urzeiten von fünf moralischen Instinkten leiten lässt.[31] Die Instinkte sind:

1. Sinn für Gerechtigkeit.
2. Ablehnung von unrechtmäßiger Gewalt und Freiheitseinschränkung.
3. Loyalität der eigenen Gruppe gegenüber.
4. Achtung vor Autoritäten.

5. Wertschätzung einer höheren Gewalt oder Ordnung, der gegenüber man zu seelischer und körperlicher Reinheit verpflichtet ist.

Diese Instinkte, behauptet Haidt, findet man in allen Gesellschaften, egal ob in Feuerland, am Golf von Bengalen oder im australischen Outback.

Außer in der westlichen Bildungselite. Am wenigsten bei Geisteswissenschaftlern und Journalisten.

Auch ihnen ist Moral ganz wichtig, erklärt Haidt, aber nur eine solche, die Gleichheit und Freiheit fördert, also das Individuum stark macht. Verkümmert sind bei ihnen die moralischen Instinkte, bei denen es um Tradition, Hierarchie und Religion geht und die für den Gruppenzusammenhalt wichtig sind.

Ich selbst habe keine wissenschaftlichen Studien betrieben – aber einen ähnlichen Gesamteindruck: In Deutschland, vor allem in besonders progressiven Milieus, stehen Selbstverwirklichungswerte im Vordergrund. In Asien, aber auch in weiten Teilen von Lateinamerika und Afrika, geht es eher um den Zusammenhalt der Gruppe, der Familie, des Stammes, der Glaubensgemeinschaft, der Nation. Das hat vor allem ökonomische Ursachen. Bei uns ist es der Wohlstand, der einen radikalen Individualismus überhaupt erst möglich macht. In den meisten nicht-europäischen Ländern sind die durchschnittlichen Einkommen sehr viel niedriger, ganz zu schweigen von Renten und anderen sozialen Transfers. Verlassen ist, wer sich nicht auf Verwandte und Nachbarn verlassen kann.

Aber vielleicht sind wir im Westen tatsächlich einfach weiter, sind auf der Leiter des Fortschritts ein paar Sprossen höher geklettert und müssen nur warten, dass die anderen hinterherkommen und dabei ihren Traditionsballast abwerfen.

Ich halte diese Einschätzung für falsch und werde ausführlich erläutern, warum. Im Gegenteil gehe ich davon aus, dass bei uns

Gruppenwerte und Glaubenstraditionen wieder wichtiger werden. Es wird nur dauern.

Bis dahin stehen wir vor einem Verständigungsproblem. Im Zeitalter der Globalisierung ist es fatal, wenn das Gespür dafür fehlt, wie weite Teile der Weltbevölkerung ticken.

Kulturpsychologe Haidt behauptet, dass Linksprogressive sich schwerer damit tun, Wertkonservative zu verstehen, als umgekehrt. Ich finde das einleuchtend: Wer nur noch über zwei moralische Instinkte verfügt, weil er die anderen drei amputiert hat, dem fehlt eine wichtige Kommunikationsbrücke. Diejenigen, die Weltoffenheit predigen, meinen deshalb oft nur den Dialog mit anderen fortschrittlich gesinnten Weltbürgern.

Ich würde mir wünschen, dass die eingerissenen Verständnisbrücken in Zukunft wieder aufgebaut werden. Man muss dafür nicht nach Odisha reisen. Die deutsche Dorfkirche und ein Weihnachtsgottesdienst reichen auch zum Anfang.

10. Generation Hanno

Warum die Jugend von heute von gestern ist

Eine zentrale Botschaft meines Buches müsste inzwischen hinreichend deutlich sein:

Wir brauchen einen Mentalitätswandel.

Vielleicht auch nur einen Generationenwandel, und der Rest – die Anpassung an die neue Zeit – folgt automatisch.

Glaubt man einem chinesischen Sprichwort, gibt es innerhalb von Familiendynastien einen Auf- und Abstiegszyklus, der drei Generationen umfasst:

Die erste Generation baut auf.

Die zweite Generation genießt die Früchte und verwaltet den Wohlstand.

Die dritte Generation verspielt ihn wieder.

Thomas Mann (1875–1955) hat dieses Prinzip in seinem Familien-Epos «Die Buddenbrooks» durchgespielt. Der Roman kommt mit dem schwächlichen, kunstbeseelten Enkel Hanno an sein tragisches Ende. Das Schicksal der Buddenbrooks und ihres letzten Sprösslings Hanno war damals symptomatisch für ganz Europa am Vorabend der großen Krise.

Davon zeugen die vielen literarischen Antihelden der damaligen Zeit, die genauso verpeilt und glücklos sind wie Hanno: zum Beispiel Ulrich, der «Mann ohne Eigenschaften» in Robert Musils (1880–1842) gleichnamigem Roman, oder sämtliche Protagonisten in den Geschichten von Franz Kafka (1883–1924), Vertreter einer verunsicherten Geistes-Elite, die gegen Stalin, Mussolini und Hitler chancenlos war.

Nach dem Zweiten Weltkrieg gab es einen Neuanfang und den Beginn eines neuen Generationszyklus. Überträgt man das «Drei-Generationen-Prinzip» auf die Bundesrepublik und veranschlagt für jede Generation ungefähr 35 Jahre, dann steht unsere eigene «Generation Hanno» genau jetzt in den Startlöchern, um in den folgenden Jahrzehnten die deutschen Geschicke zu lenken.

Das macht mir Sorgen.

Die deutschen Jugendlichen von heute, die Wirtschaftswunder-Enkel, tragen die Bürde jeder dritten Generation. Sie haben die undankbare Aufgabe, das Erbe der Großeltern, das von den Eltern solide und visionsfrei weiterverwaltet wurde, nun in eine neue Zeit zu überführen.

Ich kenne viele hochbegabte, hochmotivierte 18- bis 30-Jährige. Aber ich nehme auch wahr, wie viele von ihnen hin- und hergerissen sind zwischen den überlebten Idealen ihrer Eltern bzw. ihrer Lehrer und den Problemen, die sich am Horizont auftürmen. Herausforderungen, für die es in den alten Lehrplänen keine Lösungen gibt.

Die Mitglieder dieser Generation sind auch dadurch geschwächt, dass sie gegenüber den Babyboomern in der Minderzahl sind und sich artig und angepasst verhalten müssen, um überhaupt in Einflusspositionen aufzurücken.

Manche von ihnen verhalten sich auf bizarre Weise konträr zu ihren Interessen. Während die Elterngeneration in der Sozialpolitik immer tiefere Gruben für die Kinder gräbt, stehen die jungen Träumer am Rand und rufen: «Schneller! Tiefer! ...»

Alarmierend sind auch die Statistiken über die Zunahme von Jugenddepressionen. Immer mehr 15- bis 19-Jährige bringen sich um, immer mehr verletzen sich absichtlich.

Da stimmt was nicht.

Ich habe den Generationenkonflikt bei zwei Bundestagswahlen darzustellen versucht. In der ARD-Fernsehreise «Szene-Wechsel» ließ ich Jung-Prominente auf Spitzenpolitiker los, insgesamt zehnmal. Eine deprimierende Erfahrung.

Ich kann mich daran erinnern, wie Gregor Gysi den DJ Paul van Dyk fragte, ob der mit seinen Fingernägeln über die Vinylritzen kratzen würde. Sonst kann ich mich an wenig erinnern. Jedenfalls an keine inhaltliche Forderung der Junggenerations-Vertreter.

Eine der Teilnehmerinnen, das Thüringer Model Sylvia Leifheit, ist inzwischen auf dem Esoterik-Trip und will mit dem biblischen König Salomo in Kontakt getreten sein. Was sie dazu schreibt, klingt allerdings nicht, als hätte seine Weisheit auf sie abgefärbt.[32]

Andererseits hatte ich viele persönliche Begegnungen mit jungen Leuten, die mir Hoffnung machen. Über hundert 17- bis 27-Jährige reisen jedes Jahr nach Berlin zu den «Tagen der Begegnung», um dort mit Politikern in einen Wertedialog einzutreten. Ich war ein paar Mal dabei und beeindruckt von der Leidenschaft, der Neugier und der Nachdenklichkeit der U30er. Von wegen «Generation Hanno» oder «Generation Selfie». Ich erlebte eine Generation, die nicht bloß erben und sich selbst inszenieren, sondern positiv gestalten will. Obwohl die Umstände alles andere als einfach sind.

Das ist der große Unterschied zu der jungen Generation am Anfang des 20. Jahrhunderts, die alle Zukunftschancen hatte und sie verspielte. Oft wird vergessen, dass die Katastrophe des Nationalsozialismus nicht erst 1933 ihren Anfang nahm, sondern 1914 und in den Jahren davor, als die europäischen Großmächte sich an ihren vergangenen Triumphen berauschten. Die Welt von damals ging nicht zuletzt an ihrer Überheblichkeit zugrunde.

Die Jugend von heute spürt dagegen, dass sie vor schwierigen Aufgaben steht.

Was ihr noch fehlt, sind eigene Lösungsvorschläge und der Biss, sie auch durchzusetzen.

Aber das kann ja noch kommen.

Zweiter Teil

Morgenland

Wohin die Welt sich wirklich entwickelt

Ich war zwar oft im Himalaya, aber ich habe noch keinen Yeti gesehen.

Dafür ist mir in Indien ein leibhaftiges Einhorn über den Weg gelaufen.

Eigentlich hätte ich nicht überrascht sein dürfen. Es gibt kaum eine Spezies, die sich so schnell vermehrt. Bei jedem Deutschland-Besuch in den letzten Jahren habe ich mehr von ihnen zu Gesicht bekommen: auf T-Shirts und Postern, als Logos von Start-up-Firmen, auf Schokoladenverpackungen, als Kuscheltiere. Eine Einzelhandelskette hat Einhörner sogar aufs Klopapier drucken lassen. Das deutsche Einhorn-Fieber erklären Trendforscher damit, dass die Fabelwesen für Harmonie, Freundschaft und schöne Träume stehen.

Stimmt nicht, kann ich aus eigener Erfahrung sagen. Das Einhorn, das mir begegnet ist, kuschelte sich nicht geschmeidig an seine Artgenossen, sondern stand ganz alleine in meterhohem Sumpfgras und drehte mir, sobald ich mich näherte, sein massives, graues, panzerförmiges Hinterteil zu. Von graziös konnte keine Rede sein. Schwer war das Tier, zwei Tonnen mindestens. Der dicke Bauch hing durch, der Nacken war ganz kurz, die kleinen Ohren ragten spitz in die Höhe. Gefährlich sei es eigentlich nicht, versicherte mir mein Führer im nordostindischen Kaziranga-Nationalpark, höchstens, wenn man seine Jungen angreife.

Das riesige Vieh war natürlich kein Einhorn, wie wir es kennen, sondern ein Nashorn, genauer: ein Einhorn-Nashorn, auch bekannt als Panzernashorn.

Es gibt die Theorie, dass dieser Dickhäuter die Inspiration geliefert hat für das, was wir unter Einhorn verstehen. Griechen, die ein paar hundert Jahre vor Christus nach Indien kamen, erzählten in der Heimat von den Rhinozerossen, verschlankten sie aber in ihren Berichten. Fotoshopping für die Fantasie.[33]

Für mich ist das eine passende Zukunftsmetapher. Vor uns steht kein Einhorn, das süß schnaubend neben uns her galoppiert, sondern ein wuchtiges Vieh, das sich wenig um unsere Träume schert und uns vor ganz neue Herausforderungen stellt.

Wer lieber ein Beispiel aus der Wasserwelt mag: Auf uns wartet eher Moby Dick als Flipper.

Wer davon Albträume bekommt, kann sich in seine Einhorn-Bettwäsche einkuscheln.

1. Die Welt wird widersprüchlicher
Irre! Uns geht es schlechter, weil es uns besser geht

Ich habe in Asien jede Menge merkwürdige Geschichten erlebt. Von Frauen, die eine Karriere als nepalesische Kindergöttin hinter sich haben und dann einen maoistischen Atheisten heiraten. Und von indischen Ministern, die bei einer Zeremonie zwei Frösche ganz offiziell verheiratet haben, damit es endlich regnet.

Auch für den Rest der Welt wage ich die Prognose: Es wird immer irrer.

Kein Wunder, wenn immer mehr Menschen und Kulturen aufeinandertreffen: Das sorgt für mehr kreative Kombinationen, aber auch für mehr Widersprüche, die Gleichzeitigkeit von Phänomenen, die eigentlich nicht zueinanderpassen. Der Hedonismus nimmt zu, aber auch die Spiritualität; mit dem Individualismus wächst auch die Sehnsucht nach familiärer Geborgenheit; das allgemeine Wohlstandsniveau steigt, dennoch geht die Schere zwischen Arm und Reich immer weiter auseinander.

Das größte Paradoxon aber ist:

Der Welt geht es schlechter, weil es uns besser geht.

Viele aktuelle Probleme resultieren daraus, dass die Weltbevölkerung dramatisch zunimmt. Das liegt nicht daran, dass immer mehr Kinder geboren werden, sondern dass immer mehr von ihnen überleben, lange leben, selbst Kinder in die Welt setzen. Vor fünfzig Jahren starb jedes fünfte Kind vor seinem fünften Geburtstag, heute nur noch jedes zwanzigste Kind.

Das ist eine Super-Nachricht.

Die Folgen sind nicht immer so erfreulich.

Schuld am Bevölkerungszuwachs haben allen voran wir Deutschen, das heißt: deutsche Wissenschaftler. Mit fällt vor allem ein Name ein: Justus Liebig (1803–1873). Die Gießener Universität, an der ich studiert habe, trägt seinen Namen. Damals konnte ich mit ihm nicht viel anfangen und habe die Kommilitonen beneidet, die an der Goethe-, Schiller- oder Heine-Universität immatrikuliert waren.

Heute weiß ich, dass Justus Liebig viel mehr für die Menschheit getan hat als alle Poeten zusammen. Er ist der Pionier der Kunstdüngerherstellung. Der Phosphat-Dünger, den er entwickelte, sorgte für bessere Ernten, bessere Ernährung, längere Lebenserwartungen.

Eine Erwähnung verdienen auch Mediziner wie Robert Koch (1843–1910), die mit ihren Impfstoffen dafür sorgten, dass bis dahin tödliche Krankheiten geheilt werden konnten. Und dann sind da natürlich die vielen Sozialpioniere und die Hilfswerke, die sie gegründet haben.

Vorbei sind die Zeiten, in denen Seuchen, Naturkatastrophen und große Kriege die Bevölkerung drastisch schrumpfen ließen. Der technische Fortschritt sorgt dafür, dass sich immer mehr Menschen auf der Welt drängeln. Mit den zwangsläufigen Folgen: Ressourcenmangel, Reibung, Abstoßung.

Verstärkt werden diese Tendenzen durch die verbesserten Transportmöglichkeiten. Die Mobilität, eine andere Errungenschaft, macht Migration leichter. Der Auswanderungsdruck in armen Ländern wird wiederum intensiviert durch die Magnetwirkung, die von den Medien der reichen Länder erzeugt wird.

Die Schattenseite all dieser Entwicklungen wird täglich in den Zeitungen beschrieben. Erhöhter Energiebedarf, Klimawandel, Ressourcenwettbewerb, Massenflucht …

Ich setze diese Bemerkungen an den Anfang meiner zwanzig Prognosen, weil ich den moralischen Druck aus dem Kessel nehmen will. Es ist gut und wichtig, dass wir uns um unsere Mitmenschen sorgen. Aber nicht, weil wir an allen Fehlentwicklungen schuld sind und nun den Preis für unsere Gier zahlen müssen. Gerade weil die Welt verrückter wird, müssen wir einen kühlen Kopf bewahren. Und dann das Richtige tun. Das ist aber nicht immer das, was Lobbygruppen uns einreden.

2. Die Welt wird voller
Mehr Berghain wagen

Die Welt erinnert immer mehr an die berühmte Kabinen-Szene in der Marx-Brothers-Komödie «Skandal in der Oper» (1935; Originaltitel: «A Night at the Opera»). Hier quetschen sich Kellner, Putzfrauen, Klempner – insgesamt fünfzehn Personen – in eine winzige Schiffskabine.

«Immer nur hereinspaziert», begrüßt Kabinenbesitzer Groucho Marx jeden Neuzugang. Zum Schluss sagt er noch: «Ist es nur meine Einbildung, oder wird es allmählich ganz schön voll hier?» Dann wird die Tür ein letztes Mal aufgerissen, und alle Insassen purzeln auf den Schiffsflur.

So ähnlich geht es dem Erdglobus. Immer mehr Menschen drängeln sich darauf. Weil immer mehr Menschen immer mehr Kinder haben, die immer länger leben. Allerdings verhindert die Schwerkraft, dass sie irgendwann ins Weltall purzeln.

Im Frühjahr 2017 habe ich die kinderreichste Familie der Welt besucht. Sie lebt im nordostindischen Bundesstaat Mizoram. Als ich mit meinem Kamerateam dort ankam, lief gerade ein Fußballspiel im Stadion des Ortes.

Auf dem Spielfeld kickten zweiundzwanzig Kinder, während ungefähr hundert Zuschauer zuguckten, darunter ein Mann im Rentenalter. Ziona hieß er, benannt nach dem himmlischen Jerusalem. Vater Zion freute sich. Denn die Spieler waren seine Enkel und die Zuschauer seine Kinder. 94 Jungen und Mädchen hatte er gezeugt und war damit stolzer Vorsteher der größten Familie der Welt.

Seine Frauen, insgesamt 39, kümmerten sich in der Küche um das Mittagessen. Im Interview behauptete Ziona, keine der Frauen zur Heirat gedrängt zu haben. Er sei als Versorger und

Liebhaber halt ziemlich gefragt. Beigetragen zu seiner Attraktivität hatte sicher auch, dass er der Chef einer pseudo-christlichen Sekte ist, Träger besonderer göttlicher Autorität.

Die Pastoren in den Dörfern ringsherum waren mit den polygamen Auswüchsen gar nicht einverstanden, schließlich sind Viel-Ehen in Indien prinzipiell verboten. Aber bei Ziona schauten die lokalen Behörden nicht so genau hin: «Er hat sie geschmiert», vermutete ein Pfarrer, «außerdem brauchen sie die Wählerstimmen der Clique.»

Auch in Indien, wo kinderreiche Familien die Regel sind, kommt niemand an Zionas Zeugungseifer heran. Seine Mega-Familie ist dennoch symptomatisch für das globale Bevölkerungswachstum. In früheren Zeiten wären nämlich viele seiner Kinder bereits im Säuglingsalter gestorben. Das Gleiche gilt für Milliarden anderer Kinder in der Welt, auf die statt einem frühen Tod ein langes Leben wartet.

Angeblich wird die Weltbevölkerung bis zur Mitte dieses Jahrhunderts auf zehn Milliarden Menschen ansteigen.

Das sind doppelt so viele wie zur Zeit des Mauerfalls.

Das bevölkerungsreichste Land der Welt wird in ein paar Jahren Indien sein und damit China ablösen. 1,5 Milliarden Menschen sind für 2040 prognostiziert.

In Indien sind die Zustände längst nicht so katastrophal wie in einigen afrikanischen Ländern, aber dennoch gibt es Millionen, die von der Auswanderung in ein westliches Land träumen.

Ein paar Tausend dieser Menschen pilgern jeden Tag in den «Visum-Tempel» in Hyderabad. Die südindische Hightech-Metropole zieht gerade hochqualifizierte Inder an. Attraktive Jobs sind aber, wie überall im Land, Mangelware. Viele versprechen sich deshalb eine bessere Zukunft in den USA oder, wenn es dort nichts wird mit der Arbeitserlaubnis, in Europa.

Oft reichen dafür nicht einmal gute Zeugnisse. Den Ausreisewilligen ist jedes Mittel recht, ihre Chancen zu verbessern. In Hyderabad hat sich herumgesprochen, dass ein Besuch im Tempel für den Gott Balaji die Chancen drastisch erhöht. Jeden Morgen drängeln sich dort junge Inder und absolvieren den vorgeschriebenen Ritus:

Exakt elfmal umkreisen sie den Schrein des Götzen und notieren jede Runde auf einem Notizzettel, um sich nicht zu verzählen. Die elf Rundläufe sind allerdings nur eine Anzahlung.

Wenn das Visum tatsächlich erteilt wird, kommen die Gläubigen wieder – und absolvieren zum Dank 108 Runden, jede wiederum akribisch festgehalten auf einem Zettel.

Als ich den Pilgerstrom gesehen habe, der sich um den Tempel mit der Götterstatue wälzte, musste ich lächeln. Doch die ernsten Mienen der Pilger zeigten: Für sie ging es um die Existenz.

Wer aufgrund fehlender Sprachkenntnisse keine Chance auf ein Visum für die USA oder Europa hat, aber dennoch einen Auslandsjob anstrebt, geht als Bauarbeiter oder Fastfood-Küchenjunge nach Dubai, Katar, Saudi-Arabien. Manche armen Familien lassen ihre Töchter in Rotlicht-Massagesalons anschaffen, damit die Söhne sich mit dem Geld Flugtickets in eines der arabischen Länder kaufen können.

In Delhi treffe ich andauernd Inder, die einen festen Arbeitsplatz haben und mir dennoch versichern: Sie würden sofort nach Deutschland auswandern, wenn sie ein Visum bekämen. Sie rieben sich verwundert die Augen, als sie 2015 die Bilder der Flüchtlinge sahen, die unkontrolliert über die offene Grenze nach Deutschland strömten.

Zwei Jahre später, am Tag der Bundestagswahl 2017, moderierte ich in der Deutschen Botschaft von Delhi eine Diskussionsrunde. Es gab noch keine Prognosen und Hochrechnungen. Alle gingen davon aus, dass Angela Merkel einen klaren Wahlerfolg erzielen würde.

Bei der Diskussion stand die Flüchtlingskrise im Mittelpunkt. Die Panel-Teilnehmer gehörten zur indischen Elite und kannten das Problem nur aus der Sicht der Deutschen, mit denen sie Umgang haben, in der Regel weltoffenen Top-Akademikern.

Eine indische Diplomatin war sich deshalb sicher: Die Bundesregierung habe die Flüchtlingsproblematik voll im Griff und Angela Merkel einen klugen Plan. Sie habe gezielt nur Ärzte und andere Hochqualifizierte ins Land gelassen. Die Inder im Publikum nickten bewundernd. So kannte man die Deutschen. Immer effizient und vorausschauend.

Als eine Stunde später das Wahlergebnis bekannt wurde, gab es viele verblüffte Gesichter. Die deutsche Einwanderungspolitik war bei den Wählern wohl doch nicht so gut angekommen.

Wer in Südasien lebt, dem muss keiner etwas über die Chancen und Risiken der multikulturellen Gesellschaft erzählen. Sie ist hier Alltag, und der ist alles andere als konfliktfrei. Wenn Flüchtlinge über die Grenze in ein Land drängen – die Rohingya aus Myanmar nach Bangladesch, Nepalesen nach Bhutan, Afghanen nach Pakistan –, kommen sie nicht in Integrationsprogramme, sondern werden in Lagern kaserniert. Über ihnen schwebt immer die Drohung, wieder abgeschoben zu werden. Der einzige Weg aus den Lagern in die Mitte der Gesellschaft führt über den Niedriglohnsektor, schlechtbezahlte Jobs in Restaurants oder auf Baustellen. Oft bleiben die verschiedenen Bevölkerungsgruppen dennoch unter sich.

Das heißt nicht, dass es nicht auch menschenfreundlicher und bunter geht: Aber das erfordert viel Anstrengung und Frustrationstoleranz.

Vor allem bei geisteswissenschaftlich geschulten Akademikern ist die Neigung ausgeprägt, die Welt im Konjunktiv zu betrachten.

Könnte, würde, müsste, sollte alles besser sein.

Man muss dann aber auch sagen, wo auf der Welt das der Fall ist.

In den meisten Ländern klappt es jedenfalls nicht so einfach. Das kann ich nach Aufenthalten in ungefähr hundert Staaten konstatieren. Bis vor kurzem fielen mir wenigstens die USA ein, doch neuerdings ist das Feuer unter dem multikulturellen Schmelztiegel verloschen, und die Vielfalt verklumpt zusehends in einzelne feste Gruppen.

Es geht selbstverständlich auch anders. Zu den Gesellschaften, in denen unterschiedliche Ethnien und Kulturen völlig friedlich und hochproduktiv miteinander leben, zählt Singapur. Vor einigen Jahrzehnten noch bitterarm, ist das flächenmäßig kleinste Land Südasiens heute eines der reichsten der Welt. Die einzelnen Volksgruppen ergänzen sich erfolgreich und reibungslos.

Was machen die richtig?, habe ich mich gefragt, als ich vorbei an glattpolierten Hochhausfassaden über die blitzsauberen Straßen gelaufen bin, in der Hand eine Karte, auf der die einzelnen Viertel eingezeichnet waren: das indische, das malaysisch-arabische, Chinatown. Hier eine Kirche, dort eine Moschee, da drüben ein buddhistischer Tempel. Und kein Streit.

Warum nur kommen die so gut miteinander klar?

Die Antwort ist so einfach wie für Deutschland wenig umsetzbar: Singapur ist klein und fein. Es hat nur fünf Millionen Einwohner, seine Fläche beträgt ein Fünfhundertstel der deutschen. In Singapur gelten strenge Umgangsregeln. Es herrscht, trotz demokratischer Wahlen, eine einzige Partei, und zwar so, wie man es sich an manchen deutschen Stammtischen wünscht: «Kurzer Prozess!», «Sofort wegsperren!», «Sofort abschieben!» – in Singapur kein Problem. Immerhin läuft der Laden, brummt das Business, sind die meisten Bürger zufrieden.

Ich will nicht mit Singapur tauschen. Ich genieße die Freiheitsrechte, die mir der deutsche Staat bietet, auch wenn ich ihre Auslegung manchmal etwas lasch finde und mich bei jedem neuen Berlin-Abstecher über die Dealer an den Eingängen zum Görlitzer Park aufrege. Ich weiß allerdings auch, dass man nicht beides zugleich haben kann: harmonisches, hocheffizientes

Multi-Kulti wie in Singapur und die Freizügigkeit der Bundesrepublik.

Der Vergleich hinkt natürlich und wird der Notsituation, die viele Menschen in den letzten Jahren zu uns gebracht hat, nicht gerecht. Aber es ist nun mal so: Die verrücktesten Clubs funktionieren nur deshalb, weil ihre Einlasskontrollen unnachgiebig streng sind.

Wie beim «Berghain» in Berlin. Der Berliner Techno-Club ist weltweit berühmt für die imposante Architektur des ehemaligen Heizkraftwerks, den einwandfreien Sound und das hemmungslose Tanzen und Treiben drinnen – und für die strengen Einlasskontrollen. Die «Tür» gilt als eine der härtesten der Welt. Meistens stehen gleich drei Rausschmeißer am Eingang.

Ich habe mich in die langen Schlangen davor eingereiht. Mich hatte nicht die Lust auf die Party hergebracht, sondern eine Berufskrankheit: die journalistische Neugier. Rein oder nicht rein, das war die Frage, die auch bei mir ein gespanntes Kribbeln erzeugte. Auch wenn es morgens um drei ziemlich kühl war, schwitzte ich, als ich vor dem mit Piercings und Tätowierungen übersäten Hauptrausschmeißer stand.

Kopfbewegung nach links hieß: Du darfst rein. Rechts: Das war's für heute, Diskussion zwecklos. Die nächsten Clubgänger drängelten schon von hinten. Ich atmete auf. Der Kopf zuckte westwärts.

Natürlich darf es bei der Einwanderungspolitik nicht so willkürlich zugehen und müssen die Einlassbedingungen transparent sein. Aber eine Gesellschaft, die nicht nur offen sein, sondern auch attraktiv bleiben will, braucht eine harte Tür, eine enge Pforte, genau wie die Verheißung: Wer es reingeschafft hat, gehört ab jetzt dazu. In ist, wer drin ist.

Dafür braucht es klare Einlasskriterien, unter anderem: Wer nützt uns? Wer passt zu uns? Die Nützlichkeit ergibt sich aus den Job-Aussichten. Die Integrationsfähigkeit ergibt sich aus

der Bildung und der Werte-Orientierung der Einwanderungs-
willigen.

Ich kenne zahlreiche gebildete Muslime, Hindus, Sikhs, die
trotz ihrer vom deutschen Mainstream abweichenden Glaubensüberzeugungen ein Gewinn für Deutschland wären. Doch bei
Zuwanderern, die nur ein geringes Bildungsniveau vorweisen
können, liegt der Fall anders. Hier ist es ein großer Integrations-
vorteil, wenn sie Christen sind und deshalb leicht Anschluss an
Kirchen und damit an die deutsche Mehrheitsgesellschaft finden.

Das ist allerdings eine rein theoretische Überlegung. Das Glau-
benskriterium wird aus verschiedenen, durchaus nachvollzieh-
baren Gründen in keinem deutschen Einwanderungsgesetz auftauchen. Leider.

Aber was ist mit denen, die nicht die Sehnsucht nach einem
besseren Leben zu uns bringt, sondern die schiere Not? Die vor
Krieg, Terror, Verfolgung flüchten?

Wir sollten uns nichts vormachen. Es wird in Zukunft immer
mehr Notleidende geben, schon alleine wegen des Bevölke-
rungswachstums, des Klimawandels und der politischen Verwer-
fungen, die davon ausgelöst werden. Schon jetzt leiden ungefähr
zehn Prozent der Weltbevölkerung an Unterernährung. Wer sich
kaum Brot, Reis und Gemüse leisten kann, hat allerdings erst
recht kein Geld für eine Bus-, Boots- oder gar Flugreise nach Europa. Die Ärmsten schaffen es also in der Regel gar nicht als
Flüchtlinge zu uns.

Alle Mühseligen und Beladenen der Welt verdienen Mitleid
und benötigen Hilfe. Aber wenn möglich: vor Ort oder zumindest
in der Nähe der Länder, aus denen sie geflohen sind und in die
sie hoffentlich zurückkehren können. Es ist nicht einzusehen,
warum etwa Flüchtlinge aus dem Nahen Osten nicht auch in
den benachbarten Golfstaaten oder in Saudi-Arabien Zuflucht
finden können.

Wir können vor allem Hilfe zur Selbsthilfe leisten. Das ist kein platter Slogan, sondern die effizienteste Form der Unterstützung. Mit dem Geld, das es in Deutschland im Monat kostet, einen minderjährigen Flüchtling zu betreuen, kann man in anderen Ländern ganze Schulen einrichten. Und mit dem volkswirtschaftlichen Gewinn, den uns die Einwanderung eines Top-Ingenieurs beschert, können wir die Wasserversorgung ganzer Dörfer organisieren.

Tatsächlich passiert das bereits im großen Stil. Außer den USA gibt kein Land der Welt so viel für humanitäre Hilfe aus wie Deutschland.[34] Dazu kommen die Spenden von Privatleuten und die Einsatzbereitschaft professioneller Helfer.

Mich beeindruckt immer wieder, wie schnell Deutsche zur Stelle sind bei Erdbeben, Überschwemmungen, Dürrekatastrophen. Dann werden Lebensmittel verteilt, Medikamente ausgegeben, Freizeitprogramme für die traumatisierten Kinder angeboten. Und ich bekomme täglich E-Mails von Zuschauern, die mich fragen, wohin sie Geld spenden können.

Solche Anfragen überfordern mich regelmäßig. Die Auslandsüberweisungen sind kompliziert, die Notleidenden verfügen meistens über keine Konten, außerdem fürchte ich die Korruption vor Ort und dass die Spenden gar nicht bei den Bedürftigen ankommen. Deshalb rate ich meistens dazu, an professionelle Hilfsorganisationen zu spenden.

Wir alle werden in Zukunft noch mehr spenden, noch mehr von unserem Wohlstand abgeben, um die Lebensqualität in den armen Weltregionen zu verbessern. Auch aus eigenem Interesse. Durch massenhafte Zuwanderung nach Europa kann das Problem der Bevölkerungszunahme nicht gelöst werden, jedenfalls nicht, ohne erhebliche politische Unruhen und Umstürze zu riskieren.

Man darf nicht vergessen: Die Zuwächse rechtsextremer Parteien in Europa, der Brexit, auch die Wahl des nationalpopulistischen US-Präsidenten Trump sind eine direkte Folge missglückter Einwanderungspolitik.

Den notgeplagten Entwicklungsländern ist mit einem Kollaps der politischen Mitte in Europa und den USA am wenigsten geholfen. Wer soll sie dann dabei unterstützen, die Wasserversorgung zu sichern oder Mädchenschulen zu finanzieren?

Neben einer Hilfskultur brauchen wir allerdings nach wie vor eine Willkommenskultur – für alle, die rechtmäßig ins Land gekommen sind und das Gastrecht nicht missbraucht haben. Wer sich auf das christlich-abendländische Erbe beruft, darf aber auch nicht die vielen Bibelstellen ignorieren, in denen zur Hilfe für «den Fremden» aufgerufen wird.[35]

Ebenso darf nicht vergessen werden, dass der Problemdruck beim Thema «Einwanderung» manchmal größer ist als das Problem selbst. Bei einer repräsentativen Umfrage schätzten Deutsche den Anteil von Einwanderern an der Gesamtbevölkerung fast doppelt so groß ein, wie er tatsächlich ist, den Anteil von Muslimen sogar viermal so groß.[36]

Ohnehin ist die größte Herausforderung, die das Bevölkerungswachstum mit sich bringt, eine andere. Viel mehr als über den Platzmangel sollten wir uns über den Ressourcenmangel Gedanken machen. Knapper werden die Trinkwasservorräte genauso wie die Energievorkommen. Und durch die Verschmutzung von Luft und Wasser droht der Kollaps des Öko-Systems.

Einfache Problemlösungen gibt es hier nicht, mir fallen jedenfalls keine ein. Ich verweise stattdessen auf zwei Gruppen von Zukunftsforschern, die ein Autor vereinfachend die «Propheten» und die «Zauberer» genannt hat.

Die «Propheten», in diesem Fall «Untergangspropheten», sehen die Folgen der Bevölkerungszunahme sehr pessimistisch und die Welt auf dem Weg in die Katastrophe.

Die «Zauberer» hingegen sind davon überzeugt, dass die Wissenschaft den Entwicklungen immer einen Schritt voraus sein wird.

Ich selbst neige im Hinblick auf Deutschland und überhaupt das Abendland zwar zum Kulturpessimismus und der Annahme, dass der materielle Wohlstand zu einer inneren Verarmung und kulturellen Verflachung führt. Aber gleichzeitig kann ich dem Technikoptimismus der «Zauberer» viel abgewinnen. Sie haben jedenfalls die Erfahrungen der letzten Jahrtausende auf ihrer Seite. Bisher hat die Menschheit noch immer aus jeder Krise gelernt. Was natürlich keine hundertprozentige Garantie dafür ist, dass es im 21. Jahrhundert so weitergeht.

Ausführlicher werde ich mich damit im nächsten Kapitel auseinandersetzen.

3. Die Welt wird wärmer
Morgenstund hat Staub im Mund

Die gefährlichste Stadt der Welt ist nicht Kabul oder Karachi. Es ist die Stadt, in der ich die letzten Jahre gelebt habe: Delhi. Hier geht die Gefahr nicht von Anschlägen aus, es droht kein plötzlicher gewaltsamer Tod.

Die Gefahr liegt in der Luft, die nirgendwo auf der Welt so dick ist wie hier. Noch bevor ich morgens meine E-Mails checke, befrage ich das Internet nach den aktuellen Feinstaubwerten. Wenn hundert Mikrogramm Feinstaubteilchen pro Kubikmeter angezeigt sind, ist es ein guter Tag, trotz des Warnhinweises: gesundheitsschädlich für sensible Lungen. In Delhi habe ich Tage erlebt mit Feinstaubwerten von über tausend Mikrogramm.

Der aktuelle deutsche Luftschmutzort Nummer eins, das Neckartor in Stuttgart, würde hier in «Bad Neckartor» umgetauft und zur Wellness-Oase deklariert. Meine Wohnung ist mit vier Luftfilter-Maschinen ausgestattet. Wenn ich auf die Straße gehe, sollte ich Atemschutzmasken tragen, was ich wegen der Hitze meistens unterlasse.

Bei Temperaturen von oft über vierzig Grad atme ich lieber ein paar Staubpartikel ein. Ich stelle mir manchmal vor, wie sie in meinen Rachen fliegen, sich in meiner Lunge und meiner Blutbahn festsetzen. Und ich wundere mich über die hysterischen Diesel-Verbots-Debatten in Deutschland, die ich mir nur mit deutschem Gründlichkeitsfanatismus erklären kann.

Manche Experten haben berechnet, dass jedes in Delhi verbrachte Jahr dafür sorgt, dass man einen Monat früher stirbt. Wenn das stimmt, habe ich in meinen vier Jahren in Indien mein Leben um ein Dritteljahr verkürzt.

In vielen Großstädten in Indien, Pakistan und Bangladesch ist die Luft nicht viel besser. Schuld daran haben die unzähligen Motorroller, Tuk-Tuk-Dreiräder, PKWs, Lastwagen, dazu die Bauern, die am Ende der Erntezeit ihr Stroh verbrennen, und die armen Stadtbewohner, die im Winter Plastik verheizen.

Die Luft wird dicker, weil immer mehr Menschen immer mehr Energie verbrauchen. Der Delhi-Smog muss uns in Deutschland keine schlaflosen Nächte bereiten. Die Treibhausgase, die für die Erderwärmung sorgen, schon.

Wer den Klimawandel für eine Erfindung von Öko-Apokalyptikern hält, sollte nach Bhola reisen.

Die größte Insel von Bangladesch liegt nicht im Meer, sondern in einem riesigen Fluss. Fast zwei Millionen Menschen leben hier – und zwar in Angst. Die durch Treibhausgase verursachte Erderwärmung führt dazu, dass im Himalaya die Gletscher schmelzen, die Flüsse anschwellen, die Pegel steigen. Das Wasser nagt an den Küsten von Bhola, tritt über die Dämme, überschwemmt ein Dorf nach dem anderen. Weil die Insel sehr flach ist, an keiner Stelle höher als zwei Meter, wird sie bald völlig untergegangen sein.

Atlantis is Calling.

Oder ist das alles nur Panikmache?

Ich wollte mich selbst überzeugen, habe mir von den Küstenbewohnern eine Moschee zeigen lassen, an die das Wasser bis auf einige Meter herangekommen war. Weiter im Landesinneren befand sich ein zwei Meter hoher Damm, dahinter die Holzhütten der Fischerleute. Sie erzählten mir, dass sie schon ein halbes Dutzend Mal umziehen mussten. Ihre alten Häuser waren von den Fluten verschluckt worden.

Das war vor drei Jahren. Inzwischen steht die Moschee vollständig unter Wasser, ist der Damm gerissen, mussten die Fischer wieder ihre Wohnungen den Fluten überlassen.

Dasselbe Schicksal erwartet die Bewohner von Majuli, einer

der größten indischen Flussinseln im Nordosten des Landes. Ich habe die Insel ein Jahr nach meinem Bhola-Trip besucht. Meine Eindrücke waren ähnlich erschütternd. Auf Majuli leben hundertfünfzigtausend Menschen, die stolz sind auf ihre Traditionen, die vielen Jahrhunderte alten Tempel und Klöster.

Bald wird davon nichts mehr übrig sein. Auch hier erzählten mir Fischer, wie sie einmal im Jahr ihre Hütten aufgeben und weiter ins Landesinnere ziehen müssen. Sobald ihre Kinder erwachsen sind, verabschieden sie sich aufs Festland, falls sie dort Arbeit finden.

Ich möchte mir nicht ausmalen, wie sich die Erderwärmung auf Großstädte wie Delhi oder Karachi auswirken wird. Schon jetzt klettern die Temperaturen im Sommer regelmäßig auf fast fünfzig Grad. Wenn die Durchschnittstemperaturen tatsächlich, wie Experten prognostizieren, um zwei Grad steigen, wird es nicht nur ungemütlich, sondern tödlich. Zumindest für viele Kranke, Alte, Kinder, die in unklimatisierten Wohnungen oder gar auf der Straße leben.

Die Vereinbarung von Klimaschutzzielen und deren Einhaltung ist deshalb von großer Bedeutung, auch wenn alle Maßnahmen für die Bewohner von Bhola und Majuli vermutlich zu spät kommen.

Alternativlos ist die Förderung erneuerbarer Energien.

Trotzdem bin ich skeptisch, ob die deutsche Energiewende der richtige Ansatz war. Schließlich ging es dabei nicht primär um Klimaschutz, sondern um Atom-Angst. Panik ist in der Regel ein schlechter Lehrmeister.

Ich kann mich noch gut an das Jahr 1986 erinnern. «Ohohoho Tschernobyl, das letzte Signal vor dem Overkill», dröhnte auf unserem Schulhof aus den Radiorekorder-Lautsprechern.

Ein Vierteljahrhundert später, 2011, war die Angst vor dem nuklearen Harmagedon (engl. *Armageddon*) wieder da und waren diejenigen, die beim Tschernobyl-GAU noch in den Schulklassen und Uni-Hörsälen gesessen hatten, an der Macht. Sie holten nun nach, was damals versäumt worden war. Die Unfälle im neuntausend Kilometer entfernten Atomkraftwerk Fukushima führten in Deutschland zum Atomkraft-Aus.

Ich kann mich an die damaligen Debatten noch gut erinnern und vor allem daran, dass es eigentlich keine gab. Stattdessen herrschte eine «Rette uns, wer kann»-Mentalität vor, die eine nüchterne Gefahren-, Kosten- und Nutzenabwägung kaum möglich machte.

Ich überlasse es späteren Generationen, den ruckartig beschlossenen und deshalb zwangsläufig überteuerten Ausstieg aus der Kernenergienutzung abschließend zu bewerten. Aber ich neige mittlerweile, auch wenn das hochverräterisch klingt, zur Diagnose: Vernunftschmelze und Überreaktion.

Schließlich ist die Anzahl der eindeutig strahlungsbedingten Opfer in Fukushima überschaubar. Im Herbst 2018, siebeneinhalb Jahre nach dem Unfall, gab die japanische Regierung einen ersten Todesfall zu.[37] Die Gesamtkosten der Energiewende werden auf eine halbe Billion Euro geschätzt. Die Bewohner von Bhola und Majuli können sich nichts dafür kaufen, schließlich liefert der Klimakiller Kohle immer noch einen erheblichen Teil des deutschen Stroms.

Ebenso gefährlich wie die Verpestung der Luft ist die Vermüllung des Wassers. Vor kurzem habe ich auf dem Schaufenster eines Geschäfts für recycelte Mode die Aufschrift gesehen: «Während du das liest, sind eine Million neue Plastikflaschen hergestellt worden.» Ein großer Teil des Plastikmülls findet sich schon bald in den Meeren, tötet Fische und landet dann auch beim nächsten Teil der Nahrungskette, nämlich bei uns.

Wie bei der Erderwärmung sind auch hier die Prognosen düster. Viele indische Strände sind mit Plastikabfällen übersät. Und das, obwohl die Pro-Kopf-Produktion von Plastikflaschen in Indien immer noch zehnmal geringer ist als in Industrienationen wie den Vereinigten Staaten. Aber die Inder holen auf, genau wie die Bewohner anderer Schwellenländer.

Es gibt allerdings auch dort Umweltaktivisten, die sich gegen den Trend stellen. Über einen von ihnen habe ich einen Film gedreht: Afroz Shah, den «Sisyphus von Mumbai». Sisyphus, der legendäre König von Korinth, war bekanntlich dazu verdammt, in alle Ewigkeit einen Stein einen Hügel hinaufzuwälzen, aber kurz vor dem Gipfel rollt der Gesteinsbrocken immer wieder ins Tal.

Ebenso aussichtslos schien das Projekt von Afroz. An jedem Samstag und Sonntag machte er sich mit einigen Dutzend Mitstreitern daran, einen von Müll übersäten Strandabschnitt in der indischen Millionenmetropole Mumbai zu reinigen.

Nach zwei Jahren gab er auf, frustriert davon, dass die Stadtbehörde ihn nicht unterstützte, die Anwohner weiter ihren Abfall am Strand entsorgten und das Meer täglich neuen Plastikdreck an Land spülte.

Ist der Kampf gegen Müll und Treibhausgase eine Sisyphus-Arbeit, die Klimakatastrophe und das Meeressterben also unausweichlich?

Mut macht mir der Trend, den ich im nächsten Kapitel beschreibe. Der Anteil junger Menschen an der Weltbevölkerung nimmt zu, und darunter sind, gerade in den westlichen Ländern, viele, denen der Umweltschutz ein selbstverständliches und vordringliches Anliegen ist. Sie sind im positiven wie im negativen Sinn eine Erbengeneration. Ihnen wird mehr Reichtum hinterlassen als jeder Generation zuvor – aber auch ein überstrapaziertes Ökosystem.

4. Die Welt wird jünger
Isch mach disch Altersheim!

Wir sehen ganz schön alt aus – verglichen mit dem Rest der Welt. Denn dort liegt der Altersdurchschnitt bei knapp unter 30, in meinem Berichtsgebiet Südasien sogar noch darunter:

In Indien sind die Menschen im Durchschnitt 28 Jahre alt.

In Bangladesch 26.

In Pakistan 24.

Nilofar lebt in Afghanistan. Sie ist ungefähr so alt wie ich, relativ gesehen. Ich bin 48 und liege damit knapp über dem deutschen Altersdurchschnitt. Nilofar ist 20. Der Altersdurchschnitt in Afghanistan liegt bei 19.

Nilofar würde gut nach Deutschland passen. Sie ist klug, taff, anpassungsfähig. Ich habe sie beim einzigen internationalen Marathon von Afghanistan getroffen. Er findet in Bamiyan statt, in 2500 Metern Höhe, vor dem Hintergrund der Felsen, aus denen die Taliban am Ende ihrer Herrschaft riesige Buddha-Statuen heraussprengten. Da, wo die Frauen früher nicht ohne Männerbegleitung aus dem Haus durften, rennen sie jetzt die 42-Kilometer-Strecke.

Es ist Nilofars zweiter Marathon. Sie hat sich eine Magenverstimmung zugezogen, leidet unter Krämpfen, schafft es aber dennoch ins Ziel: «Ich liebe Langstreckenläufe, weil ich mich da so frei fühle», sagt sie in gutem Englisch.

Weniger frei fühlt sie sich in ihrer Heimat Masar-e Scharif, der viertgrößten Stadt in Afghanistan, die nur ein paar Kilometer vom wichtigsten Bundeswehr-Stützpunkt entfernt ist. Die Region gilt zwar als relativ sicher, dennoch kommt es immer wieder zu Anschlägen.

Das hält Nilofar nicht davon ab, zweimal in der Woche interessierte Frauen zu einem Lauftreff zusammenzubringen, aus Sicherheitsgründen aber in einem abgeschlossenen Parkgelände. Hier habe ich Nilofar zum zweiten Mal erlebt, wie sie um 7 Uhr morgens die anderen Läuferinnen anleitet, Aufwärm-Stretching vormacht und dann ein Dutzend Runden durch den Park läuft.

Auch für den Rest des Tages hat Nilofar ein straffes Programm. Den Vormittag verbringt sie an der Universität, wo sie Medizin studiert. Am Nachmittag kümmert sie sich um ihr kleines Unternehmen: Mit Frauen aus der Nachbarschaft näht sie Fußbälle, die an Großhändler weiterverkauft werden. Sie und ihr älterer Bruder kümmern sich um den Vertrieb.

Nilofar hat noch drei weitere Geschwister. Neben ihrem Vater ist sie Hauptverdienerin der Familie.

Das dritte Mal stoße ich ganz zufällig auf Nilofar, auf dem Campus der «American University» in Kabul. Sie hat ein Stipendium für einen Kurzlehrgang in Betriebswirtschaftslehre gewonnen. Sie ist glücklich.

Ein paar Monate später bekomme ich eine verzweifelte E-Mail von ihr: Das Geschäft gehe schlecht, sie habe wegen ihrer Laufaktivitäten Drohungen der Taliban bekommen, sie wolle ins Ausland, nach Deutschland, Indien, egal, irgendwohin, wo sie auch etwas verdienen könnte – für ihre Familie. Ich schicke ihr ein wenig Geld, kann ihr aber nicht bei ihrem Ausreisewunsch helfen. Leider.

Ich bin überzeugt: Deutschland wäre nicht nur gut für sie, sie täte Deutschland gut mit ihrer Energie und ihrem Arbeitseifer. So wie viele ihrer Altersgenossen in der Region.

Als Träumer-Generation werden in Asien die Jung-Erwachsenen bezeichnet. Nicht, weil sie sich in Fantasiewelten flüchten, sondern weil sie ihre Zukunft nach dem Prinzip Hoffnung planen. Sie erwarten ein besseres Leben als das ihrer Eltern, selbstbestimmter, erfüllter, erfolgreicher.

Das unterscheidet sie von Teenagern in Europa, die ahnen, dass sie es einmal schwerer haben werden als ihre Eltern.

Wenn ich die Kinder in Indien oder Afghanistan nach ihren Berufswünschen frage, üben sie sich nicht in falscher Bescheidenheit. In der Regel sagen sie, sie wollen Ärzte werden, Lehrer oder sogar Fußballprofi. Gelingen wird das den wenigsten. Und noch viel weniger hätten eine reale Chance, sich auf dem deutschen Arbeitsmarkt durchzusetzen, dazu fehlen ihnen die beruflichen Qualifikationen. In Indien können beispielsweise nur rund zwei Prozent der Mitte-zwanzig-Jährigen eine Ausbildung vorweisen.

Bei rund einer Milliarde Menschen U30 alleine in Südasien kann man aber dennoch davon ausgehen, dass darunter Zigtausende sind mit Spitzenpotenzial. Und viele mit einem riesigen Hunger auf ein gutes Leben und einem enormen Appetit auf Erfolg.

Das sollte uns ein Ansporn sein.

Auch wenn wir es nicht zugeben: Das heimliche Vorbild von uns Deutschen ist Lothar Matthäus. Damit meine ich nicht den in die Jahre gekommenen TV-Kommentator, auch nicht den heißblütigen Weltmeister von 1990. Ich meine den nicht mehr so spritzigen, dafür souveränen Abwehrchef im Spätherbst der eigenen Karriere, der um die Jahrtausendwende bei Bayern München das Spiel kräfteschonend von hinten heraus eröffnete, effizient die Bälle verteilte und auch wusste, welchen Bällen er nicht mehr nachlaufen musste, weil sie ohnehin ins Aus gingen.

Das ist der in Deutschland bevorzugte Ansatz auf dem Feld des internationalen Wettbewerbs. Lass die anderen rennen, wir haben die Erfahrung und die Übersicht, und das wird reichen.

Hat es bei Lothar Matthäus schon damals nicht. Als er sich 1999 im Champions-League-Finale gegen Manchester United zehn Minuten vor Schluss auswechseln ließ, weil er sich platt fühlte und das Spiel bereits gewonnen glaubte, verlor Bayern doch noch. Vielleicht ging es tatsächlich einfach nicht mehr. Er war halt nicht mehr der Jüngste. Wie wir Deutschen.

Midlife-Crisis statt Sturm und Drang.

Was uns mangelt, können wir zum Glück importieren.

Fachkräfte und Aufstiegshunger.

Erfreulicherweise ist mit dem Durchschnittsalter auch unser Wohlstand gestiegen. Wir sind reich genug, uns weltweit die Besten auszusuchen. Wir haben die Qual der Wahl unter Millionen von Talenten.

Den Vorwurf des «Brain Drain», also das Argument, wir würden die Schwellen- und Entwicklungsländer ihrer künftigen Eliten berauben, finde ich absurd. Erstens schreiben wir ja auch den eigenen Hochbegabten nicht vor, in welchem Land sie sich beruflich verwirklichen sollen. Und zweitens gehen die ausreisewilligen Überflieger, wenn nicht zu uns, dann zur Konkurrenz: in die USA, nach England oder Australien, wohin es sie ohnehin eher zieht, der englischen Sprache wegen.

Wer glaubt, wir seien der Sehnsuchtsort Nr. 1 der *High Potentials* anderer Länder, ist schief gewickelt. Unsere rein defensiv geführte Diskussion um Einwanderung, nämlich vor allem um deren Begrenzung, lässt außer Acht: Im Wettbewerb um die Macher von morgen hat Deutschland zwar gute Chancen, muss sich aber trotzdem anstrengen.

Im «Visum-Allerheiligsten» von Hyderabad musste ich mich lange durchfragen, bis ich im Pulk der Ausreisewilligen endlich eine Frau fand, die sich einen Job in Deutschland erhoffte, eine Maschinenbauerin. Sie blieb schließlich doch in Indien, weil sie vor Ort ein gutes Jobangebot bekommen hatte.

Die meisten Inder, die es in die Fremde zieht, wollen in die USA. Als ich in der amerikanischen Botschaft in Delhi selbst ein Touristenvisum für die USA beantragte, standen dort bereits einige hundert Inder Schlange.

Bevor ich von einem amerikanischen Konsularbeamten befragt wurde, konnte ich zuhören, wie drei junge Inder ihren Einreisewunsch begründeten. Die eine hatte zwei Jobangebote von Amazon und Google, konnte sich aber nicht entscheiden. Die andere hatte die Zusage einer amerikanischen Elite-Universität; die Kosten dafür – umgerechnet fast hunderttausend Euro im Jahr – bezahlten ihre Eltern. Der dritte arbeitete für eine weltweite Menschenrechtsorganisation und wollte in deren Zentrale in Washington arbeiten.

Lauter Top-Verstärkungen für die Vereinigten Staaten.

Auf dem Heimweg kam ich an der australischen Botschaft vorbei. Auch dort reichte die Menschenschlange vor dem Visum-Schalter bis auf die Straße.

Dann kam ich an der deutschen Botschaft vorbei. Draußen wartete kein Mensch.

Als ich später einen deutschen Botschaftsmitarbeiter darauf ansprach, erklärte er den fehlenden Andrang damit, dass man bereits im Vorfeld kräftig aussieben würde.

Tatsächlich steht Deutschland gerade bei indischen Studenten ziemlich hoch im Kurs; zwar weit hinter den USA, Kanada und Australien, aber vor allen anderen europäischen Ländern.

Dennoch: In den letzten Jahren kamen weit mehr Menschen aus Problemstaaten wie Syrien, Afghanistan, dem Irak und Pakistan zu uns als aus Indien.

Auch wenn man berücksichtigt, dass viele der Zuwanderer aus diesen Ländern zu uns als Flüchtlinge gekommen sind, bleibt die Tatsache:

Beim Wettbewerb um die besten jungen Talente der Welt müssen wir uns in Zukunft mehr anstrengen als bisher.

Kompletter Blödsinn ist angesichts unseres Fachkräfte-Defizits der verunglückte Spruch aus dem nordrhein-westfälischen Wahlkampf 2000, «Kinder statt Inder». Richtig ist vielmehr:

Wir brauchen Inder *und* Kinder.

So vernünftig eine interessensorientierte Zuwanderungspolitik ist, so wichtig ist eine aktive Geburtenpolitik.

Damit meine ich Maßnahmen, die den Wunsch zum Kinderkriegen fördern. Auch wenn der Rest der Welt unter der Überbevölkerung leidet. Unser eigenes Problem ist die Unterbevölkerung. Wir helfen den notleidenden Menschen in Nigeria und dem Sudan nicht, indem wir aussterben, und auch nicht, indem wir Subsahara-Völker in den Schwarzwald verpflanzen.

Eigenen Nachwuchs brauchen wir definitiv weiter – und zwar mehr als bisher. Doch noch machen Politiker und Meinungsmacher kaum Anstalten, hier aktiv zu werden.

Als Hauptstadtkorrespondent hatte ich viele Hintergrundgespräche mit Familienministerinnen. Meistens ging es um schlagzeilenträchtige Themen wie die Frauenquote für Führungspositionen. Ich nervte dann immer mit der Frage, die sonst keiner stellen mochte: Warum so wenig getan würde, um Paare zum Kinderkriegen zu motivieren? – Tun wir doch schon, hieß es dann meistens, mit Verweis auf die regelmäßigen Kindergelderhöhungen.

Ansonsten scheuten die Ministerinnen sich, die Geburtensteigerung zum wichtigen politischen Ziel zu machen. Zu groß war die Angst, in die Nähe der Mutterkreuz-Kampagnen der Nazis zu kommen.

Dabei ist es höchste Zeit, dem Geburtenknick entgegenzuwirken.

Ich kann mich noch gut daran erinnern, wie mich mein Vater vor ein paar Jahren in sein Pfarramtsbüro rief. Er wollte einen historischen Fund in den Kirchenbüchern mit mir teilen. Er wuchtete ein angegilbtes Buch auf den Schreibtisch: das Kirchenbuch der Pfarrgemeinde Greifenstein. Darin sind alle wichtigen Amtshandlungen der letzten Jahrhunderte dokumentiert, Trauungen, Beerdigungen, Taufen.

Mein Vater blätterte bis zur vorläufig letzten Seite, die mit dem aktuellen Jahresdatum. Die Seite war leer.

«Das gab's noch nie seit dem Dreißigjährigen Krieg», sagte mein Vater, «keine einzige Taufe.» Nicht wegen Kirchenaustritten, sondern weil es schlichtweg keine neuen Geburten gab. Dafür aber ein Dutzend Beerdigungen.

Ich weiß jetzt schon, was ich nach meinem Abschied aus Asien am meisten vermissen werde: die vielen fröhlichen Kindergesichter. Insgesamt ist die Atmosphäre in Indien und seinen Nachbarländern deutlich kinderfreundlicher, wie der Lärmpegel in jedem Park und jedem Restaurant zeigt. Über die Straßen all dieser Länder flitzen Motorräder, auf denen neben Vater und Mutter auch noch drei bis vier Kinder hocken, oft mit viel fröhlicheren Mienen als manche europäischen Reichen-Sprösslinge, die missmutig ihre eigenen riesigen SUVs steuern.

Damit will ich nicht verschweigen, dass sich in Indien und seinen Nachbarländern viele furchtbare Verbrechen an Kindern ereignen. Manche Säuglinge landen nach der Geburt im Müll, viele davon, weil sie das vermeintlich falsche Geschlecht haben, das weibliche. Immerhin ist die öffentliche Entrüstung darüber groß.

«Nicht wegwerfen, sondern uns geben», ist das Motto einer Babyklappe im malerischen Udaipur. Die indische Stadt mit dem schönen Schloss-und-See-Ensemble ist weltweit durch den James-Bond-Film «Octopussy» bekannt geworden. In Indien hat sie negative Schlagzeilen gemacht mit den vielen weiblichen Säuglingen und Föten, die tot im See gefunden wurden. Die Eltern wollten lieber Söhne.

Ein hinduistischer Geschäftsmann, Devendra Agrawal, hat deshalb ein Heim für ausgesetzte Kleinkinder gegründet. Bevor er sie an Adoptiveltern vermittelt, pflegt und betreut er sie. Um sie mit Muttermilch füttern zu können, rief er eine «Muttermilchbank» ins Leben. Hier stehen täglich junge Frauen Schlange, die ihre eigenen Kleinkinder abgestillt haben und nun ihre Milch für die winzigen Waisen spenden. Ich habe die Frauen nach ihren Motiven gefragt und bekam Antworten wie: «Kinder sind toll. Kinder sind Geschenke der Götter. Kinder tun dem Land gut.»

Auch hier spielt die Welt verrückt: Während im überbevölkerten Indien ein Säuglingsretter wie Devendra Agrawal mit Ehrungen überhäuft wird, feiert man im nachwuchsarmen Deutschland die Abtreibungsärztin Kristina Hänel, die vom Gesetzgeber mehr Werbemöglichkeiten für ihre Tätigkeit einfordert, als «Retterin» – und zwar ausgerechnet im kirchensteuerfinanzierten evangelischen Magazin «Chrismon».[38] Und statt im Bundestag eine «Aktuelle Stunde» nach der anderen zum Thema «Geburtenförderung» zu veranstalten, wird dort monatelang über eine Erleichterung der Abtreibungspraxis gestritten.

Wir brauchen stattdessen Menschen wie die Muttermilch-Spenderinnen von Udaipur, die Kinder ganz selbstverständlich für ein Glück halten – und ihre Tötung, egal ob vor oder nach der Geburt, für eine Tragödie.

Wie wäre es mit einer neuen Willkommenskultur – einer Willkommenskultur für Kinder?

5. Die Welt wird wütender
Völker, hört die Randale!

Ich kann mich nur dunkel an die siebziger Jahre erinnern, aber nach dem, was ich darüber gehört und gelesen habe, lagen die Nerven oft blank. Man muss sich nur den Oscar-gekrönten Film «Network» (1976) ansehen. Dort verwandelt sich ein Nachrichtenmoderator vor der Kamera in einen Hassprediger. Zur besten Sendezeit wettert er gegen Innenstädte, die im Müll versinken, Gangster, die frei herumlaufen, Politiker, die nichts dagegen unternehmen. Dann fordert er seine Zuschauer auf, zuhause ihre Fenster aufzureißen und das hinauszubrüllen, was er ihnen souffliert: «Ich bin stinkwütend! Ich lass mir das alles nicht mehr gefallen!»

Sekunden später gehen im ganzen Land die Fenster auf, schreit es aus Millionen Kehlen: «Ich bin stinkwütend ...»

Ich glaube, wir bekämen heute auch ein Brüllkonzert, wenn die Moderatoren von «Tagesthemen» oder «heute-journal» ähnliche Wutreden halten würden. Das erkenne ich an den Meinungsstürmen, die auf Twitter und Facebook toben. Leute, die vorher beste Freunde waren, entfolgen und entfreunden sich, beschimpfen sich als «Nazis» oder «linksversifft».

Wen das beunruhigt, für den habe ich einen schwachen Trost.

In Ländern wie Bangladesch ist der Hass noch viel größer, sind seine Auswirkungen blutiger. Mich selbst hat er ins Krankenhaus gebracht. Für mich sind diese Erlebnisse noch sehr präsent, als wäre es gerade eben passiert.

Der Mann mit den buschigen Augenbrauen, dem langen schwarzen Bart, dem Gebetskäppi und dem weißen Gewand beugt sich über mich. «Der ist gebrochen, aber das kriegen wir hin», sagt er, während er meinen Fuß abtastet. Ich bin im

Krankenhaus von Dhaka. Während der Chirurg den Gipsverband vorbereitet, gehen meine Gedanken zurück. Wie konnte das passieren?

Es war im Zentrum von Dhaka, vor der Hauptmoschee, kurz nach dem Freitagsgebet. Da hatten sich tausende Gläubige versammelt und laut gegen einen Politiker demonstriert. Er sollte sich abfällig über Mekka-Pilger geäußert haben. Die Demonstranten forderten für ihn lebenslange Haft. Ihre Gesichter waren wutverzerrt.

Ich wollte ganz nah ran mit meinem Kamerateam. Dabei habe ich nicht daran gedacht, dass durch marode Straßen weit mehr Bangladescher umkommen als durch Terroranschläge. Ich trat in ein Schlagloch. Es machte knacks. Meine Blödheit, nicht die Schuld der Islamisten.

Wozu die in ihrer Wut fähig sind, erfuhr ich von einigen Bloggern, die ich interviewte. Sie hatten den zunehmenden Fundamentalismus kritisiert. Bald darauf kursierte im Internet eine Todesliste mit achtzig Blogger-Namen. Einer nach dem anderen wurde ermordet, die meisten von ihnen mit Macheten zu Tode gehackt. Als ich nach Dhaka kam, waren sechs bereits hingemetzelt worden. Die anderen kündigten ihre Jobs, versteckten sich zuhause, wollten sich nur in Hotels interviewen lassen. «Woher kommt die Wut auf uns?», fragten sie.

Am Anfang war die Wut – auch bei der Vertreibung der Rohingya aus Myanmar. Die muslimische Minderheit war der buddhistischen Mehrheit im Land schon lange ein Ärgernis. Doch bisher war es bei Behördenschikanen und einzelnen Übergriffen geblieben. Doch der Ärger auf die Außenseiter wuchs, angestachelt durch die fanatischen Predigten buddhistischer Mönche.

Ich war vor Beginn der Pogrome als Tourist nach Myanmar gereist, erholte mich in Ngapali Beach, einem Ort im Süden mit einem der schönsten Strände der Welt, weichkörnig, weiß, kilometerlang. Zwischen den Palmen und den Liegestühlen rauschten freundliche Kellner mit Eistee und Bier umher. Ich wusste nicht, dass die Armee von Myanmar ihren großen Schlag vorbereitete und nur auf eine günstige Gelegenheit wartete.

Im Sommer 2017 war es so weit. Einige Rohingya verübten einen Anschlag, töteten zwölf Beamte. Die Reaktion war so brutal, dass eine UN-Untersuchungskommission dahinter die Absicht zum Völkermord vermutete. Mindestens zehntausend Rohingya wurden getötet, tausende Dörfer abgebrannt, zahllose Frauen vergewaltigt – und siebenhunderttausend Menschen über das Meer und quer über Minenfelder nach Bangladesch vertrieben. Hier entstand das größte Flüchtlingslager der Welt.

In meiner ganzen Reporterlaufbahn habe ich nirgendwo anders ein vergleichbares Elend gesehen. Ich marschierte durch Zeltstädte, die nicht enden wollten, vorbei an ausdruckslos vor sich hinstarrenden Frauen, Männern und Kindern, die nur die schmutzigen Kleider besaßen, die sie trugen, und oft nicht einmal eine Zeltplane über dem Kopf hatten – als Schutz gegen die gleißende Sonne oder den heftigen Regen.

Wenn ein Lastwagen mit Lebensmitteln vorbeikam, prügelten sich die Leute um Wasserflaschen und Brotfladen.

Noch grauenvoller waren die Leidensberichte, die ich zu hören bekam: von jungen Müttern, die von Soldaten tagelang vergewaltigt worden waren; von Kindern, die zugesehen hatten, wie ihre Eltern erschossen worden waren, und die nun durch die Lager streunten, auf der Suche nach einem trockenen Zeltplatz.

Noch furchtbarer waren die Bilder im völlig überfüllten Krankenhaus. Hunderte zerschundene Leiber verteilten sich auf alle Etagen. Kaum ein Quadratmeter, auf dem kein stöhnender Körper lag.

Der Anblick von vier Rohingya, alle Anfang zwanzig, hat sich bis heute in mein Gedächtnis eingegraben: Zwei Ehepaare – die Frauen erschöpft und verstört, aber unverletzt. Beide hatten den Oberkörper ihrer Ehemänner im Schoß, streichelten ihre halbverbrannten Gesichter, ihre von Wundpflastern bedeckten Torsos, bis hinunter zu den Oberschenkeln und den Stümpfen darunter. Die Männer waren auf der Flucht in Minen hineingelaufen, die ihre Beine weggesprengt hatten.

Unter Tränen erzählten die Frauen ihre Leidensgeschichten. Um dann zu fragen: «Was wird jetzt aus uns?»

Ich kannte die schreckliche Antwort. Ein Leben als Bettler, mittellos, hoffnungslos, freudlos, solange das Geld für ein bisschen Reis und Gemüse reicht.

Auch in Sri Lanka hätte sich die aufgestaute Wut zwischen Buddhisten, die wie in Myanmar die Mehrheit stellen, und Muslimen fast in einem Bürgerkrieg entladen. Auslöser war das Gerücht, die Muslime wollten ihre buddhistischen Nachbarn impotent machen.

Im Internet kursierte ein Video, in dem ein muslimischer Restaurantbesitzer angeblich zugab, seinen Kunden potenzhemmende Mittel ins Essen gepanscht zu haben. Das Video wurde zu einem viralen Phänomen und verstärkte die Angst, die Muslime könnten durch ihr stärkeres Bevölkerungswachstum bald die Mehrheit im Land stellen.

Buddhistische Schlägertrupps machten mobil, zündeten das Restaurant an, verprügelten Muslime. Als dann auch noch ein Buddhist nach einem Verkehrsunfall von drei halbstarken Muslimen totgeschlagen wurde, brachen die Wutdämme. Geschäfte und Häuser von Muslimen wurden angezündet.

«Ich verstehe das nicht», klagte ein junger Muslim, dessen Bruder seinen Verbrennungen erlegen war und dessen Körper selbst mit Brandwunden übersät war: «Der Islam ist doch eine Religion des Friedens. Warum behandeln die uns so?»

Das Gleiche beteuerte der Vater des buddhistischen Autofahrers, der getötet worden war. «Wir haben doch bisher immer gut mit den Muslimen zusammengelebt.»

Bilder von zornigen Fratzen sehe ich täglich, wenn ich durch die indischen Nachrichtenkanäle zappe. Mal schreien sich in Talkshows Politiker an, mal zeigen Berichte wütende Mobs. Oft geht es um der Inder liebstes Vieh, die Kuh. Der Rinder-Kult ist, wie Historiker herausgefunden haben, erst ein paar hundert Jahre alt.[39]

Das hindert radikale Hindus aber nicht, so zu tun, als wäre er die Grundlage ihrer Religion. In weiten Teilen Indiens ist nicht nur das Schlachten von Kühen, sondern auch der Verzehr von Rindfleisch streng verboten. Und das, obwohl viele der zweihundert Millionen Muslime und Christen durchaus Appetit auf herzhafte Rindersteaks haben. Das gibt immer wieder Ärger und Vorfälle, in denen wütende Mobs über echte oder vermeintliche Rindfleischverzehrer herfallen.

Nicht weit entfernt von Delhi wurde ein Jugendlicher aus dem Zug gezerrt und totgeprügelt, weil Mitpassagiere Rindfleisch in seinem Rucksack vermuteten.

Kuh-Schutztruppen patrouillieren durch indische Städte auf der Suche nach illegalen Schlachthöfen. Schlecht ergeht es allen, die im Verdacht stehen, Kühe zu Schlachtungen ins Ausland zu schmuggeln. Dieser Verdacht wurde einem Familienvater nahe der nordindischen Stadt Jaipur zum Verhängnis. Kuhschützer schlugen ihn brutal zusammen. Als die Polizei am Tatort erschien, kümmerte sie sich zunächst um die Kühe und transportierte sie in ein Kuh-Pflegeheim. Als die Polizisten wieder am Tatort auftauchten, war der Mann an seinen Verletzungen gestorben. Er hinterließ eine Frau und sieben Kinder.

Ich könnte den Rest des Buches mit weiteren Beispielen füllen, auch aus hochzivilisierten Staaten wie den USA, wo der Kulturkampf zwischen «Konservativen» und «Liberalen» immer erbitterter ausgefochten wird.

Und auch bei uns werden die Töne rauer, die Stimmen heiserer.

Psychologen sehen die Ursache kollektiver Wutausbrüche in der Angst: in Ohnmachtsgefühlen gegenüber Bedrohungen, in der Furcht davor, Kontrolle über das eigene Leben zu verlieren. In Zeiten mit hohem Veränderungsdruck sind diese Ängste besonders ausgeprägt. Wer sich deshalb aufregt, hat wenigstens das Gefühl, wieder hinter dem Lenkrad zu sitzen und sein Leben aktiv zu steuern, statt in eine unbekannte Zukunft mitgeschleppt zu werden. Bei cholerischen Ausbrüchen werden Stresshormone ausgeschüttet, die Erleichterung verschaffen. Aber nur kurzfristig; langfristig nehmen die Schmerzen zu. Das weiß jeder, der sich wegen einem Juckreiz blutig gekratzt hat.

Die Welt wird auch wütender, weil sie voller wird und sich immer mehr Menschen auf engerem Raum in die Quere kommen.

Die Welt wird wütender, weil sie aus Sicht vieler Menschen ungerechter und unverständlicher wird und immer mehr Menschen den Eindruck haben, Lautstärke und Unverschämtheit seien die effektivsten Mittel, sich Gehör zu verschaffen.

In seinem Buch *Das Zeitalter des Zorns* schreibt der indische Schriftsteller Pankaj Mishra: «Man kann nicht mehr die große Kluft leugnen zwischen einer Elite, die die saftigsten Früchte der Moderne genießt, während sie die alten Traditionen verachtet, und den entwurzelten Massen, die sich um dieselben Früchte betrogen fühlen und sich in kulturellen Überlegenheitswahn, Populismus und Gewalt flüchten.»[40]

Die Wutausbrüche nehmen weltweit aber auch deshalb zu, weil die Menschheit immer jünger wird. Gerade bei jungen Männern sind die Selbstkontrollmechanismen noch nicht ausgereift genug, um den Hormonüberschuss konstruktiv zu kanalisieren.

In einem Kino in Pakistans Hauptstadt Islamabad sind mir die Augen dafür aufgegangen. Die Stadt versprüht eigentlich überhaupt kein jugendliches Flair. Sie wurde auf dem Reißbrett entworfen und für die Bedürfnisse von Beamten erbaut, hat mehr mit Bonn gemeinsam als mit Delhi oder Mumbai.

Der Eindruck ändert sich allerdings, wenn man aus dem gepflegten Stadtzentrum in die Vororte fährt, die wegen des Bevölkerungsanstiegs aus allen Nähten platzen. Ich hatte mich dort mit zwei einheimischen Journalisten in einem Kino verabredet. Es lief ein Film aus der Actionreihe «The Fast and the Furious».

Die Action auf der Leinwand fand ich zahm im Vergleich zur Aufregung im Kinosaal. Der war bis auf den letzten Platz gefüllt mit jungen Männern. Sobald einer der Stars des Films auftrat, Vin Diesel oder Dwayne Johnson, riss es die jungen Kerle von den Sitzen, sie feuerten ihre Helden an, als würden sie für sie in den Krieg ziehen. Der Testosteron-Level im Saal waberte kurz unter der Saaldecke. Wenn die Zuschauer sich über einen Bösewicht ärgerten, buhten sie so laut, dass ich fürchtete, sie würden gleich die Sessel aus den Halterungen reißen und gegen die Leinwand schleudern.

Nach dem Film unterhielt ich mich mit den beiden Journalisten. Irfan erzählte, dass auch er *furious* sei, stinkwütend. Er fand in Pakistan keinen guten Job, niemand schien seine Talente zu brauchen. In letzter Zeit habe er nur ein einziges interessantes Job-Angebot erhalten: Die Terrorgruppe «IS» suchte einen Pressesprecher. Irfan überlegte ernsthaft, das Angebot anzunehmen. Sein Kollege und ich konnten ihn schließlich von der Idee abbringen.

Irfan bekam letztendlich eine Stelle im Golfstaat Katar. Das half gegen die Wut.

Die besten Mittel gegen die Wut sind eine sinnvolle Beschäftigung und eine glückvolle Beziehung.

Aus meiner journalistischen Praxis kann ich noch zwei weitere Tipps geben.

Mein erster Vorschlag: Lass sie doch reden, lass sie ihren Unmut artikulieren. Zumindest solange das die Grenzen des Geschmacks und der Humanität nicht überschreitet.

«Welche Alternativen bleiben uns denn, außer Steine zu schmeißen? Sie geben uns ja keinen Raum zum friedlichen Protest!» Aussagen wie diese habe ich oft gehört, als ich in Kaschmir unterwegs war. Die muslimisch geprägte Himalaya-Hochebene ist vor siebzig Jahren in einen pakistanischen und einen indischen Teil aufgespalten worden. Die meisten Kaschmiri leben auf der indischen Seite und fühlen sich unterdrückt von den dortigen Hindus. Sie fordern – ähnlich wie Kurden oder Palästinenser – einen unabhängigen Staat, aber den wollen weder Pakistan noch Indien ihnen zubilligen.

Seit siebzig Jahren schwelt der Konflikt, seit zehn Jahren wird er zunehmend gewalttätig geführt. In keinem Gebiet der Welt sind, gemessen an der Bevölkerungszahl, so viele Sicherheitskräfte stationiert. Sobald Unruhen drohen, verhängt die indische Regierung Ausgangssperren. Theater und öffentliche Diskussionsforen gibt es nicht, aus Angst, dort könnten sich Widerstandsnester einrichten. Stattdessen gehen immer mehr Studenten vermummt auf die Straßen, um sich als Steinewerfer zu artikulieren. Oder sie schließen sich militanten Gruppen an.

Weil die Weltöffentlichkeit nicht viel Notiz von den Kaschmir-Unruhen nimmt, wird die indische Regierung ihren Kurs der gewaltsamen Unterdrückung fortsetzen können. Frieden wird so nicht einkehren. Dafür müsste man den Dialog suchen, zuhören, gewaltfreie Lösungen aushandeln.

Aber was, wenn das Recht auf freie Rede missbraucht wird, um Hass zu säen und zur Gewalt aufzurufen?

Für solche Fälle lautet mein zweiter Vorschlag: Das Internet an die Kandare nehmen.

Die sozialen Netzwerke sind nicht nur wichtige Kommunikationsplattformen, sie sind auch Wut-Katalysatoren und Dreckschleuder-Arenen, treiben den Blutdruck eher hoch, als dass sie ihn senken.

Wie die Domestizierung von Facebook, Twitter und Co. vonstattengehen soll, ohne die Meinungsfreiheit einzuschränken, weiß ich zwar auch nicht. Aber dass es funktioniert, habe ich in Sri Lanka gesehen. Es waren virale Videos, die Hass zwischen Buddhisten und Muslimen säten, es waren Hass-Foren, auf denen sich ganze Mobs zu Übergriffen verabredeten.

Bevor die Gewalt eskalierte, schritt die Regierung von Sri Lanka ein. Sie blockte die sozialen Netzwerke. Es gab keine weiteren Übergriffe, erst recht keine Morde. Innerhalb weniger Tage war Ruhe eingekehrt und die Gefahr eines Bürgerkriegs gebannt.

Und was ist mit uns selbst?

Ich gebe zu: Auch ich mache es mir manchmal zu einfach, wenn mich ein gesellschaftlicher Missstand auf die Palme bringt.

Wütend sind immer die anderen, ich selbst allenfalls besorgt und zwar zu Recht, wie ich mir einbilde, um mich dann taubzustellen für die Argumente, die mir nicht in den Kram passen.

Die wirkungsvollste Wut-Prophylaxe ist natürlich, sich gar nicht erst von hysterischen Aufrufen in Wallung bringen zu lassen. Am besten meidet man solche Räume, reale wie digitale, in denen nicht das weiche Herz, sondern der rote Kopf dominiert.

Immer noch hochaktuell ist der Ratschlag, den Matthias Claudius (1740–1815) seinem Sohn Johannes gab – 1799, also in einer Zeit zwischen der Französischen Revolution und den Napoleonischen Kriegen, als überall die Wut hochkochte:

«Erwarte nichts vom Treiben und den Treibern; und wo Geräusch auf den Gassen ist, da gehe vorbei.»[41]

Heute würde er vermutlich dazu raten, einschlägige Facebook-Gruppen zu meiden.

Hier spreche ich insbesondere die Christen unter meinen Lesern an: Jesus-Nachfolge und Wut-Rhetorik passen nicht zusammen. Die pauschale Herabsetzung von Minderheiten ist ein christliches No-Go, ebenso die Diffamierung gewählter Volksvertreter als «Verräter».

Nichts steht Christen weniger als Schaum vor dem Mund.

6. Die Welt wird härter
Last Exit Duisburg

Oh, mir tun die Augen weh.

Vom Zuschauen. Ich sitze im Wohnzimmer von Anandita Dutta, der «Chili-Königin». Sie lebt in Assam, dem nordostindischen Bundesstaat, der nicht nur für den Assam-Tee berühmt ist, sondern auch für seine Chili-Pflanzen. Eine davon galt bis vor kurzem als schärfstes Gewürz überhaupt. Die «Geisterchili». Sie ist hundertmal schärfer als Tabasco-Sauce, verätzt die robustesten Schleimhäute.

Nur die von Anandita sind resistent. Ihr Sohn, ihre Tochter und ihr Ehemann schauen gelangweilt zu, wie sie die Chilischoten zerreibt und sich den Inhalt auf der Zunge zergehen lässt. Einen Teil davon schmiert sie sich auch noch in die Augen. Sie hält den Weltrekord im «Scharf-Essen». Ihr Talent verdankt sie ihrer Mutter. Die hat sie als Kind mit dem Gewürz eingerieben, um sie dadurch von einer Krankheit zu heilen. Seitdem ist Anandita immun. «Stahlbad-Effekt» nennen Psychologen die abhärtende Wirkung von biografischen Grenz- und Schmerz-Erfahrungen.

Anandita haben ihre Rekord-Auftritte einen ganz beträchtlichen Nebenverdienst eingebracht. Reich ist sie davon nicht geworden. Aber sie ist für mich ein Symbol des asiatischen Wettbewerbsgeistes. Die Menschen auf diesem Kontinent sind nicht besser oder talentierter als anderswo, aber oft hungriger. Und härter – gegen sich und andere.

Das gilt weniger für Indien, das weltweit eher als riesiger Absatzmarkt gefragt ist, nicht so sehr als Produzent und Verkäufer eigener Waren. Aber umso mehr für seinen Nachbarn China. Ich war als Südasien-Korrespondent zwar nicht zuständig für das

Reich der Mitte. Dennoch sind mir andauernd chinesische Geschäftsleute über den Weg gelaufen. Zum Beispiel, als ich zum ersten Mal Karachi besucht habe.

Der Zwanzig-Millionen-Menschen-Moloch liegt im Süden von Pakistan, der «Islamischen Republik» zwischen Indien und Afghanistan. Karachi hatte den Ruf der gefährlichsten Stadt der Welt. Der Journalist Daniel Pearl war hier entführt und enthauptet worden, nicht weit entfernt von dem Hotel, in dem ich einquartiert war.

Alleine auf die Straße traute ich mich nicht. Beim Frühstücksbuffet sah ich keine Europäer, dafür aber zahlreiche Chinesen. Nach dem Essen schwärmten sie zu ihren Geschäftsterminen in die Stadt aus. Ganz schön mutig, dachte ich.

Wenige Tage später begegnete ich schon wieder Chinesen, diesmal im hohen Norden des Landes, im abgelegenen Hunza-Tal. Das Idyll am Rande des Himalaya hat die Vorlage für das Märchenparadies Shangri-La abgegeben. Auf steilen Felswänden thronen Festungen mit Wachtürmen, darunter schlängeln sich malerische Flüsse.

Aber ausländische Touristen sah ich, wie schon in Karachi, keine. Die Infrastruktur ist zu schlecht, die Straße nach Hunza eine Katastrophe. Mir selbst wurde ganz elend von der Hoppelfahrt auf der Schotterpiste. Doch plötzlich hörte das Ruckeln auf, der Weg verbreiterte sich zur mehrspurigen Straße, der Wagen glitt geschmeidig darüber hinweg dem Himalaya entgegen.

Bedanken konnte ich mich dafür bei den Hunderten von chinesischen Arbeitern, die zusammen mit Baggern, Lastwagen und Container-Massenunterkünften von hier an das Landschaftsbild prägten. Sie schlugen eine hochmoderne Transportschneise durchs pakistanische Hinterland. In ein paar Jahren wollten sie damit das ganze Land durchzogen haben – bis hinunter nach Karachi und ans Meer: als Teil der «Ein Seeweg, eine Straße»-Gesamtstrategie, der die halbe Welt umfassenden neuen Seidenstraße, die aus dem Produktions-Giganten China nun auch das Logistik-Imperium machen soll.

Bei meinen nächsten Aufenthalten in Pakistan drängelten sich immer mehr chinesische Geschäftsleute an den Buffets, oft schon um sieben Uhr morgens, um sich dann um Viertel nach sieben zackig zu ihren Kleinbussen zu bewegen und zu ihren Büros oder auf ihre Baustellen abzurauschen.

Dasselbe erlebte ich in Sri Lanka, dem Inselstaat südlich von Indien. Dort machten buddhistische Mönche mobil gegen die Eindringlinge aus China. Besonders wütend waren die Mönche in Hambantota, einer kleinen Hafenstadt im Süden von Sri Lanka.

Sie hatten den Tsunami überlebt, der einen Teil der Küste weggeschwemmt hat. Doch nun fürchteten sie den Verlust ihrer gesamten Lebenswelt. Denn der Hafen und die Gebiete ringsherum gehörten neuerdings China. Sri Lanka hatte bei China einen hohen Kredit aufgenommen. China forderte das Geld zurück – und als erste Rate bekam es den Küstenstreifen.

Daraus will China nun den wichtigen Stützpunkt seiner maritimen Seidenstraße machen, als Zwischenstopp für seine riesigen Frachter auf dem Weg nach Afrika und Europa. Die Mönche fürchten, dass die Pläne von Peking noch weiter gehen und dass der Hafen irgendwann auch als Militärbasis genutzt wird. Auf diese Art könnte Sri Lanka in einen möglichen Krieg zwischen China einerseits, Indien und den USA andererseits hineingezogen werden.

Und das war noch nicht das Ende der langen Beschwerdelitanei über China. «Die Chinesen bleiben unter sich», klagte der Leiter des Klosters bei mir, «sie bringen ihre eigenen Produkte mit, kaufen nichts von uns. Das Einzige, was sie außer dem Hafen von uns wollen, sind unsere Frauen.»

Der Ärger trieb die sonst so friedlichen Mönche auf die Straße. Sie organisierten Protestdemonstrationen gegen den Hafen-Ausverkauf. Es nützte nichts.

Ich habe vergeblich versucht, mir ein Bild vom Hafen und den Plänen der Chinesen zu machen. An den verschiedenen Eingängen wurde ich abgewimmelt, meine Interview-Anfragen wurden abgelehnt. Durch die Gitter und Schranken hindurch sah ich aus der Ferne die Massenquartiere, in denen chinesische Arbeiter untergebracht waren, ich sah Bagger hin und her rollen, Baukräne sich drehen.

China kann es sich leisten, Journalisten zu ignorieren und Mönche an den Rand des Nervenzusammenbruchs zu bringen. China ist stark und als Handelspartner attraktiv. Seine neue Seidenstraße reicht mittlerweile bis zu meinem Geburtsort Duisburg.

Als ich dort geboren wurde, im Stadtteil Meiderich, machten die Zechen und Stahlwerke dicht. Als ich das letzte Mal zu Besuch war, herrschte wieder Aufbruchsstimmung. Dank China, das in Duisburg-Rheinhausen die letzte Station seines gigantischen Infrastrukturprojekts eröffnete. Hier gab es keine wütenden Mönche oder Pfarrer. Die Duisburger freuten sich darüber, dass nun wöchentlich viele Waggons aus Fernost einfahren, vollgepackt mit Textilien, Spielzeug, Elektroartikeln, Computern. Auf dem Rückweg transportieren die Züge deutsche Güter. Sie sind deutlich leerer als auf dem Hinweg.

Das muss keine Bedrohung sein, schließlich kann auch der deutsche Export von einer verbesserten Infrastruktur und von der chinesischen Wirtschaftspotenz profitieren. Aber auf jeden Fall muss man sie zur Kenntnis nehmen. Und man muss sich überlegen, wie man dem wachsenden Wettbewerbsdruck aus China standhält, wie man Produktpiraterie bekämpft, technologisch vorn bleibt, Marktzugänge verteidigt.

Stärke ist das Produkt aus Kraft und Schnelligkeit. China ist stark, weil es über große menschliche, finanzielle, technologische Ressourcen verfügt. Aber auch, weil es dem Westen in puncto Schnelligkeit überlegen ist. In China gibt es keine demokratischen Prozesse, die Großprojekte bremsen, keine arbeitnehmerfreundlichen Regelungen, die Bauarbeiten verzögern. Länder wie Deutschland wollen vor allem fair und vorbildlich sein, und das ist gut so. Auch wenn es uns manchen Entwicklungen hinterherrennen lässt.

Viel kleiner als China, aber sehr erfolgreich sind auch die asiatischen «Tigerstaaten» Südkorea, Singapur und Taiwan. Auch Vietnam holt auf. Und wenn Indien so weit ist, seine Ressourcen – menschliche und andere natürliche – effektiver einzusetzen, wird es auch ein echter Global Player.

Bei Hintergrundgesprächen im kleinen Kreis habe ich oft von Angela Merkel gehört, dass der internationale Wettbewerbsdruck zunimmt und wir uns mehr anstrengen müssen. Allerdings trauen sich unsere Politiker immer noch nicht, knallharte Kabinenansprachen zu halten und den Deutschen zuzurufen: Ihr müsst hungriger werden. Rustikale Fußballtrainer-Typen wie Otto Rehhagel würden sagen: «Ihr müsst Gras fressen!» Oder, passender: Ihr müsst Chili fressen!

Stattdessen wird neuerdings über Sabbatjahre bei vollem Gehalt und über bedingungslose Grundeinkommen diskutiert. Die Zeichen der Zeit weisen in eine andere Richtung. Das geben die meisten Politiker – auch solche, aus deren Parteireihen solche Vorschläge kommen – im persönlichen Gespräch zu. Sie wissen, dass der Umverteilungsspielraum eher geringer wird, der Wettbewerbsdruck höher, der Sparzwang größer. Aber sie glauben nicht, ihren Wählern diese Wahrheiten zumuten zu können. «Es geht uns noch zu gut», sagen sie dann entschuldigend.

Die Menschen in vielen asiatischen Ländern sind härter im Nehmen als wir, weil das Leben so ist.

Das erkennt man in Indien schon im Straßenverkehr. An den vielen Dellen und Kratzern in den Fahrzeugen. Kollisionen sind hier nicht die Ausnahme, sondern die Regel. Die Autobesitzer machen sich nicht einmal die Mühe, die Schäden zu verheimlichen. Und die lauten Hupgeräusche, die mich täglich einen Tinnitus befürchten lassen, verkünden die Botschaft: Wer viel Lärm macht, setzt sich durch. Nicht zu hupen brauchen die Busse, die haben das aufgrund ihrer PS nicht nötig. Es gilt das Recht der Stärkeren oder vielmehr: der mächtigeren Gruppen.

Diese Mitleidlosigkeit hat mich oft erschüttert.

Manchmal habe ich den Eindruck, die Leitkultur in Ländern wie Indien ließe sich am besten mit «Kraftkult» beschreiben. Gesegnet von den Göttern, verehrt von der Gesellschaft, schlichtweg gut ist, wer Erfolg hat. Diese Einstellung ist die logische Konsequenz des Karma-Glaubens, nämlich der Überzeugung, dass alle Taten Konsequenzen haben, in diesem oder im jenseitigen Leben.

Wenn ich spätabends auf der Rückfahrt von einem Termin auf einer der Hauptstraßen kleine Mädchen sehe, die barfüßig zwischen den Autos herumhuschen und halbvertrocknete Blumen verkaufen, dann würde ich am liebsten am nächsten Morgen das Sozialamt anrufen. Aber ich bin ja nicht in Deutschland. In Indien finden die meisten Menschen ein solches Schicksal vielleicht bedauerlich, aber nicht unbedingt tragisch. Ich habe öfters Erklärungsversuche gehört wie: «Vielleicht haben sie in ihrem vorherigen Leben jemanden vergewaltigt.»

Da lobe ich mir Deutschland, wo der Erfolg der Starken als Verpflichtung gesehen wird, den Schwachen zu helfen. Wir sind vielleicht nicht so hart im Nehmen wie andere, aber dafür entschlossener im Geben.

Die Bereitschaft zur Nächstenliebe verdanken wir übrigens nicht der antiken Philosophie – die war ebenso zynisch und fatalistisch wie der Karma-Glaube –, sondern dem Christentum. «Ein jeder trage die Last des anderen» statt «Ein jeder Starke lasse sich von den Schwachen die Lasten tragen». Ich bin deshalb froh, dass bei uns der Leistungsgedanke mehr mit Motivation und Anreiz als mit Druck verknüpft ist, dass Menschlichkeit in vielen Fällen vor Machertum geht.

Dennoch müssen wir akzeptieren, dass das Geschäftsgebaren weltweit gnadenloser wird. Wir müssen lernen, dass wir unsere Geschäftsinteressen knallhart definieren und vertreten müssen. Das war lange tabu. Ich kann mich noch erinnern an den Aufschrei, den der damalige Bundespräsident Horst Köhler auslöste.

Er hatte auf dem Heimweg von einem Besuch in Afghanistan einen aus Gutmenschensicht unverzeihlichen Fehler gemacht. Er hatte deutsche Wirtschaftsinteressen ins Spiel gebracht: Die beste Aufbauhilfe für Afghanistan wären nun einmal ausländische Investitionen, aber damit die deutsche Wirtschaft verstärkt in Afghanistan investieren könne, müsste man deren Transportwege schützen, notfalls mit Gewalt.

Die Empörung in Deutschland war groß. Interessen? Wirtschaft? Gewalt? Noch dazu in einem Land, das ohnehin so schwer gebeutelt war wie Afghanistan? Ging gar nicht.

Horst Köhler fühlte sich gekränkt – und trat zurück. Aber er hatte einen wunden Punkt berührt. Bei meinen Besuchen in Kabul habe ich in den Hotellobbys nicht einen einzigen deutschen Geschäftsmann gesehen, dafür wieder einmal Chinesen, die da waren, um künftige Geschäftsmöglichkeiten zu sondieren.

So sehr das unserem idealistischen Selbstbild widerspricht: Deutschland ist nicht hauptsächlich für das Gute, Wahre, Schöne in der Welt zuständig, sondern dafür, im internationalen Wettbewerb auf faire, aber druckvolle Weise die Interessen seiner Bürger zu sichern. Und dort, wo es kooperiert und investiert, auf die Einhaltung sozialer Standards zu pochen. Den Wohlstand, den wir auf diese Art erwirtschaften, sollen wir allerdings auch einsetzen, Notleidenden zu helfen.

Noch sind wir nicht abgehängt und in vielen Bereichen nach wie vor vorne. Unsere Wissenschaftsorganisationen – Max Planck, Fraunhofer, Leibniz, Helmholtz und andere – genießen weltweit hohes Ansehen, genau wie viele unserer Spitzenprodukte.

Mit der Weltbevölkerung wächst auch der Absatzmarkt für unsere Produkte, mit dem Innovationsbedarf aufstrebender Gesellschaften die Nachfrage nach Maschinen und Werkstoffen aus Deutschland. Es spricht viel dafür, dass die Auftragsbücher unserer auf Export spezialisierten Unternehmen auch in den nächsten Jahrzehnten gut gefüllt bleiben. Wenn uns die Fachkräfte nicht ausgehen. Wenn der Euro nicht weiter siecht und am Ende ganz kollabiert.[42] Und wenn wir von einem neuen Börsencrash, der die Weltkonjunktur talwärts treibt, verschont bleiben.

Manche meiner Kollegen finden, dass ich mir mit den chinesischen Staatskapitalisten die falschen Gegner ausgesucht habe. Für viel gefährlicher halten sie die globale Schattenwirtschaft: kriminelle Oligarchen und korrupte Staatschefs, die ihr Raubeigentum in Steuerparadiesen deponieren, sich von dem gewaschenen Geld Yachten in Monaco und Penthäuser in Manhattan kaufen, die sich Armeen von Internet-Hackern und -Trollen halten, um damit Demokratien zu destabilisieren.

Sie warnen auch vor den ganz legalen «Global Playern» in den Vorstandsetagen von Großbanken und machen darauf aufmerksam, dass weite Teile der Finanzindustrie nicht mehr primär die Wirtschaft mit Firmenkrediten ankurbeln, sondern sie durch ihre Spekulationsgeschäfte destabilisieren.[43]

Ich selbst blicke schon lange nicht mehr durch und habe den bösen Verdacht, dass diese Fragen, wenn überhaupt, erst mit der nächsten Bankenkrise beantwortet werden.

Ansonsten bin ich verhalten optimistisch.

Wir können, wenn wir wollen. Diese Durchhalteparole beruht weniger auf Statistiken als auf meinen alltäglichen Erfahrungen. Deutsche stellen zwar keine Weltrekorde im Chili-Essen auf, aber in anderen, weniger abgedrehten Disziplinen. Bei vielen Extremsport-Wettkämpfen in Asien und im Rest der Welt stehen sie anschließend auf den Siegerpodesten.

Zum Beispiel beim höchsten Ultra-Marathon der Welt in der nordindischen Gebirgsregion Ladakh. 72 Kilometer Quälerei bei dünner Luft und schneidender Kälte. Um drei Uhr morgens ging es los. Auf 5500 Metern Höhe und bei Temperaturen um den Gefrierpunkt fanden sich auch zwei Deutsche ein, Konrad und Maik. Beide kamen neun Stunden später als beste Ausländer ins Ziel. Auf der normalen Marathonstrecke von 42 Kilometern schaffte es ebenfalls eine Deutsche aufs Sieger-Treppchen der besten Nicht-Ladakher. Meine eigene Frau. Deshalb bin ich vermutlich etwas voreingenommen, wenn ich auch im Hinblick auf den wirtschaftlichen Wettbewerb die Prognose wage:

Wir schaffen das.

7. Die Welt wird klüger
Es war einmal eine Bildungsnation

Der größte Hunger in der Welt ist der Lernhunger.

Noch viel größer als die Anzahl der Menschen, denen es an Grundnahrungsmitteln fehlt, ist die Anzahl der Menschen, die sich nach einer Schul- und Ausbildung für sich oder ihre Kinder sehnen. Weil das der einzige Weg aus der Armut ist.

Der weltweite Appetit auf Wissen ist gigantisch. Viele Kinder, die ich gesprochen habe, sind die Ersten ihrer Familie, die lesen und schreiben können. An den unmöglichsten Orten entstehen Schulen, so etwa in den Felsenhöhlen im zentralafghanischen Bamiyan. Die 18-jährige Freshta, die selbst noch zur Schule geht, unterrichtet hier dreißig Kinder aus armen Familien. Jeden Morgen kraxeln die Sechs- bis Zwölfjährigen an der Felswand entlang, bis sie die Höhle erreichen. Dort kauern sie sich auf den kalten Boden und lassen sich von Freshta das Lesen, Schreiben und Rechnen erklären.

Wer in die aufgerissenen Augen der Knirpse geguckt hat, bekommt eine Vorstellung von ihrer Lerngier. Und wer die Do-It-Yourself-Pädagogin Freshta beim Unterrichten gesehen hat, vor einer Tafel, die sie sich von Spendengeldern gekauft hat – der begreift das Potenzial, das in diesen Träumer-Generationen steckt.

Ich habe inzwischen so viele unkonventionelle Schulprojekte erlebt, dass ich die Beiträge darüber zu Spielfilmlänge zusammenschneiden könnte.

Da war die Straßenkinderschule im pakistanischen Karachi, in der sich bis zu zweihundert Kinder unter einer vielbefahrenen Straßenbrücke versammeln. Da war das Fußball-Internat im nepalesischen Pokhara, wo die verwaisten Kinder von Erdbebenopfern morgens büffeln und nachmittags bolzen – in der Hoffnung, einmal Fußballprofis zu werden, am liebsten in der Bundesliga.

Um Fußbälle dreht sich auch das Leben der Kinder von Meerut, die ihren Eltern beim Zusammennähen der Bälle helfen und deshalb die öffentliche Schule schwänzen müssen. Ein internationales Kinderhilfswerk bot deshalb eine Mittagspausen-Schule an, täglich zwei Stunden lang. Für die Kinder war es der Höhepunkt des Tages.

Wie wichtig Bildung in indischen Mittelklassefamilien ist, sieht man in ihren Wohnungen. Den prominentesten Platz haben nicht Götterstatuen, sondern die Schulpokale der Kinder.

Eine ganze Wand voll davon haben die Eltern von Dilpreet Kaur, dem «Mathe-Girl», auf das ganz Indien stolz ist. Wenn die 16-Jährige zuhause vor dem Computer trainierte, die Augen wie in Trance weit aufgerissen, mit den Fingern gestikulierend, wirkte sie wie ein Medium, das Botschaften aus einer anderen Welt empfängt. Sie löste in wenigen Sekunden die kompliziertesten Rechenaufgaben. Sie hatte damit bereits elf Landesrekorde aufgestellt und zwei Weltrekorde gebrochen.

Ursprünglich war die Teilnahme an Wettbewerben nur eine Verzweiflungstat gewesen. «Bei der Einschulung hat keiner ihr besonderes Talent erkannt, sie wurde nicht gefördert», erklärte ihr Vater, selbst ein Mathelehrer. Also trainierte er die begabte Tochter, büffelte mit ihr Rechenaufgaben – acht Jahre lang. Bis die Rekorde purzelten und sie landesweite Prominenz erreichte. Nun winkt ihr die Zulassung zu einer der besten Universitäten des Landes.

Es ist viel zu kritisieren an der brutalen Bildungsauslese, die in manchen asiatischen Ländern dazu führt, dass Jugendliche sich umbringen, nachdem sie bei einer Aufnahmeprüfung durchgefallen sind. Aber es gibt auch viel Nachahmenswertes an Lernkulturen, die auf Exzellenz setzen.

Man muss sich nur einmal in amerikanischen Top-Universitäten umgucken. An Kaderschmieden wie Harvard sind Studenten mit asiatischem Hintergrund viermal stärker vertreten, als es ihrem Bevölkerungsanteil entspricht. Es wären noch viel mehr, wenn es nur nach ihren Noten ginge und nicht nach dubiosen «Persönlichkeits-Auswahlkriterien», mit denen Harvard und Co. den Anteil asiatischer Studenten deckeln.

Insgesamt ist das Bildungsniveau in Europa nach wie vor viel höher als in weiten Teilen Asiens. In Afghanistan sind zwei Drittel der Bewohner Analphabeten, in Pakistan fast die Hälfte, in Indien und Nepal immerhin fast ein Viertel, darunter überproportional viele Frauen. Die meisten Schulen in Indien folgen einer Uralt-Pädagogik. Sie fordern von den Schülern stures Pauken und fördern wenig Eigeninitiative.

Die besten Schulen in Asien orientieren sich hingegen an Konzepten, die kreative Problemlösungskompetenz in den Vordergrund stellen und individuelle Förderung mit Leistungsorientierung verknüpfen. Zum Schulalltag gehören auch Rituale, die bei uns verpönt sind: Fahnenappelle und Hymnen-Gesänge im kollektiven Schuluniform-Look. Das würde uns vielleicht auch wieder guttun, dem Markenklamotten-Überbietungswahn ein Ende setzen, Gruppenzusammenhalt schaffen.

«Bildung ist unser wichtigster Rohstoff», höre ich immer wieder von Politikern und Wirtschaftsfunktionären. Der Spruch ist Blödsinn. Denn Bildung kann nicht abgebaut werden, die Köpfe unserer Kinder können nicht angezapft und abgepumpt werden. Bildung ist ein Produkt, dessen Erzeugung enorm viel Energie und Sachverstand erfordert. Daran hapert es immer mehr.

Beim PISA-Schulleistungsvergleich belegen asiatische Länder, allen voran Singapur, regelmäßig die ersten Plätze, während der einstige Bildungsweltmeister Deutschland froh ist, wenn er es ins obere Mittelfeld schafft.

Wie unterschiedlich das Thema Bildung in Asien und bei uns

behandelt wird, zeigen die Kino-Hitparaden. Der indische Film «Hindi Medium» (2017) ist einer der größten asiatischen Kassenschlager der letzten Jahre.

In dem Film versuchen zwei Mittelklasse-Eltern, ihre Tochter auf eine Top-Schule zu schicken. «Wenn sie von der Schule nicht genommen wird, dann wird sie keine Karriere machen können, dann wird sie arbeitslos und drogenabhängig werden», jammert die Mutter. Also versuchen die Eltern, die Direktoren der Schule zu bestechen. Sie ziehen sogar in einen Slum um, weil die Tochter dann vielleicht über eine Armen-Quote Aufnahme in die Schule finden könnte.

Der Film wurde nicht nur in Indien zum Riesenhit, sondern auch in China.

Ein zweiter Kino-Blockbuster, den in Europa niemand kennt, der aber in Asien für Zuschauerrekorde sorgte, ist «Bad Genius» (2017) aus Thailand. Einer Gruppe von hochbegabten Schülern gelingt es, bei einer internationalen Eignungsprüfung vorzeitig an die Fragen zu kommen – und daraus ein Vermögen zu machen.

Auch dieser Film entspricht der Lebenswirklichkeit von Menschen, die halbe Jahresgehälter darauf verwenden, ihren Kindern teure Nachhilfe zu bezahlen oder sie während der Sommerferien an Privatinstituten büffeln zu lassen. Ein guter Abschluss ist die Eintrittskarte für ein gelingendes Leben.

In derselben Zeit, in der «Hindi Medium» und «Bad Genius» in Asien die Kassen klingeln ließen, dominierte ebenfalls ein Schulfilm die deutschen Kinocharts.

«Fack ju Göhte 3».

Statt Eltern, die um die beste Schule für ihre Kinder kämpfen, statt Schülern, die alles für gute Abschlüsse tun, trifft bei uns ein Film den allgemeinen Nerv, in dem Lehrer und Schüler schon froh sind, wenn sie nicht durchdrehen.

Doch leider hängt man an manchen deutschen Universitäten

– also dort, wo Lehrer ausgebildet und Lehrpläne entwickelt werden – immer noch einer überholten Reformpädagogik nach: Lehrer und Schüler als Team, der Unterricht primär ausgerichtet auf die Selbstentfaltungs-Bedürfnisse der Kinder und nicht auf die Erfordernisse der Gesellschaft oder gar der globalisierten Welt.

Ich erinnere mich noch gut an den Sozialkundelehrer, der uns Achtklässler vom englischen «Summerhill»-Internat vorschwärmte, dem Prototypen antiautoritärer Schulen. Seitdem sie 1921 gegründet wurde, hat die Vorstellung einer pädagogischen Einrichtung, in der die Schüler den Unterricht nach Lust und Laune besuchen, an Faszination stark eingebüßt.

Aber sie ist in einigen Teilen der Welt durchaus noch lebendig. Etwa in der südindischen Stadt Kodaikanal, wo ein moderner Ableger von «Summerhill» existiert, die «Grüne Schule». Sie befindet sich in einer waldreichen Berglandschaft. Die Schüler wählen frei ihre Unterrichtseinheiten und stehen unter keinem Notendruck, müssen sich nicht mit Versetzungssorgen plagen.

Die Schüler kommen aus aller Welt, überwiegend aus wohlhabenden Elternhäusern mit Flower-Power-Hintergrund. Der englische Schuldirektor ist selbst ein Alt-Hippie. Er sorgt dafür, dass die Schule ihre Energie selbst erzeugt, legt auf Gartenarbeit großen Wert. Er war mir sympathisch, genau wie die Schüler.

Ich habe die Schüler des reformpädagogischen Waldinternats nach ihren Berufszielen gefragt. Die Antworten reichten von «Keine Ahnung» über «Ich lass das auf mich zukommen» bis zu «Irgendwas mit Menschen». Ich bin sicher, dass von diesen Schülern einmal viel menschliche Wärme ausgehen wird, aber nicht unbedingt Top-Leistung. Schön, dass es einige solcher Schulen gibt, habe ich mir gesagt. Aber bitte nicht zu viele davon.

Übrigens waren die Schüler in ihrem Freizeitverhalten ganz archaischen Geschlechtermustern verhaftet. Die Mädchen zog es in den Garten, die Jungs in die Werkstatt. Der Schuldirektor blieb konsequent antiautoritär und ließ ihnen die Freiheit. Biologie vor gendertheoretischer Gleichmacherei, passend zum Motto der Schule: zurück zur Natur.

Noch stehen wir in Deutschland mit unserem Bildungsniveau sicher nicht im Wald. Das sehe ich an den Bewerbungen um Praktikumsplätze, die mir in den letzten Jahren zugeschickt wurden: mit beigefügten Spitzenzeugnissen und beeindruckenden Arbeitsproben. Das Land der Dichter und Denker hat zwar zwischen 1901 und 1920 mehr als doppelt so viele Nobelpreise (insgesamt 23) gewonnen wie zwischen 1999 und 2018 (11). Aber dafür ist die Breitenbildung sicher besser geworden.

Allerdings holen andere Staaten auf, und Bildung ist im Informationszeitalter der wichtigste Wettbewerbsfaktor.

Wir sollten uns deshalb nicht davor scheuen, bei Ländern wie Singapur Nachhilfe zu nehmen.

8. Die Welt wird weiblicher
Männerbeben

Im Fernsehen gilt dieselbe Regel wie auf der Titanic:

Frauen und Kinder zuerst.

Jedenfalls wenn es darum geht, die Zuschauer zu fesseln. Große Kinderaugen ziehen das Publikum ebenso in den Bann wie Frauen, die ihre emotional aufwühlenden Erfahrungen erzählen.

Dass die meisten Protagonisten meiner Reportagen entweder minderjährig oder weiblich sind, hat noch einen anderen Grund: Sie haben mehr Luft nach oben, machen die größeren Sprünge, sorgen für echte Premieren und damit Nachrichten. Und sie sind Protagonisten spannender Geschichten. Leider immer noch oft als Opfer.

In Südasien leben Frauen besonders gefährlich. Laut einer Umfrage unter Frauenrechtsexperten sind die Bedingungen für die Frauen in Indien am schwierigsten, dahinter kommt Afghanistan, und auch in Pakistan sind Frauen vielfach bedroht: von Vergewaltigungen, Missbrauch, Diskriminierungen.[44]

Ich habe an manchen Tagen mehr weinende Frauengesichter gefilmt als in all meinen Jahren als Berlin-Reporter zusammen.

Besonders viele Tränen, auch bei mir selbst, flossen bei den Dreharbeiten zu den sogenannten «Ehrenmorden» in Pakistan. Es ging um Fälle, in denen Frauen getötet werden, weil sie die Familienehre verletzt haben sollen.

Das erste Mal wurde ich mit dem Thema in Kohistan konfrontiert, einer Region in Pakistan. Ich war auf der Durchreise zu einem anderen Drehtermin, hatte mich bis dahin nicht mit dem Thema «Ehrenmorde» beschäftigt. «Besser nicht anhalten und aussteigen», rieten mir meine pakistanischen Mitarbeiter.

Kohistan, das «Land der Berge», ist eine besonders rückständige Gegend. Ich erinnere mich an die vielen Männer, die am Straßenrand hockten, die Knie unterm Kinn, und auf den Boden oder auf die Berge glotzten. Sie hatten nichts zu tun, es mangelt in Kohistan an Jobs. Frauen sah ich nur in verschleierter Form oder gar nicht. Die meisten waren zuhause eingesperrt.

Hinter den Bergen, so erzählten meine Mitarbeiter, ging es noch ärger zu. Aus einem Dorf waren vor kurzem fünf Frauen verschwunden. Das letzte Mal waren sie in einem wackligen Hochzeits-Handyvideo aufgetaucht, klatschend und singend, dazwischen ein tanzender Mann. Das hatte den Dorfgeistlichen erzürnt. Er hatte das zwanglose Klatschen als unislamisch verurteilt.

Was dann passierte, wurde nie ganz aufgeklärt, vermutlich auch, weil die örtliche Polizei die Täter deckte. Jedenfalls gab es von den Frauen kein Lebenszeichen mehr. Ein Freund, der aus dem Dorf floh, erzählte Entsetzliches: Ihre eigenen Eltern hätten die Mädchen eingesperrt und ihnen die Kehlen durchgeschnitten.

Jedes Jahr werden in Pakistan Hunderte von Frauen Opfer sogenannter «Ehrenmorde», manche Schätzungen gehen sogar von über tausend Ehrenmord-Opfern pro Jahr aus. Manchmal müssen die Frauen nur deshalb sterben, weil sie einen Mann heiraten wollen, den sie lieben. Manchmal, weil sie sich von ihrem eigenen Mann nicht länger vergewaltigen lassen wollen und sich beschweren. Manchmal, weil sie einen modernen Lebensstil pflegen.

Wie Qandeel Baloch, ein Internet-Model, das sich mit freizügigen Bildern aus bitterarmen Verhältnissen ins Rampenlicht vorgearbeitet hatte. Ihr strenggläubiger Bruder nahm daran Anstoß. Er betäubte sie erst, dann erwürgte er sie.

Kurz nach dem Vorfall machte ich eine Straßenumfrage unter jungen pakistanischen Männern. Sie sagten mir ganz unverblümt in die Kamera:

«Der Bruder hat ganz richtig gehandelt.»

«Kein Mann, der einen Funken Anstand hat, darf zulassen, dass jemand seine Schwester lüstern anguckt. Und erst recht nicht, dass sie die Blicke selbst provoziert.»

«Wenn eine Frau nicht hören will, dann gibt es keine andere Alternative, als harte Maßnahmen zu ergreifen.»

Einige Frauen, die solche Ehrenmordattentate überlebt hatten, konnte ich selbst interviewen. In einem Frauenhaus, das ein wohlhabendes pakistanisches Paar in Karachi eingerichtet hatte. Das Haus war von hohen Mauern umgeben, wurde rund um die Uhr überwacht, für den Fall, dass die mordlüsternen Väter und Brüder erneut zuschlagen würden.

Drei Frauen, alle um die zwanzig Jahre alt, erzählten mir schluchzend ihre Leidensgeschichten. Als sie fertig waren, war auch ich völlig verheult.

Sindu war als Teenager mit einem älteren Mann zwangsverheiratet worden. Er schlief auch mit anderen Frauen, sie beklagte sich und brachte damit in den Augen ihres Vaters Schande über die Familie. Er besorgt sich eine Waffe, richtet sie auf die eigene Tochter, bringt es aber nicht übers Herz abzudrücken. Er reicht die Waffe an seinen Sohn weiter. Bevor der Bruder abdrücken kann, geht die Mutter dazwischen. Die Hinrichtung wird aufgeschoben und Sindu eingesperrt. Sie kann sich befreien. Auf der Flucht erfährt sie von dem Frauenhaus und wird dort untergebracht.

Salma ist von ihren Eltern als Braut verkauft worden: erst an einen Schlägertyp, von dem sie Reißaus nimmt, dann an einen dreißig Jahre älteren Mann. Der neue Gatte befiehlt ihr, mit seinem Boss zu schlafen, damit er eine Beförderung bekommt. Sie wehrt sich, der Chef vergewaltigt sie, und beide Männer beschließen, Salma mit Benzin zu übergießen und zu verbrennen. Auch ihr gelingt die Flucht.

Anders als bei Sindu und Salma, die sehr attraktiv sind, wurde

Tajmar ihr schlichtes Äußeres zum Verhängnis. Sie ist, als ich sie treffe, erst 18, hat aber schon drei Zwangsehen hinter sich. Das erste Mal wurde sie von ihrem Gatten als «zu hässlich» wieder nach Hause geschickt, das zweite Mal von der Erst-Frau des Gatten schikaniert, beim dritten Mal geriet sie an einen Verrückten.

Ihre Eltern waren den Spott der Nachbarn leid. Sie drängten Tajmar zum Selbstmord, sie schnitt sich gehorsam die Pulsadern auf, überlebte aber. Die Eltern fordern sie auf, es wieder zu versuchen. Doch im Fernsehen erfährt Tajmar von dem Frauenhaus. Sie rettet sich dorthin.

«Was wird aus den Frauen?», frage ich die Heimleiterin. Sie können keine Berufsausbildung vorweisen, können kaum lesen und schreiben und sich höchstens als Bettler durchschlagen. «Wir suchen Ehemänner für sie», erklärt die Leiterin. «Partner, die gut zu ihnen sind.» Partner wohl kaum. Denn abhängig werden Sindu, Salma und Tajmar immer bleiben. Aber hoffentlich bleiben ihnen weitere Qualen erspart.

Auch in Afghanistan sehe ich die schrecklichen Folgen der Frauenunterdrückung. In Herat, der drittgrößten afghanischen Stadt, gibt es eine regelrechte Selbstmord-Epidemie unter Frauen. Sie wollen sich nicht damit abfinden, an zum Teil erheblich ältere Männer zwangsverheiratet zu werden. Sie sehen keinen anderen Ausweg, als sich umzubringen. Sie halten die Selbstverbrennung für die sicherste Methode, übergießen sich mit Petroleum und stecken sich dann in Brand.

Manchmal überleben die Frauen schwer verletzt. Ich habe sie im Krankenhaus gesehen, von Kopf bis Fuß eingewickelt in Verbände. Durch die Augenschlitze starrten sie mich an. Reden konnte ich nur mit den Ärzten. Sie erzählen, dass viele der Unglücklichen nach ihrer Entlassung gleich wieder versuchen, sich zu töten. Denn ihre Familien haben sie inzwischen verstoßen.

Gezeichnet fürs Leben sind auch die Betreiberinnen eines Cafés in der indischen Stadt Lucknow. «Sheroes» nennen sie ihren

Laden, «She-Heroes», weibliche Helden. Heldenhaft an ihnen ist alleine schon die Tatsache, dass sie den Beschluss gefasst haben, sich nicht umzubringen. Das wollten fast alle von ihnen tun, nachdem Männer ihre Gesichter bis zur Unkenntlichkeit zerstört hatten. Die Männer hatten ihnen ätzende Chemikalien ins Gesicht gespritzt. Die Belegschaft von «Sheroes» besteht ausschließlich aus Überlebenden solcher Säure-Attentate.

Am Tag vor der Eröffnung des Cafés habe ich mit den Frauen gesprochen. Sie waren aufgeregt, stellten die Stühle gerade und fragten sich vor allem, wie die Gäste auf ihre entstellten Gesichter reagieren würden. Chefin Laxmi lächelte tapfer. Routiniert referierte sie ihre Leidensgeschichte, wie schon so oft in den letzten zehn Jahren.

Die Attacke hatte sich ereignet, als sie noch zur Schule ging. Sie hatte von einer Model-Karriere geträumt. Ihr gutes Aussehen war ihr Verhängnis, genau wie bei ihren Kolleginnen. Ritu war auf dem Sprung zur Profisportlerin gewesen, Sonia stand vor einer Ausbildung zur Kosmetikerin. Männer machten ihnen Anträge, die Frauen wollten nicht. Die Männer rächten sich, indem sie ihnen ätzende Substanzen ins Gesicht spritzten. Jetzt wollten Laxmi, Ritu und Sonia sich nicht länger mit der Opferrolle begnügen. Die Stadtverwaltung unterstützte sie mit einer kleinen Subvention. Das Medien-Echo war durchweg positiv.

Die «Sheroes» liegen im Trend. Denn Unterdrückung von Frauen ist zwar immer noch weit verbreitet, wird aber immer weniger akzeptiert. Selbst die schauerlichen Ehrenmorde dokumentieren eine Entwicklung, die Anlass zum Optimismus gibt. Denn immer mehr Frauen weigern sich, in die Rollen zu schlüpfen, die ihre Mütter und Großmütter ihnen vorgelebt haben. Sie wollen das, was sie im Kino und Fernsehen sehen, nämlich Romantik und Erfüllung, selbst leben. Und immer mehr Frauen prangern offen die Zustände an, die sie daran hindern. Sie berichten öffentlich von Missbrauch, Belästigung und Sexismus.

Anders als in früheren Jahrhunderten sind die meisten Pioniere heutzutage weiblich. Kaum ein Tag vergeht, an dem nicht eine Zeitung über eine Frau berichtet, die Neuland betritt. Manchmal bin ich dorthin gereist, wo sie aktiv waren, und habe über sie berichtet:

Etwa über Malala, die sich im pakistanischen Swat-Tal für Mädchenbildung einsetzte, sich von einem Taliban-Attentat nicht mundtot machen ließ und als jüngste Person überhaupt den Friedensnobelpreis erhielt.

Über die jungen Bergsteigerinnen in einem anderen Tal in Pakistan, dem Shimshal-Tal, die als erste Frauen des Landes ohne Sauerstoff auf Achttausender-Berge kletterten.

Über Nadiya, die erste Fußballtrainerin im indischen Teil von Kaschmir, die von Haus zu Haus geht und konservative Eltern dazu überredet, ihre Töchter bei ihr kicken zu lassen.

Über Ajmira, den weiblichen Star einer Boxschule in Kalkutta. Sie hat mit dem Boxen angefangen, um sich gegen Vergewaltiger wehren zu können. Ihr Vater, ein fundamentalistischer Muslim, hatte ihr das anfangs verboten, sie sogar verprügelt. Frauen, so fand er, sollten sich Männern unterordnen. Aber Ajmira blieb stur und sagte mir im Interview: «Wenn mir ein Kerl dumm kommt, dann wehre ich mich. Für jeden Spruch kriegt er drei Sprüche zurück. Und für jeden Schlag, den er austeilt, haue ich ihn windelweich.»

Als ich sie beim Training filmte, taten mir ihre männlichen Sparringspartner ein wenig leid. Die Kerle legten sich mächtig ins Zeug, verfügten über eine bessere Schlagtechnik als Ajmira, wollten auch gerne ins Fernsehen. Über eine Statistenrolle kamen sie bei mir aber nicht hinaus. Sorry, Jungs, musste ich ihnen sagen. Im Moment ist das Interesse an Powergirls größer.

Manchmal dringen Frauen aus nackter Not in Männerdomänen vor: Frauen machen Taxiführerscheine, weil ihre Alkoholiker-Ehemänner die Familie nicht mehr versorgen. Im «Barfuß-

College» von Rajasthan, einer spendenfinanzierten Bildungseinrichtung für Arme, lassen sich Großmütter zu Elektrikerinnen
ausbilden. In ihren Dörfern gibt es nämlich nicht genug junge
Männer, die defekte Strombuchsen oder kaputte Lampen repa-
rieren können.

Tatsächlich ist die Bereitschaft indischer Frauen, technische
Berufe zu ergreifen, weit höher als in Deutschland. Sie können
sich den Luxus nicht leisten, ihren Neigungen zu folgen und statt
Informatik oder Maschinenbau lieber Kulturmanagement oder
Psychologie zu studieren. Sie müssen jede Chance nutzen, die
sich ihnen bietet.

Die Feminisierung der Welt ist ein Megatrend.

Und das liegt nicht an Femen, Pussy Riot oder anderen femi-
nistischen Aktivisten. Schon der ganz frühe Feminismus, der vor
über zweihundert Jahren von Frauen wie der Engländerin Mary
Wollstonecraft (1759–1797) vertreten wurde, hatte eine entscheidende Voraussetzung: Frauenbildung. Bevor Frauen auf die
Barrikaden stürmen, gehen sie erst auf die Schule und auf Universitäten. Und hier waren es Christen, die äußerst wichtige
Pionierarbeit geleistet haben. Es waren Christen, die in den USA
die ersten Colleges für Frauen gründeten, und es waren christliche Missionare, die in Indien und anderen asiatischen Ländern
die ersten Mädchenschulen eröffneten.

Gleichberechtigung ist deshalb eine christlich-abendländische
Errungenschaft.[45] Genau wie beim Wunsch nach sozialer Gerechtigkeit steht dahinter die Vorstellung von der Gotteseben-
bildlichkeit aller Menschen.

Von Gott bzw. von der Natur vorgegeben ist aber eben auch die
Polarität der Menschheitsgattung. Dass es Männer und Frauen
gibt und außerdem eine verschwindend geringe Zahl von Menschen, die sich keinem der beiden Geschlechter zuordnen lassen, ist eine Tatsache, die seit Anbeginn der Menschheit nirgendwo bestritten wurde.

Außer neuerdings in einigen Uni-Seminarräumen. Ich habe mich zwischen den Osterinseln und Hawaii umgesehen, zwischen dem Nordkap und dem Kap der Guten Hoffnung, bei allen möglichen Bergvölkern und Wüstenstämmen. Ich habe aber noch nicht einmal eine winzige Siedlung gefunden, in der es eine andere Geschlechter-Aufteilung gab.

Rein gar nichts halte ich deshalb davon, Dutzende neuer «Gender» zu konstruieren und den biologisch vorgegebenen Mann-Frau-Dualismus künstlich aufzulösen.

So ähnlich habe ich mich auch ausgedrückt, als ich auf dem Rückflug von einem Heimatbesuch in Deutschland ins Gespräch mit einer jungen Frau kam. Ich war an die Falsche geraten. Die Kulturmanagerin aus Berlin-Kreuzberg sympathisierte ganz entschieden mit der Idee der Geschlechtsvarianz und fand, dass jeder Mensch die freie Wahl haben solle, Mann, Frau oder sonst was zu sein. Und überhaupt, fügte sie hinzu, müsse noch ganz viel für die Gleichberechtigung getan werden.

Da sei ich ganz bei ihr, sagte ich, nur sehe ich nicht, was eine Verflüssigung der Geschlechtergrenzen der Gleichberechtigung nütze.

Unser Gespräch wurde unterbrochen durch den Bord-Service. Zwei Rotweine später rückte meine Nachbarin heraus mit dem Thema, das sie noch mehr beschäftigte als die Rechte der Frauen: das Versagen der Männer. Andauernd würden sich Freundinnen bei ihr ausheulen über Luschen, die nichts gebacken kriegten, die sich nicht festlegen wollten, mit denen man ums Verrecken keine Familie gründen konnte. Keine echten Kerle eben. Davon müsste es dringend wieder mehr geben.

Im Wein lag die Wahrheit. Unbewusst hatte sich die Kulturmanagerin als Verfechterin eines Feminismus geoutet, den ich für zukunftsweisend halte. Eines Feminismus 2.0, der Frauen stärkt, ohne Männer zu schwächen, und der nicht maskuline Erfolgsrezepte kopiert, sondern weibliche Vorstellungen von gelingendem Leben etabliert.

Fortschritt ist kein Nullsummenspiel, bei dem der Aufstieg der einen den Abstieg der anderen bedeutet, sondern wo durch neue Kombinationen zusätzlicher wirtschaftlicher und sozialer Mehrwert geschaffen wird.

Nach dem Prinzip «*ladies first*» werden neuerdings in vielen deutschen Behörden und zunehmend auch in Unternehmen Schlüsselpositionen besetzt. Immer öfter höre ich von Männern, denen der nächste Karriereschritt mit der Begründung verwehrt wird: «Sie sind für den Job zwar qualifiziert. Aber Sie haben das falsche Geschlecht.»

Ich stehe den gutgemeinten Quoten-Initiativen skeptisch gegenüber. Gerade in Umbruchs- und Krisenzeiten gilt, für politische Spitzenämter genauso wie für wirtschaftliche Schlüsselpositionen: Der erste Sturm sollte aufs Eis, egal ob männlich oder weiblich.

Die Öffentlichkeit ist für jede Form der Frauendiskriminierung so stark sensibilisiert, dass man sich allmählich über eine angemessene Repräsentierung von Männeranliegen Gedanken machen muss. Wenn die Deutschen danach gefragt werden, wie viele Frauen in den Landtagen und im Bundestag sitzen, liegen ihre Schätzungen erheblich unter den tatsächlichen Zahlen. Mit anderen Worten: Die Realität ist bereits frauenfreundlicher als die allgemeine Wahrnehmung.[46]

Bisher hat sich noch kein Mann bei mir darüber beschwert, dass in meinen Reportagen überdurchschnittlich viele Frauen auftreten. Als mein Kollege einen Beitrag über eine Straßenjungen-Schule in Delhi produzierte, quoll sein E-Mail-Fach über von Zuschriften erzürnter Zuschauerinnen: Sie beschwerten sich darüber, dass nicht auch Straßenmädchen zu Wort gekommen waren, fanden das sexistisch und diskriminierend.

Männer sind zunehmend in der Defensive. In einer Welt, in der es immer weniger auf physische Dominanz ankommt, kann sich das «starke Geschlecht» dafür immer weniger kaufen, im Gegenteil; in puncto Geschick und Fleiß laufen ihnen Frauen immer öfter den Rang ab.

Gleichzeitig zeigen viele wissenschaftliche Studien, dass Jungen sich nicht einfach feminisieren lassen. Statt in der Häkelgruppe landen sie vor dem Computer und spielen Ballerspiele oder gucken Pornos, weil sie sich dadurch männlicher fühlen. Frauen ist damit nicht geholfen. Sie wollen keine Zuhausesitzer und Softies, sondern Männer, die bereit sind, Verantwortung zu übernehmen.

Es trifft nicht die historische Wirklichkeit, unsere Vorzeit einseitig als patriarchalische Unterdrückungsgeschichte zu erzählen. Männer haben sich schließlich nicht zur eigenen Gaudi in Fabriken und Minen abgequält und auf Schlachtfeldern niedermetzeln lassen.

Was passiert, wenn die Machtverhältnisse einfach umgekehrt werden, zeigen die Khasi, eine Volksgruppe im nordostindischen Bundesstaat Meghalaya. Ihre Dörfer sind ein Disneyland für Feministinnen. Zwar gibt es hier keine Frauenherrschaft, aber immerhin die sogenannte Mutterfolge. Die Kinder tragen den Nachnamen der Mutter, die Töchter verwalten das Erbe, und nach einer Hochzeit ziehen die Frauen nicht, wie sonst in Indien üblich, ins Haus der Schwiegermutter – sondern die Männer zu ihren neuen Ehefrauen.

Paradiesisch sind die Zustände für die Khasi-Frauen dennoch bei weitem nicht. Sie haben mehr Rechte als sonst in Indien – aber auch mehr Arbeit. Ich habe sie dabei gefilmt, wie sie tagsüber Besen flochten, sie anschließend auf den Märkten in der Umgebung verkauften – und sich außerdem um die Hausarbeit kümmerten.

Ich wollte auch die Männer interviewen und fragte, wo ich sie finden könnte. «Ach die», lachten die Frauen, es klang etwas verächtlich. Endlich traf ich eine Gruppe junger Khasi-Kerle. Sie saßen auf einer Bank unter einem Baum, rissen Baumzweige ab und schnipsten Knospen in die Luft. Einer der Männer hatte seine Frau gerade verlassen, weil es mit dem Kinderkriegen nicht klappte. Er überlegte, in eine andere Stadt zu ziehen – außerhalb des Khasi-Bereichs. Besonders motiviert, den Wohlstand des Dorfes oder zumindest der eigenen Familie zu steigern, wirkten sie nicht. Es war die Sorte von Männern, die meine Flugzeug-Nachbarin als «Luschen» bezeichnet hatte.

Das ist eine der großen Herausforderungen für das 21. Jahrhundert: Die Welt weiblicher werden zu lassen – und gleichzeitig nicht weniger männlich.

9. Die Welt wird autoritärer und populistischer
Der Sufi, der von Hitler schwärmte

Gut, dass die Kamera nicht lief. Die Zuschauer wären schockiert gewesen, wenn sie dem afghanischen Reporter zugehört hätten. Ich hatte ihn gefragt, welche Politiker in Afghanistan die meisten Fans haben. Er musste nicht lange nachdenken: «Erdogan. Putin. Xi Jinping. Kim Jong-un, mit Abstrichen noch Donald Trump.»

Der krawallige US-Präsident hätte noch mehr Anhänger, erklärte mir der Journalist, wenn er kein Amerikaner wäre. Die sind bei den Afghanen nicht sonderlich beliebt. Nicht, weil sie so brutal gegen die Taliban vorgingen, sondern weil sie es nicht schaffen, für Ruhe und Sicherheit zu sorgen. Nach so vielen Jahren Krieg und Chaos sehnten sich immer mehr Afghanen nach dem starken Mann. «Einem Hitler», sagte der Journalist noch beiläufig.

In mir verkrampfte sich alles. Ein Reflex, der sich bei mir auch immer einstellt, wenn ich an indischen Hauswänden das Hakenkreuz sehe. Dabei ist die «Swastika» ursprünglich ein völlig harmloses altindisches Glückssymbol. Aber nicht nur das Hakenkreuz, auch Hitler hat in Indien und Umgebung viele Fans. Selbst unter Leuten, denen man das nun gar nicht zugetraut hätte, zum Beispiel einem Sufi-Sänger, den ich in Karachi besucht habe.

Die Sufis, Anhänger einer mystischen Strömung im Islam, reden normalerweise von der göttlichen Liebe und der Einheit aller Menschen. Dieselben Töne schlug auch der Musiker an. Nach dem Interview kam er ins Plaudern. Er erzählte von seiner letzten Europa-Tournee und dass sich bei einem Konzert in Warschau ganz viele Konzertbesucher zum Islam bekehrt hätten: «Ich habe ihnen einfach das islamische Glaubensbekenntnis vorgesungen, und sie haben es nachgesagt», sagte er listig, «jetzt sind sie alle Muslime.»

Als er mein Stirnrunzeln sah, wollte er mich mit einem unverfänglichen Kompliment wieder aufmuntern. «Ich mag Deutschland. Ich mag auch euren Hitler.»

Ich zog die Stirnfalten noch näher zusammen: «Hitler hat viele Millionen Menschen auf dem Gewissen», sagte ich.

«Hm», sagte der Sänger. Das ging ihm jetzt etwas zu sehr ins Detail. «Stimmt, das war wohl nicht so gut.»

Er war bestimmt kein Nazi. Er plapperte nur nach, was er gehört und gesehen hatte, zum Beispiel die brandneuen Ausgaben von «Mein Kampf», die in pakistanischen Buchgeschäften prominent ausgestellt sind.

Für umgerechnet einen Euro kann man auch in Indien «Mein Kampf» online bestellen. Die meisten Leserbewertungen auf Verkaufsseiten wie Amazon sind positiv: «Super», «Äußerst lehrreich», «Die beste Autobiografie aller Zeiten». Vor allem bei Wirtschaftsstudenten ist das böse Machwerk gefragt – als Ratgeber dafür, wie man gegen alle Widerstände nach oben kommt. Die Fans ignorieren, dass die eigentliche Pointe des Buches gar nicht drinsteht, nämlich wie ein Mann gegen leider viel zu wenige Widerstände die halbe Welt in ein Schlachthaus verwandelt.

Trotz dieser Schreckensbilanz: Hitler ist in manchen indischen Regionen, vor allem im Norden, ein verbreiteter Vorname.

Im kommunistisch geprägten Süden des Landes sind dafür die Namen sowjetischer Diktatoren verbreitet. Hier befindet sich sogar ein Dorf, das sich in den fünfziger Jahren den Namen «Moskau» gegeben hat.

Ob er denn kein Problem mit den Gulags, den Schauprozessen, den stalinistischen Säuberungen habe, fragte ich Stalin. So hieß der kommunistische Funktionär, der hauptberuflich als Pförtner einer Universität arbeitete. «Alles bourgeoise Propaganda», schimpfte Stalin, der mächtig stolz auf seinen Namen war.

Ich fragte einige Studenten, ob vielleicht sie sich an dem Namen störten. «Stalin? Wer war das noch mal?», sagten sie. Von Hitler hatten sie allerdings schon gehört.

Im Bewusstsein vieler Asiaten stehen Namen wie Hitler und Stalin nicht für die Leichenberge, die sie anhäuften, sondern für revolutionäres Machertum, für Saustall-Reinigung.

Es ist kein Zufall, dass am Anfang der europäisch-asiatischen Begegnung die Geschichte vom Gordischen Knoten steht. Mit diesem Knoten hatte, so die Legende, ein König seinen Prunkwagen an einer Tempelsäule befestigt. Nur wer es schaffte, den Knoten aufzulösen, konnte nach Asien durchstarten und den Kontinent erobern. Alexander der Große (356–323 v. Chr.) fummelte nicht lange herum, sondern schlug den Knoten mit dem Schwert entzwei. Jetzt war Asien für ihn offen – und er für die Asiaten ein Held.

Die Bewunderung für Despoten, die ohne Rücksicht auf menschliche Verluste ihren Machtbereich ausweiten, hat sich bis heute gehalten.

In Usbekistan stehen in der Hauptstadt Taschkent und der malerischen ehemaligen Hauptstadt Samarkand meterhohe Statuen des Eroberers Timur Lenk (1336–1405). Zu seiner Ehre gibt es auch ein Mausoleum und ein Museum. «Er ist unser größter Vorfahre», schwärmte mir mein Reiseführer vor. Dass seine Feldzüge über zehn Millionen Menschenleben forderten, fast so viele wie die Pest im Spätmittelalter – unerheblich.

Und heute?

Ostwärts von Europa muss man lange suchen, bis man lupenreine Demokratien findet, also Staaten, in denen tatsächlich alle Macht vom Volk ausgeht. Stattdessen haben sich in vielen Hauptstädten Alleinherrscher oder Herrschaftscliquen etabliert, die nur um des schönen Scheins willen Wahlen abhalten.

Manche autoritär agierenden Staatschefs kommen ganz regulär an die Macht, etwa Rodrigo Duterte in Manila. Seitdem er das ganze Land regiert, greift er drakonisch gegen Straftäter durch, insbesondere Drogendealer, aber auch gegen einfache Drogenabhängige. Seine Todesschwadrone sollen Tausende von Menschen getötet haben.

Weit weniger martialisch geht der indische Premierminister Narendra Modi vor. Auch er hatte gelobt, das Land von Korruption und ganz buchstäblich von Dreck zu reinigen. Zum Start meiner Korrespondentenzeit empfingen mich, als ich von Pakistan kommend die Grenze überquerte, ungefähr hundert Staatsdiener, die mit Besen ausgerüstet waren. Sie säuberten den Boden. Auftakt einer «Sauberes Indien»-Kampagne.

Inzwischen haben sie die Besen wieder weggelegt, und die Straßen sind ebenso schmutzig wie vor vier Jahren. Stattdessen kümmert sich Modi verstärkt um die spirituelle Reinheit des Landes. Fanatische Hindus haben Oberwasser, Christen und Muslime werden zunehmend diskriminiert.

Bilder von Modi sind in Indien allgegenwärtig. Gütig blickt er auf seine Untertanen. «Big Uncle Is Watching You», könnte darunter stehen. Allerdings muss man vor seinen Bildern nicht in Schreckstarre verfallen. Indien ist immer noch eine Volksherrschaft, nach Einwohnerzahlen die größte der Welt, es herrscht Pressefreiheit, und die Justiz ist unabhängig.

Die Rückkehr der «starken Männer» beschränkt sich nicht auf den asiatischen Raum. Viele afrikanische Staaten werden autoritär regiert. Und auch in Lateinamerika geben aktuelle Entwicklungen Anlass zur Beunruhigung: nicht nur im linksautokratisch regierten und komplett heruntergewirtschafteten Venezuela, sondern auch in Brasilien, wo der rechte Populist Jair Bolsonaro ins Präsidentenamt gewählt wurde.

Weltweit schwächelt die demokratische Staatsform.

Noch besteht Anlass zur Hoffnung, dass es sich um eine vorübergehende Formkrise handelt.

Zwischen 1970 und 2000 hat sich die Anzahl demokratisch

regierter Länder fast vervierfacht.[47] Dass einige dieser Länder, von denen ohnehin viele nie in unserem Sinne rechtsstaatlich und liberal waren, sich in obrigkeitsstaatliche Systeme zurückentwickeln, überrascht nicht. Und eigentlich kann von «Rückfall» auch keine Rede sein. Denn die autoritären Regimes des 21. Jahrhunderts haben wenig Gemeinsames mit Old-School-Diktaturen.

Das betonen auch die beiden Harvard-Professoren Steven Levitsky und Daniel Ziblatt.[48] In ihrem Buch *Wie Demokratien sterben* erklären sie, woran Demokratien heutzutage zugrunde gehen. Nicht wie früher an äußerem Druck, sondern an innerer Auszehrung. Die Autokraten von heute kommen nicht durch gewaltsame Staatsstreiche an die Macht, sondern durch freie Wahlen. Sie werden nicht von Waffen gestützt, sondern von den Stimmen der Bürger, die mit den bisherigen Regierungen unzufrieden sind.

Auffallend ist, dass die populistischen Autokraten eher zum rechten politischen Spektrum gehören und nationalistische Töne anschlagen. Sie verdanken ihren Erfolg den Ängsten und Frustrationen, die von der Globalisierung ausgelöst werden.

Auch wenn viele von ihnen wieder in der politischen Versenkung verschwinden werden, gilt für das Gesamtphänomen: Es ist gekommen, um zu bleiben. «Nationaler Populismus wird, in welcher Form auch immer, die Politik vieler westlicher Staaten in den kommenden Jahrzehnten entscheidend prägen.» Das behaupte nicht ich, sondern Roger Eatwell und Matthew Goodwin, zwei der führenden Experten zum Global-Thema «Neue Rechte».[49]

Was nun? Und vor allem: Was tun?

Erstens müssen wir akzeptieren, dass die Demokratie im weltgeschichtlichen Kontext die große Ausnahme ist und es auch heute keinen Automatismus gibt, der sie für alle Zeiten als Herrschaftsform festlegt. Wir haben uns an die Parteiendemokratie und die Gewaltenteilung gewöhnt, als letzte Station einer langen Reise der Menschheit ins Tageslicht. Dass es wieder Nacht werden könnte, wollen wir nicht wahrhaben. Dabei gilt auch für gesellschaftliche Ordnungen das physikalische Gesetz der Entropie: die natürliche Tendenz ist die zum Verfall.

Staatsformen blühen auf und degenerieren irgendwann – wenn man nicht kraftvoll dagegenwirkt, positive Energie mobilisiert, die Ordnungen an neue Herausforderungen anpasst und so ihr Weiterleben sichert.

Die momentane Attraktivität von Autokraten hängt auch damit zusammen, dass die westlichen Demokratien keine besonders gelungene PR in eigener Sache machen. Die Staaten der EU haben genau wie die USA zuletzt weniger durch innere Geschlossenheit von sich reden gemacht als durch Börsen-Crash, Brexit-Chaos, Flüchtlings-Krise, Syrien-Debakel, Trump-Machiavellismus, Anti-Trump-Paranoia.

Auch bei uns selbst trübt sich die Stimmung ein. Lediglich zwei Drittel der Deutschen halten, nach Angaben des Statistischen Bundesamts, die Demokratie für die beste Staatsform. Und mehr als die Hälfte der Bundesbürger sind unzufrieden damit, wie sie derzeit funktioniert. Könnte sich auch bei uns ein Rückfall in autoritäre Zeiten ereignen?

Gerade im Vergleich mit Ländern wie Russland und der Türkei halte ich unsere Demokratie für sehr stabil. Dafür sorgen zwei Errungenschaften.

Ausgeprägter Bürgersinn und effiziente Institutionen.

Das Bewusstsein, für das Allgemeinwohl mitverantwortlich zu sein, hat sich bei uns nicht erst seit 1945, sondern über viele Jahrhunderte herausgebildet, angefangen bei der Gründung freier Städte im Mittelalter. Wenn der Volkswille einmal an sich selbst irre wird, garantieren neben unseren Parlamenten auch unsere Verwaltungen, Gerichte und Medien, dass Diktatoren nicht alle Macht auf sich vereinigen können.

Allerdings besteht auch bei uns die Gefahr, dass der Bürgersinn ausgehöhlt und die Institutionen geschwächt werden.

Auf den Bürgersinn wirkt sich vor allem die wachsende Ungleichheit negativ aus. Davon wird im nächsten Kapitel ausführlich die Rede sein. Jetzt belasse ich es bei dem Hinweis, dass in den letzten Jahren nicht nur die Einkommensunterschiede gewachsen sind, sondern auch die kulturelle Ungleichheit zugenommen hat. Damit meine ich die gefühlte Ohnmacht weiter Bevölkerungskreise, das Gefühl, dass sie bei den Gedankenspielen von intellektuellen Eliten außen vor bleiben, dass ihre Klagen und Wünsche ungehört verhallen.

Den demokratischen Institutionen wiederum wird die Tendenz zur Gefahr, sich zum Selbstzweck zu machen, träge und ineffizient zu werden. Das gilt auch für die wichtigsten Institutionen jeder Demokratie: die Parlamente.

«Hier geht es zu wie auf dem Basar», habe ich früher salopp dahergesagt, wenn Parteien, Bundesländer oder europäische Staaten sich mal wieder im zähen Verhandlungspoker gegenseitig blockierten. Seit ich den riesigen, schmuddeligen, lauten Basar in Delhi kenne und dort selbst mit Gewürzhändlern verhandelt habe, weiß ich: Der Vergleich ist eine böse Unterstellung – gegenüber den Basarhändlern. Bei ihnen geht alles viel schneller als im deutschen Regierungsviertel.

Auf die Frage, warum die Bundesregierung die eine oder andere dringend notwendige Reform nicht durchsetzen kann, gibt es oft die folgenden Antworten:

«Geht nicht, dafür gibt es in den eigenen Reihen keine Mehrheit.»

«Geht nicht, dafür gibt es in der Koalition keine Mehrheit.»

«Geht nicht, dafür müsste man die Verfassung ändern.»

«Geht nicht, da machen die Bundesländer nicht mit.»

«Geht nicht, da machen die anderen europäischen Länder nicht mit.»

«Geht nicht vor den nächsten Landtagswahlen.»

«Geht nicht mehr in dieser Legislaturperiode, weil der Bundestagswahlkampf schon begonnen hat.»

«Geht nicht – das kippt das Bundesverfassungsgericht; oder der Europäische Gerichtshof; oder der europäische Gerichtshof für Menschenrechte.»

Ich bin dennoch verhalten optimistisch, dass die westlichen Demokratien ihre Formschwäche überwinden. Nicht zuletzt, weil ich zur demokratischen Staatsform keine bessere Alternative sehe.

Diktaturen bringen vielleicht kurzfristig Erfolge – aber langfristig fördern sie das Schlechteste in den Machthabern zu Tage.

Macht macht auch die besten Menschen ein bisschen abgehoben und asozial. Im Übermaß genossen macht sie sogar böse.

Das ist die Lehre einer alten griechischen Legende, der von Platon überlieferten Geschichte vom «Ring des Gyges». Sie handelt von einem König, der sich durch einen Zauberring unsichtbar machen kann. Von nun an kann er in völliger Anonymität die abscheulichsten Verbrechen verüben, er kann stehlen, töten, vergewaltigen, und nutzt die Möglichkeit auch schamlos aus. Die Pointe der Legende lautet: Wir brauchen alles, nur keinen Supermann. Denn wenn es den geben würde, dann wäre er abgrundtief schlecht.

Auch deshalb kann es Rettergestalten wie Superman, Captain America, Black Panther oder Wonder Woman nur im Comic und auf der Leinwand geben. Im wirklichen Leben würden sie ihre Superkräfte nicht dazu nutzen, die Welt vom Bösen zu befreien, sondern um sie auszubeuten.

Die aktuelle Popularität der Superhelden sagt allerdings viel aus über unsere Sehnsucht danach, die Probleme mit «Woom», «Bam» und «Pow» aus der Welt schaffen zu können.

Stattdessen müssen wir Bürger es selbst hinkriegen. Zum Glück verfügt die deutsche Gesellschaft über etwas, was vielen

Demokratien auf anderen Kontinenten fehlt und was uns resistenter macht gegen diktatorische Verlockungen.

Unser Kryptonit heißt Bürgersinn, unsere Zauberwaffe sind die Institutionen, die von diesem Bürgersinn getragen werden.

An dieser Stelle ist ein wenig Eigenlob angebracht: Deutsche treten meiner Erfahrung nach weit weniger devot gegenüber Autoritäten auf als die durchschnittlichen Menschen in Südasien. Die meisten Deutschen sind sich ihrer Freiheitsrechte bewusst, kennen aber auch ihre Pflichten und sind bereit, Verantwortung für das Gemeinwesen zu übernehmen.

Aber es gibt auch positive Entwicklungen in Staaten, denen man das gar nicht zutraut.

Für einen hoffnungslosen Fall habe ich die Malediven gehalten, vor allem nach meiner ganz persönlichen Vertreibung aus dem Inselparadies. Das Land mit seinen Atollen und Lagunen und seinen vierhunderttausend Einwohnern stand unter der Fuchtel eines Autokraten, des Präsidenten Abdulla Yameen. Seine Amtsvorgänger hatte er vertrieben oder ins Gefängnis gesteckt – und nun erlebte auch ich, dass man ihm und seinem Clan besser nicht in die Quere kam:

Ich war kurz vor dem Weihnachtsfest 2015 auf die Malediven geflogen. Der Sonnenschein und der strahlend blaue Himmel konnten nicht darüber hinwegtäuschen, dass es düster um das Land bestellt war. Regierungskritiker wurden verfolgt, inhaftiert, exiliert. Jede unliebsame Äußerung über die Malediven und ihre Regime konnte Anlass für Schikanen sein.

Kaum hatten mein Team und ich angefangen, Interviews zu führen, wurden wir festgenommen, verhört, wieder freigelassen, erneut festgenommen, wieder stundenlang verhört.

Schließlich die Drohung ausgesprochen, uns ins Gefängnis zu stecken, wenn wir nicht bis Mitternacht das Land verlassen würden. Das war nicht ganz einfach, weil alle Flüge ins Ausland ausgebucht waren. Meine drei indischen Mitarbeiter, die mit mir gereist waren, kriegten es mit der Angst. Sie erzählten, die maledivischen Gefängnisse hätten einen furchtbaren Ruf, wären überfüllt mit Mördern, Drogenhändlern, Vergewaltigern.

Schließlich wurden bei einer Maschine, die nach Sri Lanka flog, doch noch Plätze frei. Vor dem Abflug bekamen unsere Pässe einen Stempel: «Deportiert.» Das bedeutete auch: Einreiseverbot für die nächsten zehn Jahre.

Ich hatte ohnehin keine Lust, wieder dorthin zu fliegen, hatte das Land abgeschrieben. Das ließ ich auch durchblicken, als ich im September 2018 über die dortigen Wahlen berichtete. Alles eine Farce, so meine Einschätzung, keine Chance für den Herausforderer, der das Land auf demokratischen Kurs bringen wollte.

Als das Wahlergebnis veröffentlicht wurde, kriegte ich einen Schock, aber diesmal einen positiven. Die Opposition hatte haushoch gewonnen, die Einwohner der Malediven hatten sich allen Einschüchterungen widersetzt, den Präsidenten aus dem Amt gefegt und der Großmacht China, die hinter ihm stand, die Stirn geboten.

Demokratien, auch totgesagte, leben eben länger.

10. Die Welt wird ungleicher
Breaking News: Das obere eine Prozent ...
sind wir selbst!

An Deutschland mag ich, dass ich dort ohne schlechtes Gewissen aus dem Fenster blicken kann. Als ich in Berlin wohnte, flanierten draußen Verliebte den ehemaligen Mauerstreifen entlang. Im Hintergrund glänzte die Reichstagskuppel, das Symbol einer offenen und ziemlich gerechten Gesellschaft.

Wenn ich in Delhi von meinem Balkon auf das Nachbarhaus sehe, habe ich sehr zwiespältige Gefühle. Ich sehe einen vierstöckigen Rohbau und barfüßige Männer, die das Gebäude mit ihren bloßen Händen aufbauen. Ihre mageren Frauen balancieren auf ihren Köpfen Ziegelsteine heran. Oben auf dem nicht gesicherten Dach turnen halbnackte Kinder herum. Die Arbeiter und ihre Familien rackern sich auch ab, wenn die Temperaturen auf fast fünfzig Grad im Schatten steigen oder wenn ein Sandsturm durch die Stadt fegt. Für eine Handvoll Euro am Tag.

Eines Abends waren die Tagelöhner plötzlich verschwunden. Stattdessen tauchten die Eigentümer auf, ein Paar in eleganten Freizeitklamotten, die zwei Töchter zurechtgemacht wie zu einer Disney-Prinzessinnen-Party. Die Mädchen tänzelten durch die Räume, ließen sich fotografieren. Nach der Besichtigung fuhr die Familie wieder davon – und die Arbeiter durften zurückkehren. Der Bauherr hatte den Eigentümern den schmuddeligen Anblick ersparen wollen.

Nur einen Kilometer von meiner Wohnung entfernt befindet sich das größte Krankenhaus der Stadt. Die Warteschlange reicht bis draußen auf die Straße. Wer endlich an der Reihe ist, bekommt eine kurze Untersuchung und, bei Bedarf, einen Operationstermin: oft erst in ein paar Monaten. Im Hof des Krankenhauses drängen sich die Patienten wie vorm Einlass in ein

Fußballstadion. Ich habe Männer interviewt, die um das Leben ihrer krebskranken Ehefrauen oder Kinder zitterten – und sich fragten, ob die es noch schaffen würden bis zur Operation im nächsten Jahr.

Es ist natürlich nicht alles Elend in Delhi. Im Vorort Gurgaon hat ein Wellnesshotel für Hunde aufgemacht, «Critterati». Alles ist vom Feinsten: die Zimmer, die Suiten mit Balkon und Stadtblick, der Pool mit fell-schonender UV-Beleuchtung und der Wellness-Bereich, in dem sich die Tiere die Tatzen schneiden und sich massieren lassen können.

Ich wollte von den Hundehaltern wissen: «Haben Sie kein schlechtes Gewissen, dass Sie Ihre Vierbeiner so verwöhnen, während draußen Tausende unter freiem Himmel leben und ihre Kinder noch um Mitternacht zum Betteln auf die Straße schicken?»

«Wieso?», fragte eine Frau zurück und kraulte ihrem Dackel den Nacken. «Menschen können doch arbeiten und etwas verdienen. Hunde sind völlig auf uns angewiesen.» Während sich ihr Dackel aufs Schaumbad freute, warten in einem Slum unweit des Hundehotels die Menschen manchmal eine ganze Woche lang auf einen Laster, der neues Wasser bringt. Eine eklatante Ungleichheit – und die nimmt auf der Welt ständig zu.

Die Reichen werden immer reicher, die Armen zwar nicht immer ärmer, aber immer mehr.

Durch die Bevölkerungsentwicklung gibt es schlichtweg mehr Mittellose, die nur das haben, was sie zum Überleben brauchen. Und manchmal nicht einmal das. Gleichzeitig ragen die Einkommensspitzen immer weiter in die Höhe, klettern die Guthaben der Reichsten in stratosphärische Höhen, inzwischen auf über hundert Milliarden Euro, fünfmal so viel, wie etwa alle fünfunddreißig Millionen Afghanen zusammen in einem Jahr erwirtschaften.

Der nächste Quantensprung in der Wohlstandsspreizung wird

dann passieren, wenn sich die Reichen für ihr Geld nicht nur die Wimpern um Zentimeter verlängern können, sondern auch ihr Leben um Jahrzehnte. Etwa durch die Infusion von jungem Blut, für dessen «Spende» wiederum Arme zu Ader gelassen werden.

Durch Steigerungen bei der Nahrungsmittelproduktion müssen zwar immer weniger Menschen hungern, doch sonst können sie sich für den technologischen Fortschritt wenig kaufen. Die einzige Ressource, über die gering gebildete und schlecht ausgebildete Menschen verfügen, ist ihre Arbeitskraft, und die ist immer weniger wert. Statt dem Gewerkschaftsslogan: «Alle Räder stehen still, wenn dein starker Arm es will», gilt heute: «Alle Räder laufen Tag und Nacht und werden von Computern überwacht!»

Indien gehört zu den Ländern, in denen der Wohlstand besonders ungleich verteilt ist. Ein Prozent der Einwohner verfügt über zwei Drittel des Gesamtvermögens – und lässt das die weniger Privilegierten auch spüren.

Zu den traurigsten Eindrücken meiner Korrespondentenzeit gehört der Besuch der «Schule der Selbstmörderkinder». Auf den ersten Blick ist es eine ganz normale Bildungseinrichtung. Die Gesichter in den überfüllten Klassenzimmern wirken hochkonzentriert, das Treiben auf dem Pausenhof ausgelassen. Doch jeder der ungefähr dreihundert Schüler hat eine tragische Geschichte zu erzählen. Sämtliche Väter, manchmal zusammen mit den Müttern, haben sich umgebracht. Entweder haben sie sich erhängt oder Pflanzengift geschluckt. Wie jedes Jahr Tausende von armen Bauern.

Dass die Kinder nicht auf der Straße landeten, sondern in dieser Schule mit angegliederten Schlafsälen, verdanken sie den Spenden einiger Geschäftsleute und dem Idealismus des Schuldirektors, der früher selbst Landarbeiter war. Er hat die Todestage der Eltern in einem dicken Ordner festgehalten: eine nicht enden wollende Liste des Schreckens.

Nachdem ich einige Schüler interviewt hatte, fuhr ich in das Dorf, aus dem sie stammten. Dort starben die Menschen auf offener Straße. Ein alter Mann saß dort, seine fieberkranke Frau in den Armen. Ein paar ausgemergelte Ziegen liefen um sie herum, sie waren ihr einziges Eigentum, nachdem sie ihr letztes Stück Land für die Schuldentilgung verkauft hatten. Einen Arztbesuch konnten sie sich nicht leisten. Wir haben ihnen Geld gegeben – eine kleine Linderung, keine Bewältigung ihrer Not.

Ebenso deprimiert wie die Mittellosigkeit, in der viele Inder leben, hat mich die Hoffnungslosigkeit ihrer Existenz. Kein Lichtblick, nirgends. Schon in der Kindheit zeichnet sich bei vielen ab, dass sie im Wettbewerb um Jobs und bessere Lebensbedingungen chancenlos sein werden. Fast dreißig Millionen Kinder müssen arbeiten und können deshalb nicht oder nur selten zur Schule gehen.

In Ostindien habe ich Kinder gefilmt, die jeden Tag in riesigen Sandgruben nach kostbaren Mineralien schürfen, winzigen Mica-Steinen, die für Kosmetikartikel gebraucht werden.

Nur wenige Autostunden von der Hauptstadt Delhi entfernt kann man Kinder beobachten, die den ganzen Tag vor den Lehmhütten ihrer Eltern hocken und Fußbälle nähen, für umgerechnet ein paar Cents pro Tag, bis ihre kleinen Finger bluten.

Zwar gibt es eine gesetzliche Schulpflicht, aber die wird nicht durchgesetzt. Und ein Gesetz gegen Kinderarbeit gibt es ebenfalls, aber das sieht jede Menge Ausnahmeregeln vor, etwa für «Familienbetriebe». Darunter fällt aber schon das gemeinsame Müllsammeln.

Das löst bei mir immer wieder Gefühle des tiefen Mitleids aus – macht mich aber auch dankbar. Dafür, dass die Ungleichheit in Deutschland nicht so himmelschreiend ist, dass es immer einen Schimmer Hoffnung gibt. Und ich frage mich: Warum geht es uns besser? Warum muss in Deutschland fast niemand hungern und wegen Armut seinen Kindern die Schulbildung vorenthalten? Was ist bei uns anders, was machen wir besser?

Es ist gar nicht lange her, dass auch in Deutschland bittere Armut weit verbreitet war.

Meine eigenen Großeltern haben ihre Kinder unter extrem prekären Bedingungen aufgezogen, dabei lag die Hauptlast auf den Großmüttern; die Männer hatte der Krieg zu Invaliden gemacht.

Meine Oma mütterlicherseits schuftete als Magd, frühmorgens mistete sie Ställe aus, anschließend schrubbte sie bei feinen Leuten deren Wohnungen, bevor sie sich um ihre fünf Kinder und ihren Mann kümmerte.

Die Mutter meines Vaters rackerte sich als Torfstecherin im norddeutschen Moor ab, in einer Zeit, in der Ostfriesland noch nicht bekannt war für Otto Waalkes, sondern für seine Ziegelfabriken.

Für mich war es deshalb auch eine Reise in die eigene Vergangenheit, als ich in Pakistan über die dortigen Ziegelei-Arbeiter berichtete. Morgens brach ich aus der Großstadt Lahore auf. In meinem Hotel hatte es an nichts gefehlt, vor allem nicht an Sicherheitskräften, die vor Terroranschlägen schützen sollten. Darüber hinaus waren die Pissoirs mit kleinen Fernsehern ausgestattet, damit es den Klienten beim Pinkeln nicht langweilig würde.

Bereits kurz hinter der Stadtgrenze ragten die Schornsteine der Ziegelei-Meiler in den rußgeschwärzten Himmel. Männer rollten auf Schubkarren die Ziegel heran. Vor den Hütten hockten die Frauen und Kinder und formten Lehmpakete. «Viele machen das ihr ganzes Leben lang», erklärte Syeda Fatima, die Menschenrechtsaktivistin, die uns begleitete. Ihre Organisation heißt «Pakistanische Zwangsarbeiter-Befreiungsfront». Denn das sind die meisten Arbeiter in den Ziegeleien: Zwangsarbeiter. Wie die Bauern in Indien müssen sie sich zu hohen Zinsen verschulden, um etwa Arztbesuche zu bezahlen. Und dann lebenslang die Kredite abstottern.

Als junge Frau hatte Syeda Fatima selbst Lehmziegel geformt und gebrannt: «Ich habe mitangesehen, wie Männer sich zu Tode schufteten und Frauen von ihren Bossen vergewaltigt wurden», erzählte sie. Überall, wo sie aufkreuzte, wurde sie von Arbeitern umringt. «Hilf uns!», riefen die Ziegelsklaven, «du bist unsere Retterin.»

Abseits, an Motorräder gelehnt, standen breitschultrige Männer mit verschränkten Armen. Durch dunkle Sonnenbrillen beobachteten sie die Menschenaufläufe. «Das sind die Aufpasser der Ziegeleibesitzer», flüsterte Syeda mir zu. Die Schlägertypen griffen nicht ein, ließen die Arbeiter schreien, wollten sich in Anwesenheit des ausländischen Kamerateams keine Blöße geben.

«Wie reagieren sie, wenn ein Arbeiter sich aus dem Staub macht?», fragte ich Syeda. «Dann nehmen sie dessen Verwandte in Geiselhaft, quälen und schlagen sie, bis der Flüchtling zurückkommt oder zumindest seine Schulden bezahlt hat.» Einige Wochen zuvor hatte ein christliches Ehepaar versucht zu fliehen. Die Ziegelei-Besitzer bekamen Wind davon und setzten das Gerücht in Umlauf, die beiden hätten den Propheten Mohammed gelästert. Ein wütender Mob fiel über die Eheleute her, schlug sie halbtot und schob sie schließlich bei lebendigem Leib in einen Ziegelofen.

Mich schauderte es. Zustände wie im Mittelalter! Dann korrigierte ich mich innerlich. Denn die Ausbeutung von Arbeitern, die Vergewaltigung von Mägden, die brutale Unterdrückung von Widerstand gab es auch im Westen bis in die Neuzeit hinein.

Mittlerweile sind solche krassen Formen der Ungleichheit bei uns überwunden. Aus allen Kindern meiner Torfstecher-Oma wurde etwas, mein Vater Pfarrer und ich Korrespondent.

Natürlich gibt es auch in Deutschland riesige Einkommensunterschiede und erhebliche soziale Not. Jeder fünfte Deutsche lebt Statistiken zufolge an oder sogar unterhalb der Armutsgrenze. Die liegt allerdings für Singles bei über tausend Euro im Monat – im internationalen Vergleich eine durchaus beträchtliche Summe. Hunger muss niemand leiden, eher schon Mangel- oder gar Überernährung. Nicht ausgemergelte, sondern übergewichtige Kinder sind unser Problem.

Wer die Verhältnisse in Deutschland anprangert und fordert, die «oberen ein Prozent» zugunsten der Allgemeinheit stärker zur Kasse zu bitten, hat dafür gute Gründe, sollte aber auch berücksichtigen: Im Weltmaßstab gehören die meisten Deutschen zu den «oberen ein Prozent». Deutsche Durchschnittsverdiener haben mehr mit Wallstreet-Bankern gemeinsam als mit indischen Teearbeitern oder pakistanischen Ziegelsklaven.

Für uns ist das eine gute Entwicklung. Bedanken können wir uns unter anderem bei Jesus und denen, die seine Botschaft in Europa etabliert haben. Der Prozess war zwar äußerst langwierig, aber letztendlich erfolgreich. Früher als in anderen Kulturen wurde bei uns die Sklaverei abgeschafft, die Armenfürsorge institutionalisiert, die Kreditaufnahme für kleine Leute erleichtert. Ab dem 19. Jahrhundert wurden sogar karitative Organisationen gegründet, die Notleidenden in fremden Ländern unter die ausgemergelten Arme griffen.

Diese Organisationen waren der Endpunkt einer Entwicklung, die bereits in der Antike ihre Anfänge hatte. Wenn es heutzutage bei Naturkatastrophen keinen Tag dauert, bis «World Vision», «Caritas», «Save the Children» oder «Unicef» ihre Versorgungsstellen aufgebaut haben, dann nur, weil Kirchenväter wie Cyprian von Karthago (210–258) schon vor tausendachthundert Jahren eine Art Katastrophenhilfe etablierten. Weder die antiken Römer noch die mittelalterlichen Kalifen noch neuzeitliche Hindu-Herrscher wären auf die Idee gekommen, Hilfsexpeditionen auszurüsten.

Manche geben dennoch dem christlichen Abendland die

Schuld für das weltweite Wohlstandsgefälle. Der Schweiß und das Gold anderer Länder, so der Vorwurf, hätten Europa und die USA reich gemacht.

Solche Behauptungen ignorieren, dass es vor allem Bildungseifer, Forschungsgeist und freies Unternehmertum waren, die den Westen auf die Siegerstraße brachten.

Dennoch haben vor allem afrikanische Länder unter der Ausbeutung gelitten. In Ostasien hat der westliche Imperialismus hingegen keinen nachhaltigen Schaden angerichtet. Und auch in Indien gibt es trotz aller kolonialistischen Räubereien genügend Kapital und Rohstoffe, um alle Einwohner zu ernähren, medizinisch zu versorgen und den Nachwuchs auszubilden.

Doch die Slums wachsen weiter. Halbnackte Kinder streunen vormittags die Hauptstraßen entlang, weil es zu wenige Schulen gibt. Stattdessen entstehen überall im Land Kuh-Sanatorien. Hier können altersmüde Rindviecher ihren Lebensabend genießen – auf üppigem Weideland, in weiträumigen Ställen, betreut von Tierärzten und angebetet von Priestern. «Rinder statt Inder», das scheint hier die Maxime zu sein.

Ich finde es zwar sympathisch, wenn junge Idealisten für Ausgleichszahlungen an Entwicklungsländer plädieren: für die vom Westen verursachten Klimaschäden und für die kolonialen Eroberungen. Ich bin mir aber sicher, dass das Geld nicht bei denen ankommen wird, die es am nötigsten haben. Der Großteil der Entwicklungshilfe wandert meistens in die Taschen von Bürokraten.[50] Fast alle Entwicklungshelfer, mit denen ich geredet habe, benannten die Unfähigkeit und Unwilligkeit der örtlichen Eliten als das Hauptproblem.

Seit ich in Kabul über die dortige «Nationalgalerie» berichten wollte, muss ich ihnen Recht geben. Eigentlich sollen dort die wertvollsten Kunstschätze des Landes ausgestellt sein. Am Geld fehlt es nicht, dafür haben Länder wie Deutschland mit ihren Zuschüssen zur afghanischen Kulturförderung gesorgt. Doch statt alter Gemälde sieht man nur vergitterte Fenster. «Umbauarbeiten», erklärte der Wachmann, obwohl weit und breit keine Handwerker zu sehen waren.

Die Renovierung zog sich jahrelang hin und war auch bei meinem letzten Besuch in der Hauptstadt noch nicht abgeschlossen. Im Vorgarten des Museums veranstalteten Künstler auf eigene Kosten private Bildausstellungen. Über eine solche Vernissage wollte ich berichten. Eine Ministerin bekam Wind davon und wollte sich die Chance, im deutschen Fernsehen aufzutreten, nicht entgehen lassen. Sie bestand darauf, die Ausstellung selbst zu eröffnen, kam natürlich viel zu spät, spielte sich dann aber auf, als wäre sie die afghanische Version des Renaissance-Mäzens Lorenzo de' Medici. Die Künstler senkten verärgert die Köpfe, wagten aber nicht zu protestieren. Sie erzählten mir, dass die Ministerin den hochdotierten Job alleine aufgrund verwandtschaftlicher Kontakte bekommen hatte.

Mir fällt auch keine wirksame Methode ein, kaputten Staaten aufzuhelfen, deren Führungspersonal oft wenig qualifiziert ist.

Keine Gedanken machen muss man sich um die internationale Katastrophenhilfe. Die liegt, soweit ich das nach meinen vielen Besuchen in Unglücksgebieten beurteilen kann, in guten Händen, nämlich in denen professioneller Hilfswerke und ihrer aufopferungsvollen Mitarbeiter. Christliche Organisationen wie «International Justice Mission» bekämpfen in vielen Ländern der Welt den verdeckten Sklavenhandel, befreien Frauen aus Rotlicht-Kerkern und Arbeiter aus der Schuldknechtschaft. Die angestellten Anwälte arbeiten für Löhne, die weit unter ihrem Marktwert liegen. Bezahlt werden sie von privaten Spendern.

Gerade die vielen privaten Spender verdienen Lob und Anerkennung. Wie viele großzügige Menschen es gibt, habe ich in den letzten Jahren erlebt. Auf fast jeden Bericht über einen sozialen Notstand in Südasien – die Selbstmörderkinder-Schule, die Ziegelsklaven, die Kinderarbeiter – folgten E-Mails von Zuschauern, die den Bedürftigen teilweise erhebliche Beträge zukommen lassen wollten. Als besonders spendenfreudig habe ich Christen erlebt, besonders im Fall Bina.

Ich hatte die junge Lehrerin ein paar Tage nach dem Erdbeben in Nepal getroffen, in einem Vorort der Hauptstadt Kathmandu. Sie fiel mir auf, weil sie zwei schwere Wasserkanister schleppte. Ich fragte sie, ob ich sie interviewen dürfte. Sie führte mich zu dem Zelt, in dem ihre Familie wohnte. Es befand sich abseits eines großen Zeltlagers, in dem die meisten Ortsbewohner untergebracht waren und sich gegenseitig halfen.

«Uns hilft niemand, weil wir Christen sind», erklärte Bina. Vor wenigen Jahren hatten sie, ihre zwei Schwestern und ihre Eltern nacheinander den christlichen Glauben angenommen. Seitdem wurden sie von ihren hinduistischen Freunden und Nachbarn mit Missachtung gestraft. Bina weinte in die Kamera. Mit dem Haus, das eingestürzt war, hatte die Familie alle Ersparnisse verloren. Es drohte ein Leben im Elendsghetto.

In einem Nachrichtenbeitrag ließ ich Bina zu Wort kommen. Diesmal gab es keine Reaktionen von Zuschauern. Binas Schicksal war eben nur eines von vielen Tausenden.

Ein Jahr später erzählte ich Binas Geschichte in einem Beitrag für das evangelische Nachrichtenmagazin «ideaSpektrum». Was dann folgte, konnten weder ich noch Bina glauben. Der Betrag, den die Idea-Leser spendeten, lag weit höher als alle Spenden zusammengerechnet, die als Reaktion auf meine Fernsehbeiträge eingegangen waren. Binas Familie konnte sich ein neues Haus kaufen. Als ich ihr auf dem zerstörten Hauptplatz von Kathmandu, dem «Durbar Square», das Geld überreichte, weinte sie wie bei unserer ersten Begegnung – aber diesmal vor Glück.

Solche Einzelinitiativen beseitigen natürlich nicht das Grundübel. – Ich kenne immer noch keinen Masterplan dafür, wie man die Ungleichheit in der Welt effektiv reduzieren kann.

Noch nicht einmal in unserem eigenen Land.

Bis jetzt habe ich wenig über die Ungleichheit in der Bundesrepublik geschrieben. Obwohl es sie gibt und sie auch bei uns wächst, wenn auch global gesehen auf hohem Niveau und in überschaubarem Ausmaß.

Dennoch bedroht die Ungleichheit auch bei uns den sozialen Frieden. In den letzten Jahrzehnten gab es enorme Zuwächse bei der Produktivität und bei den Managergehältern – aber für Arbeitnehmer kaum mehr als den Inflationsausgleich.

Neben der Kluft zwischen Armen und Reichen wächst auch die zwischen Land- und Stadtbewohnern. In den USA hat die Verlagerung der attraktiven Arbeitsplätze in die Metropolen dazu geführt, dass in manchen verödeten Regionen regelrechte Drogenepidemien ausbrechen, dass sich die Abgehängten mit Schmerzmitteln sedieren und zu Hunderttausenden daran sterben.[51] In Deutschland sind wir zum Glück noch nicht so weit.

Schließlich gibt es noch eine weitere Spaltung, die kaum thematisiert wird. Auch hier geht es um Arme und Reiche, allerdings im kulturellen Sinn, das heißt: um Einflussarme und Einflussreiche.

Zog Bill Clinton Anfang der neunziger Jahre noch mit dem Slogan «It's the economy, stupid!» («Es ist die Wirtschaft, Dummkopf!») in den Wahlkampf, sollten trendsensible Parteistrategen heute plakatieren: «Es ist die Kultur, du Trottel!»

Die Entwicklung war absehbar. Schließlich leben wir nicht mehr im Industriezeitalter, sondern im Informationszeitalter. Es geht nicht mehr primär um Rohstoffe und Arbeitskraft, sondern zunehmend um Daten und Knowhow; nicht nur um Einkommen und Vermögen, sondern um Anerkennung und Resonanz; nicht nur um den Besitz der Produktionsmittel, sondern um die Kontrolle der Instruktionsmittel.[52]

Noch einflussreicher als der Unternehmensboss ist der Meinungsführer. Dabei ist ein neues Proletariat entstanden, ein Kulturproletariat, das sich den Vorgaben der akademischen Agenda-Setter und den Diskursmoderatoren aus Politik und Medien hilflos ausgeliefert sieht und dagegen rebelliert. Früher ballten die Fabrikmalocher ihre rußgeschwärzten Fäuste in der Tasche, wenn die Bosse in ihren Kutschen vorfuhren. Heute sind es der Duktus, der Jargon, die Attitüde der «politisch korrekten» Avantgarde, die bodenständigen Gemütern die Galle überlaufen lassen. Aus diesem Frust speist sich der Erfolg populistischer Politiker, die ihn zum neuen Klassenkampf stilisieren.

So wie Karl Marx sich zum geistigen Anführer der ausgebeuteten Arbeitermassen aufschwang, so stellen sich die Vordenker der «Neuen Rechten» wie der Amerikaner Steve Bannon an die Spitze der Milieus, die sich von den alten Eliten manipuliert und ignoriert fühlen.

Die Spannung, die sich aus der kulturellen Ungleichheit ergibt, birgt mindestens ebenso viel Zündstoff wie die soziale Not in früheren Jahrhunderten. Hier liegt ein wichtiger Grund dafür, dass die Welt von morgen zwar sicherer wird, aber gleichzeitig ungemütlicher.

11. Die Welt wird sicherer
Schlagzeilen sind vom Mars, das Kleingedruckte ist von der Venus

Nun hat es mich doch erwischt. Oft hatte ich über Karachi als «gefährlichste Stadt der Welt» berichtet. Inzwischen haben die Sicherheitsbehörden dort aufgeräumt und die Zahl der Verbrechen deutlich reduziert. Und gerade jetzt werde ich zum Opfer der Bösen …

Bei meinem letzten Besuch in der Küstenstadt schlagen sie zu. Meine pakistanischen Mitarbeiter haben mich davor gewarnt, alleine durch die Stadt zu flanieren. Ich schlage ihre Mahnungen in den Wind. Nach Dreharbeiten in einer Schule für Straßenkinder, die unter einer vielbefahrenen Brücke angeboten wurde, sehne ich mich nach frischer Luft. Also gehe ich alleine zurück zum Hotel und nehme dabei einen Umweg, den Strand entlang. Herrlich menschenleer, denke ich, als ich über den Bürgersteig trotte. Ab und zu rauscht ein Auto vorbei.

Ein schwarzer Wagen stoppt neben mir. Zwei Männer steigen aus, beide ganz in Schwarz, durchtrainiert und hochgewachsen. «Komm her», rufen sie mir zu, «Polizei!» Sie warten nicht, dass ich mich in Bewegung setze, marschieren zackig in meine Richtung, wedeln mit ihren Dienstausweisen.

Was wollen die Beamten von mir? Warum tragen sie keine Dienstbekleidung? Arbeiten sie für den Geheimdienst? Schon feuern sie eine Ladung Fragen auf mich ab: Woher kommst du? Was machst du hier? Drogen dabei? Waffen? Falschgeld? Wo ist dein Ausweis?

Auch durch meinen Kopf rauschen Fragen: Was, wenn sie mich auf die nächste Wache verschleppen? Oder wenn es gar keine Polizisten sind, sondern Extremisten, und es mir doch noch geht wie dem Terroropfer Daniel Pearl und meine kopflose

Leiche in den nächsten Tagen irgendwo am Straßenrand gefunden wird?

Ich fummele in meiner Hosentasche herum. Meinen Reisepass habe ich im Hotel gelassen. Also zeige ich den Männern meinen Personalausweis, den ich in meinem Portemonnaie mit mir trage. Sie nehmen gleich die ganze Geldbörse, werfen einen kurzen Blick hinein, geben sie mir zurück. Der ganze Vorgang hat keine Minute gedauert.

«Okay», sagen sie, machen kehrt, springen in den Wagen und fahren davon. Mit den 500 Euro Bargeld, die sie aus dem Portemonnaie gestohlen haben.

Ich bin auf Gauner hereingefallen. Ein klassischer Touristen-Nepp, der so verbreitet ist, dass sogar das Auswärtige Amt davor auf seiner Website warnt. Peinlich und absolut nicht geeignet für eine reißerische Meldung à la: «ARD-Journalist in Karachi attackiert.» Stattdessen: Journalistischer Hochmut kommt vor dem Reinfall.

Wenn diese Strand-Abzocke das Schlimmste ist, was mir bei fast hundert Reisen in meinem Berichtsgebiet passiert ist – dann könnte man daraus schließen, dass die Zustände dort gar nicht so schlimm sind. Jedenfalls nicht so schlimm, wie sie einem Zuschauer der Fernsehnachrichten vorkommen.

Da ist was dran.

Natürlich hätte es mich auch treffen können. Manchmal bin ich in Afghanistan an Orten vorbeigekommen, an denen sich ein paar Tage zuvor ein Selbstmordattentäter hochgesprengt hat oder die von einem Anschlag heimgesucht werden, kurz nachdem ich abgeflogen bin. Ich habe dann später über die Leute berichtet, die zum ungünstigen Zeitpunkt am falschen Ort gewesen sind.

Wie die Studenten der «American University» in Kabul, der besten Bildungsstätte des Landes. Durch drei Sicherheitsschleusen muss ich, bis ich im Innenhof stehe – und auf den Dächern ringsherum lauter bewaffnete Wachen sehe. Die lagen noch nicht auf der Lauer, als einige Monate zuvor ein Terrorkommando die Universität stürmte und zwölf Studenten und Professoren tötete. Der junge Mann, den ich befrage, weint, als er mir davon erzählt, wie er gerade noch entkommen konnte. Einige seiner besten Freunde starben bei dem Attentat.

In Lahore in Pakistan stehe ich mit einer christlichen Familie in einem Vergnügungspark. Hinter uns dreht sich ein Riesenrad mit lachenden Kindern. Wie vor ein paar Monaten, als die Familie mit anderen Gläubigen das Osterfest feierte. Auch hier schlugen die Terroristen zu, töteten fast achtzig Menschen. Die Töchter der Familie halten mir Fotos ihrer zwei Schwestern entgegen, die von den Bomben zerfetzt wurden.

Wir leben in schrecklichen Zeiten, denke ich dann. Um nicht zu verzweifeln, lese ich die Statistiken. Die sprechen eine etwas andere Sprache.

Die Welt war vielleicht noch nie so friedlich wie heute.

Seit den Zeiten des in Tirol gefundenen Gletschermannes Ötzi, der vor fünftausend Jahren erst zusammengeschlagen, dann von Pfeilen getötet wurde, hat sich viel zum Besseren gewendet. Damals starben rund fünfzehn Prozent der Menschen durch Mord, Totschlag und Krieg. Heute sind es nur noch drei Prozent.

Sogar in Afghanistan sind die Zustände nicht ganz so katastrophal, wie sie erscheinen, wenn man das Land nur aus den Fernsehnachrichten kennt. Ich habe mich zwar auch nicht getraut, durch die Straßen von Kabul zu joggen, aber ich bin dort schon mit dem öffentlichen Bus gefahren, zusammen mit einem ausländischen Entwicklungshelfer, der das seit Jahren täglich macht. Er fühlt sich dort sicherer als in den gepanzerten Limousinen, in denen westliche Diplomaten unterwegs sind.

Fast immer, wenn ich für die «Tagesschau» über das Land am Hindukusch berichtet habe, ging es um mörderische Anschläge. Es waren wichtige Nachrichten, keine Frage. Die Zuschauer hätten sich zu Recht gewundert, wenn der Sprecher der Acht-Uhr-Tagesschau stattdessen gemeldet hätte: Frauenbäckerei in Kundus ohne Zwischenfall eröffnet.

«Negativity Bias» nennen Psychologen unsere Fixierung auf schlechte Nachrichten. Unser Unterbewusstsein ist immer noch wie zu Ötzis Zeiten auf Überlebenssicherung programmiert, wir lassen uns schnell in einen Alarmzustand versetzen und verlieren die tatsächlichen Verhältnisse aus dem Blick.

In Afghanistan herrscht in einigen Landesteilen zwar Krieg, aber der ist nicht mit Massenschlächtereien wie dem Dreißigjährigen Krieg vergleichbar. Zwischen drei- und viertausend afghanische Zivilisten werden jedes Jahr durch Militäreinsätze und Terror getötet. Das heißt bei einer Bevölkerungszahl von ungefähr 33 Millionen: ein Mensch von Zehntausend. 0,01 Prozent.

Eine solche Zahl ist selbstverständlich trügerisch. Sie sagt nichts aus über die vielen Opfer unter Nicht-Zivilisten, unter Soldaten und Polizisten. Sie verschweigt die vielen Verletzten, die Verängstigten und Traumatisierten. Sie sagt nichts darüber aus, dass es Gegenden wie die umkämpfte Provinz Helmand gibt, in denen Schießereien und Explosionen an der Tagesordnung sind.

Dort habe ich über eine junge Frau berichtet, Khadija, 18 Jahre alt, eine Schönheit. Wenn sie in Deutschland gelebt hätte, dann hätte sie vielleicht von einer Karriere als Model oder Instagram-Influencerin geträumt und sich über die Tausende von «Likes» für ihre Facebook-Profilfotos gefreut. Stattdessen ist sie bitterarm und bereits zweifache Witwe. Ihr erster Mann war von den Amerikanern getötet worden, ihr zweiter von den Taliban. Ihr derzeitiger Ehemann stand, weil er sich als Dolmetscher für die Alliierten betätigt hatte, ebenfalls auf der Abschussliste der Islamisten. Er sagt mir: «Wir wissen nicht, was das ist, glücklich zu sein.»

An einem See, unweit von Kabul, treffe ich aber auch Ahmed, der freiwillig aus Bad Homburg hierhergezogen ist und einen Imbiss eröffnet hat. Die Höhenluft würde ihm besser bekommen, die Menschen seien freundlicher, und Angst hätte er auch keine.

Das macht die Diskussion über Abschiebungen so schwierig. Weder lauert auf jeden zurückgeschickten Afghanen der Tod, wenn er in Kabul aus dem Flughafengebäude tritt; noch ist Afghanistan insgesamt ein sicheres Herkunftsland.

Ich habe mit einigen Afghanen nach ihrer Abschiebung gesprochen. Sie waren verzweifelt, aus gutem Grund. Sie kamen in Länder, die sie manchmal zuletzt als Kleinkinder gesehen hatten, waren mit ihren Eltern oft auf dem Umweg über den Iran nach Deutschland gekommen. Ich erinnere mich an die Augen eines jungen Mannes, die wie bei einem Verliebten aufleuchteten, als er den Namen seiner deutschen Heimatstadt aussprach: «Bayreuth!» Er hatte dort in einem Schnellimbiss gearbeitet. Er kam in Kabul nicht zurecht. Todesangst hatte er aber keine.

Gleichzeitig habe ich einige afghanische Einser-Studenten interviewt, viele davon Frauen, die sich überhaupt nicht vorstellen konnten, Afghanistan zu verlassen: «Wer soll das Land denn sonst aufbauen?», fragten sie mich.

Rana, 21, arbeitete für ein Start-up-Unternehmen, sprach fließend Englisch und Spanisch und lief ohne Kopftuch herum. Ihr Berufswunsch? «Ich will mich für Frauenrechte einsetzen.»

Ich habe über die furchtlose Kreativ-Elite von Kabul in einem kurzen Film berichtet. Prompt kam die Reaktion eines besorgten Deutschen: «Ich bin nicht sicher, ob dieser Beitrag konstruktiv ist. Zumindest wird er denen Vorschub leisten, die Abschiebungen befürworten.»

Es gibt aber eben nicht nur schlechte Nachrichten. Sterben durch Krieg – das ist auch in Afghanistan die Ausnahme. Und Krieg ist in der Welt die Ausnahme.

Das ist die vielleicht beste Nachricht des Jahrhunderts. Denn Kriege sind die schrecklichste Geißel überhaupt. Kriege setzen die üblichen Regeln des menschlichen Zusammenlebens außer Kraft und setzen die dunkelsten Triebe in Menschen frei.

Gut, dass es immer weniger davon gibt.

Weil sich die Erkenntnis durchsetzt, dass sie wenig bringen. Die Menschheit ist zwar begriffsstutzig, aber lernfähig. In der globalisierten, digitalisierten Welt zahlt sich Kooperation weit mehr aus als Konflikt. Früher waren Eroberungsfeldzüge noch attraktiv, weil sie Land, Gold, Sklaven verhießen. Heute sind andere Länder vor allem attraktiv als Absatzmärkte, als Handelspartner, als Reiseziele.

Wer will schon einen Krieg anzetteln, wenn Wirtschaftssanktionen, Kontosperrungen und am Ende ein Prozess vor dem Internationalen Gerichtshof drohen?

Auch wenn das Tötungshandwerk künftig Drohnen und Robotern überlassen wird und Achtziger-Jahre-Science-Fiction wie «Terminator» und «Robocop» Realität werden – mir fehlt die Fantasie für einen Anlass, bei dem sie massenhaft zwischen Staaten eingesetzt werden.

Die gewalttätigen Konflikte der Zukunft werden sich deshalb nicht primär zwischen Staaten abspielen, sondern zunehmend innerhalb von Staaten, zwischen ethnischen, religiösen und politischen Gruppen. Die Frage, wann und wie eine Intervention von außen aus humanitären Gründen geboten ist, wird sich immer wieder stellen.

Die gefühlt größte globale Bedrohung ist allerdings weder der Krieg noch der Bürgerkrieg – sondern der Terror.

Das ist eine gute, aber gleichzeitig auch eine beunruhigende Nachricht. Denn Anschläge fordern zwar weit weniger Opfer als Schlachten, sie lösen aber noch mehr Angst aus, weil sie jeden treffen können und weil man auch außerhalb von Kriegsgebieten nie ganz sicher ist.

Mit Angst kennen wir Deutschen uns nur zu gut aus. Manchmal scheint es, als wäre die für Gefahrenanalyse zuständige Gehirnregion, die Amygdala, bei uns kollektiv überreizt. Ob Schweinegrippe, Rinderwahnsinn oder Smog – wir fürchten immer gleich das Schlimmste.

Das gilt auch für unsere Terrorangst. Ich habe einmal die Zahl aller Presseartikel zum Thema «Terror», die in den letzten Jahren in den größten deutschen Printmedien erschienen sind, mit der Zahl der Terror-Opfer in Deutschland verglichen. Das Verhältnis lag bei hundert zu eins. Entsprechend alarmiert sind die Deutschen, wenn es um Terror geht. Die Angst vor Anschlägen liegt in der Rangliste der «Ängste der Deutschen» auf Platz fünf.[53] Dabei ist die Wahrscheinlichkeit, tatsächlich Opfer eines Attentats zu werden, statistisch gesehen kaum größer, als bei einem riskanten Selfie-Foto zu sterben.

Die PR-Strategien der Terroristen gehen deshalb voll auf. Sie wollen ja nichts anderes, als Aufmerksamkeit und ein Klima der Unsicherheit erzeugen.

Aber was tun dagegen?

Ignorieren geht über Alarmieren. Tiefer hängen statt damit groß aufmachen, würde ich am liebsten vorschlagen.

Klingt gut, geht aber nicht.

Im immer härter umkämpften Mediengeschäft zählt die sofortige Aufmerksamkeit. Bei der Schlagzeile «Schwerer Anschlag» lesen die Leute weiter, bei der ausgewogenen sicherheitspolitischen Analyse wechseln sie die Internetseite. Die «Breaking News» folgen der Bombenexplosion wie der Donner dem Blitz, daran lässt sich nichts ändern.

Eher schon daran, dass es überhaupt zu Anschlägen kommt. Hundertprozentige Sicherheit gib es natürlich nie in Wirklichkeit. Aber als Ziel schon.

Das Problem sind nicht nur die Terroristen, sondern die Staaten, die sie fördern.

Der pakistanische Geheimdienst sponsert seit Jahren die Taliban und andere Terroristen in Afghanistan. Der Iran liefert Geld und Waffen an Terrorgruppen im Nahen Osten. Die Motive sind ganz und gar nicht idealistisch, haben nichts mit der islamistischen Agenda der Taliban zu tun oder den Freiheitswünschen der Palästinenser. Es geht um Macht und regionalen Einfluss – und zwar zum Schnäppchenpreis.

Es ist viel billiger und weniger rufschädigend, lose Kontakte zu Terroristen zu unterhalten, als ganze Armeen loszuschicken. Staaten, die Terroristen subventionieren, sichern sich damit Einfluss in Krisenregionen, sorgen dafür, dass an ihnen vorbei keine Lösungen gefunden werden können. Sie wollen auch gar keine konstruktiven Lösungen, sondern das andauernde Chaos. Weil sie damit im Spiel bleiben, sich als Ordnungsmacht profilieren können – und von eigenen inneren Problemen ablenken. Deshalb hilft in der Auseinandersetzung mit den Regierungen solcher Staaten kein gutes Zureden – sondern nur Druck, am besten wirtschaftlicher.

Das hilft allerdings noch nicht weiter bei der Frage, wie wir uns selbst vor Terrorangriffen schützen können.

Nachdem ich mich in den letzten Jahren besonders intensiv mit dem Thema beschäftigt habe, lautet meine Erkenntnis: Der Terror ist da stark, wo der Staat schwach ist.

Also etwa in Afghanistan, dem Irak, Jemen, Somalia.

Die deutschen Sicherheitsbehörden machen einen guten Job, haben in den letzten Jahren viele Anschläge vereitelt. Bundesnachrichtendienst, Verfassungsschutz und Bundeskriminalamt müssen auf der Höhe bleiben, personell und technologisch. Ich halte die Videoüberwachung öffentlicher Räume und die Speicherung von Telekommunikationsdaten, um diese in wichtigen Fällen zur Verbrechensbekämpfung auswerten zu können, für sinnvoll. Die Angst vor einem staatlichen Kontrollmonster finde ich unbegründet, jedenfalls solange eine parlamentarische Kontrolle der Sicherheitsdienste gewährleistet ist und die Eingriffe in Bürgerrechte einer richterlichen Genehmigung bedürfen.

Meine Lehre aus der jüngeren Geschichte ist nicht, dass eine knallharte Verbrechensprophylaxe irgendwann in die Diktatur führt. Ganz im Gegenteil: Die erste deutsche Demokratie, die Weimarer Republik, ist nicht an halbtotalitären Auswüchsen zugrunde gegangen, sondern daran, dass sie Extremismus und Kriminalität nicht effektiv genug bekämpfte.

Dass die Welt statistisch gesehen immer sicherer wird, heißt nicht, dass wir uns in Sicherheit wiegen können. 1914 hat ein stümperhafter Terroranschlag die Schleusen geöffnet für die bis dahin schlimmsten Gewaltexzesse der Menschheitsgeschichte. 2001 hat ein Angriff von Amateuren auf das hochgerüstete Amerika eine neue Gewaltlawine losgetreten. Es kann alles ganz unerwartet kommen und ganz schnell gehen.

12. Die Welt wird unruhiger –
vor allem für Christen
Stell dir vor, es ist Krieg, und keiner sieht hin

Als ich vor Beginn meiner Korrespondentenzeit einen Antritts-besuch beim pakistanischen Botschafter in Berlin machte, staunte ich nicht schlecht: Auf dem Tisch im Büro lag ein großer Bildband über «Kirchen in Pakistan». Dabei wusste ich doch, dass Christen dort unter großem Druck stehen. *Alles nicht so schlimm, alles ganz anders,* sollte der Anblick des Buches mit dem Kirch-turm auf dem Cover wohl suggerieren.

Alles noch viel schlimmer, weiß ich mittlerweile.

Die Leiden der Christen in Pakistan haben einen Namen: Asia Bibi. Ich habe sie nie getroffen, aber ihren Mann und ihren An-walt, der sie regelmäßig in der Todeszelle besuchte. Sie sei stark und klug, schwärmte er, obwohl sie weder lesen noch schreiben könne. Sie war auch nicht auf den Mund gefallen. Jedenfalls bot sie einigen Nachbarinnen Paroli, als die sie wegen ihres Glau-bens als «unrein» beschimpften und nicht mit ihr aus demselben Wasserkrug trinken wollten. Die Nachbarinnen beschwerten sich beim Dorfmullah und zeigten Asia Bibi wegen Blasphemie an: Sie hätte den Propheten Mohammed beschimpft. Darauf steht in Pakistan die Todesstrafe.

Zwar widersprachen sich die Zeuginnen so heftig, dass die re-nommierteste pakistanische Zeitung später von einer «Orgie der Lüge» schrieb. Dennoch wurde Asia zum Tode verurteilt.[54] Ein Politiker, der sich für ihre Freilassung einsetzte, wurde ermordet, der Täter zwar exekutiert, aber seitdem von Millionen von Pakis-tanern als Märtyrer verehrt.

Fast zehn Jahre nach dem Vorfall an der Wasserstelle hob das Oberste Gericht das Urteil schließlich wegen eklatantem Beweis-mangel auf. Asia Bibi, Anfang 50, war freigesprochen und ich froh, dass ich in einem meiner letzten Fernsehbeiträge als Südasien-Korrespondent darüber berichten durfte.

Ich freute mich zu früh.

Denn Asia Bibis Leidensgeschichte ging weiter.

Der Hauptverantwortliche dafür heißt Khadim Hussain Rizvi. Wenn Asia das unschuldige Gesicht der Christenverfolgung in Pakistan ist, dann ist Rizvi der konträre Gegenpol dazu. Anders als Asia habe ich ihn persönlich getroffen, zwei Jahre vor Asias Freispruch. Mit seinen buschigen Augenbrauen und dem Rauschebart erinnert er an den iranischen Ayatollah Ruhollah Chomeini (1902–1989).

Rizvi ist Anführer der größten islamistischen Partei Pakistans, TLP, deren Mitglieder sich einem einzigen Ziel verpflichtet haben: die Ehre des Propheten notfalls mit Gewalt zu schützen und für eine mitleidlose Umsetzung des pakistanischen Blasphemie-Gesetzes zu sorgen. Weil es bisher zwar über tausend Anklagen gegeben hat, meistens aus durchsichtigen Rachemotiven, aber noch keine einzige Exekution, wollen sie wenigstens Asia Bibi hängen sehen.

Rizvi empfing mich im Kreis seiner jugendlichen Gefolgsleute, die ihm huldigten, als wäre er selbst ein Gottgesandter. Er hatte das dunkle Charisma eines Mannes, der weiß, dass auf sein Kommando hin millionenstarke Mobs das Land lahmlegen können. Bis vor wenigen Jahren war er an einen Beamtenschreibtisch und aufgrund eines Autounfalls an einen Rollstuhl gefesselt gewesen. Sein Fanatismus hatte ihn zum Superstar gemacht.

Mit einer kaum merklichen Kopfbewegung ordnete er an, dass mir und meinen Mitarbeitern Tee eingeschenkt wurde. Ich fühlte mich gar nicht gut bei der Audienz, inbesondere in der Gegenwart von Männern, die eine Glaubensschwester an den Galgen bringen wollen.

Ich machte gute Miene zum bösen Plan, schließlich wollte ich in meinem Beitrag ja die Radikalität der Fanatiker darstellen.

Aber Rizvi blieb ganz cool. Gegen Christen habe er nichts, versicherte er, solange sie nicht den Islam beschmutzten. Als ich ihn fragte, was er im Fall eines Freispruchs unternehmen würde, verengten sich seine Augen zu Schlitzen: «Dann werden die, die das zu verantworten haben, die passende Reaktion bekommen.» Seine Schüler nickten eifrig.

Einen Vorgeschmack darauf bekam ich ein paar Monate später bei meinem nächsten Pakistanbesuch. In den größten Städten des Landes stand der Verkehr still. Rizvis Horden blockierten die Kreuzungen. Sie forderten die Entlassung eines Ministers, der sich unislamisch verhalten haben sollte. Ich selbst steckte im Hotel fest, musste Drehtermine absagen. Bis die Regierung einlenkte, den Minister rauswarf und Rizvi die Blockaden aufhob.

Es war ein Probelauf für das, was sich nach dem Freispruch von Asia Bibi ereignete. Wieder brachte Rizvis Partei nicht nur den Verkehr und überhaupt die Wirtschaft von Pakistan tagelang zum Erliegen. In Sprechchören wurde auch zur Ermordung der Obersten Richter aufgerufen, zum Aufstand gegen die Regierung, zur islamischen Revolution. Wieder gab die Obrigkeit nach, stellte eine Wiederaufnahme des Verfahrens in Aussicht, verhängte über Asia Bibi eine Ausreisesperre. Ihr Anwalt flüchtete ins Ausland, ihr Ehemann bettelte die westlichen Länder an, seiner Familie Asyl zu gewähren.

Ich wollte wissen, wie das Urteil und seine Folgen bei den normalen Bürgern ankam, und schickte meine pakistanischen Mitarbeiter los, eine Straßenumfrage zu machen: «Ich brauche die Stimmen von Leuten, die das Urteil begrüßen, und von fundamentalistischen Kritikern.»

Das Resultat entsetzte mich. Kein Einziger der Befragten lobte die Freilassung, alle forderten den Tod der Christin. Ihr Anwalt hatte mich darauf vorbereitet: «Wenn das Volk entscheiden könnte, dann müsste sie hängen, keine Frage.» Einer Umfrage zufolge war die Mehrheit der Pakistaner sogar bereit, persönlich Hand anzulegen und sie zu töten, wenn sie ihr begegnen würden.

Und die übrige islamische Welt?

Keine Reaktion.

Von denselben Regierungen und Verbänden, die fast täglich zur Unterstützung der Palästinenser aufrufen, gab es keine einzige Solidaritätsbekundung mit Asia Bibi, keinen Appell an die pakistanische Regierung, keine Kritik am Hassprediger Rizvi. Das verwundert nicht, wenn man weiß, dass in über zehn islamischen Ländern auf den Abfall vom Islam die Todesstrafe steht.

Während ich diese Zeilen schreibe, befindet sich Asia Bibi an einem unbekannten Ort in Pakistan. Sie ist aus der Haft entlassen, aber nicht in Freiheit. Ich hoffe, dass sie und ihre Familie bis zum Erscheinen dieses Buches die Ausreisegenehmigung bekommen und ein Land finden, das sie aufnimmt und sie schützt.[55]

An der bemitleidenswerten Lage der zurückgebliebenen Christen in Pakistan ändert das nichts.

Ich habe einige christliche Viertel in Pakistan besucht. Die Menschen hier leben unter sich, sind daran gewöhnt, dass sie im öffentlichen Dienst keine Chance haben, dass ihnen oft nur schlecht bezahlte Jobs bleiben, als Arbeiter oder Dienstmädchen, wo sie herumkommandiert oder sogar missbraucht werden. Die Anzahl der Terroranschläge gegen Christen ist in den letzten Jahren zwar zurückgegangen, aber das Klima der Angst ist geblieben. Nach dem Freispruch von Asia Bibi traute sich kaum ein Priester vor die Kamera, verschanzten sich die Christen in ihren Ghettos.

Immerhin gibt es in Pakistan noch drei Millionen Christen. Das sind 1,5 Prozent der Bevölkerung. In Afghanistan gibt es offiziell gar keine und auch kein einziges Kirchengebäude. Nur eine kleine Kapelle auf dem Gelände der italienischen Botschaft. Laut Schätzungen praktizieren bis zu tausend Afghanen den christlichen Glauben – im Geheimen.

Ich habe einen afghanischen Mullah gefragt, was passieren würde, wenn sich ein Afghane öffentlich zum Christentum bekehrt. «Dann hat er drei Tage, um zu widerrufen», sagte der Mullah. «Wenn nicht, töten wir ihn.»

Einen Christen habe ich getroffen, Abdullah (der in Wirklichkeit anders heißt). Ihn hatte die Begegnung mit einem westlichen Entwicklungshelfer zum Glauben gebracht. Und der Vergleich von Bibel und Koran. Abdullah zählte alle Koranstellen nach, in denen zum Töten aufgerufen wurde – und verglich damit die Jesus-Predigten. Er redet nie öffentlich über seinen Glauben, aber gute Freunde lädt er dazu ein, mit ihm den «Jesus»-Film zu schauen. Bisher ist ihm nichts passiert.

Anders als den Menschen, die sich in der afghanischen Kirche in Delhi versammeln, lauter Flüchtlinge. Zur Gemeinde gehören junge Frauen, die von ihren Eltern verstoßen wurden, junge Männer, die ihre eigenen Lynch-Exekutionen überlebt haben.

An dem Sonntag, an dem ich die Kirche besuchte, wurde der Muttertag gefeiert. In einem schlauchförmigen Kellerraum versammelten sich rund hundert Gläubige. Die Mütter unter ihnen wurden einzeln nach vorne gerufen und mit Süßigkeiten und Applaus belohnt. Es wurde viel gelacht, laut gesungen. Die Flüchtlinge leben in großer Armut, weil sie keine Arbeitserlaubnis bekommen. Sie sind dennoch froh, weil sie ihren Glauben ohne Todesangst praktizieren dürfen. Vorne schmetterte eine Band fetzige Lobpreis-Lieder. Den Saal durchströmte eine Aura von Freiheit und Gleichberechtigung, wie ich es in keiner Moschee erlebt habe.

Darin liegt der Hauptgrund für die Diskriminierung und Verfolgung von Christen: Ihr Glaube und ihr Zeugnis sind attraktiv, vor allem für Frauen, vor allem für soziale Randgruppen. Christen gefährden die Machtstrukturen, fordern die Religionsführer heraus, stören den Status quo.

Keine Religionsgemeinschaft, ja überhaupt keine soziale

Gruppe, wird weltweit so drangsaliert wie Christen. Das Hilfswerk «Open Doors» geht von zweihundert Millionen Christen aus, die Verfolgungen ausgesetzt sind, tausende werden jedes Jahr für ihren Glauben getötet.[56]

In manchen Ländern droht statt dem physischen auch «nur» der gesellschaftliche Tod. In Bangladesch habe ich mich in einem Dorf erkundigt, was passieren würde, wenn ein Bewohner den Islam verlässt: «Dann wird die ganze Familie sozial geächtet, ihre Geschäfte werden boykottiert, sie werden nicht mehr zu Hochzeiten eingeladen», war die Antwort. Die Familie übt dann so lange Druck auf den Abgefallenen aus, bis dieser zurückkehrt in die Gemeinschaft der Muslime, die «Umma».

Nach Nordkorea – wo Religionsausübung insgesamt untersagt ist – stehen auf der Liste der Länder, in denen Christen den schlimmsten Verfolgungen ausgesetzt sind, durchweg islamische Länder oben, allen voran Afghanistan, Somalia, der Sudan und Pakistan.

Aber auch in immer mehr nicht-islamischen Ländern haben Christen einen schweren Stand.

Nepal hat 2017 ein «Bekehrungsverbot» erlassen, das sich vor allem gegen Kirchen und Missionswerke richtet. Wer einen Nepalesen – die Mehrheit sind Hindus – zum Glaubenswechsel animiert, muss mit einer Geld- oder sogar einer Gefängnisstrafe rechnen. Seitdem vergeht kaum eine Woche, ohne dass ein einheimischer Christ verhaftet oder ein ausländischer Christ des Landes verwiesen wird.

Anti-Konversions-Gesetze gibt es auch in einigen indischen Bundesstaaten. Seit die hindu-nationalistische Partei BJP an der Macht ist, nehmen im ganzen Land die Übergriffe zu. Fanatische Hindus zünden Kirchen an oder töten Pastoren. Solche Verbrechen werden zwar von der Regierung verurteilt, die aber mit ihrer «Indien gehört den Hindus»-Ideologie gleichzeitig den Hass auf Christen schürt.

Die Ängste der radikalen Hindus sind nicht unberechtigt. Vor allem für die Inder, die im Kastensystem als «Unberührbare» ganz unten stehen, die «Dalits», bedeutet die Annahme des christlichen Glaubens einen sozialen Aufstieg. Nicht nur, weil alle christlichen Brüder und Schwestern vor Gott gleich sind, sondern auch, weil sie oft auch materielle Unterstützung erfahren. Deshalb werden christliche Entwicklungshelfer mit Argwohn betrachtet, Spenden aus dem Ausland geblockt, Missionare ausgewiesen.

Dabei ist die indische Kirche älter als viele Hindu-Mythen, vermutlich fast zweitausend Jahre alt. Der Überlieferung nach ging bereits zwei Jahrzehnte nach Jesu Tod einer seiner Jünger, der Apostel Thomas, an der indischen Südwestküste an Land. Da es zu dieser Zeit tatsächlich einen regelmäßigen Schiffsverkehr zwischen Indien und dem Römischen Reich gab, spricht nichts dagegen.[57]

Derzeit gibt es 28 Millionen Christen in Indien – und in einigen Jahrzehnten vermutlich mehr als in Deutschland. Doch sie leben gefährlich, nicht erst seit dem Regierungsantritt der Hindu-Nationalisten.

Eine Kirche in Angst habe ich im Bundesstaat Odisha erlebt, abseits des hinduistischen «Wagenfestes». 2007 kamen dort Gerüchte in Umlauf. Es hieß, christliche Priester würden Hindus zur Taufe überreden, sie sogar dazu bringen, Rindfleisch zu essen. Es kam zu Pogromen. Über hundert Christen starben, tausend Kirchen und Häuser wurden zerstört.

Bevor ich zu dem Festival gefahren bin, habe ich eine Gruppe katholischer Priester in der Hauptstadt von Odisha, Bhubaneswar, interviewt. Ich fragte sie, ob sie sich noch immer fürchten würden. Nein, alles ganz friedlich derzeit, versicherten sie mir. Ihre versteinerten Gesichter machten einen anderen Eindruck. «Wirklich?», hakte ich nach. Sie tuschelten. Ein Priester telefonierte mit dem Bischof, wollte sich Rückendeckung holen. Nachdem das Gespräch beendet war, korrigierte er sich. Er, seine Mitarbeiter und viele andere Gläubige würden immer noch unter Schock stehen, in Angst leben, sich nicht trauen, öffentlich von ihrem Glauben zu reden.

Allmählich merken auch im Rest von Indien die Kirchenführer, dass sie nicht länger schweigen dürfen. Immer öfter beschweren sich Bischöfe öffentlich über die zunehmende Intoleranz.

Deutsche Diplomaten hören das nicht so gerne, auch nicht, wenn Politiker wie der Ex-Fraktionschef der CDU/CSU, Volker Kauder, die zunehmende Verfolgung öffentlich anprangern. Das bringe nichts, habe ich nach seiner Abreise aus Indien gehört, und sei überhaupt schädlich für die bilateralen Beziehungen. Im Konzert der Großmächte spielen die paar Millionen indischen Christen, die zumeist aus der Unterschicht stammen, nur eine untergeordnete Rolle.

Auch in den Medien ist das Thema eindeutig unterrepräsentiert. Ich habe in meiner Korrespondentenzeit immerhin einen ausführlichen Beitrag über Christenverfolgungen produziert, dazu ein paar kürzere Meldungen. Winzige Tropfen auf dem brennend heißen Stein.

Ich habe im Pressearchiv aller wichtigen deutschen Zeitungen und Zeitschriften nach Artikeln gesucht, in denen das Wort «Christenverfolgung» vorkommt. Und zwar in den letzten beiden Jahren. Ich fand 60 Artikel. Auf das Leiden der verfolgten Rohingya machten dagegen 350 Artikel aufmerksam. Und über tausend Artikel widmeten sich den Anfeindungen, denen Flüchtlinge aus mehrheitlich muslimischen Ländern in Deutschland ausgesetzt waren. Ich will deren Nöte nicht kleinreden, auch sie verdienen unsere Anteilnahme. Aber bei einem Verhältnis von fast 20:1 gegenüber Berichten über das Leid von mehr als zweihundert Millionen Christen muss man von einem eklatanten Missverhältnis reden.

Woran liegt das?

Vielleicht daran, dass Christen auch im Abendland ein Image-problem haben, als rückständig gelten, als Erben der Kreuzritter und Hexenverfolger, als Unterdrücker – und nicht als Opfer. Buchstäblich Bände sprechen aktuelle Bestseller, in denen die frühen Christen beschuldigt werden, im Stil von IS-Terroristen die Kulturschätze der Antike zerstört zu haben.[58]

Christen in Europa und den USA müssen keine Verfolgung aushalten, aber in einigen Milieus durchaus Verachtung erdulden.

Wie schwer der Stand ist, den Christen beispielsweise im Silicon Valley haben, in den Zukunftslaboren von Google, Facebook oder Apple, zeigt die für ihre Realitätsnähe gepriesene amerikanische Comedy-Serie «Silicon Valley». Geschildert werden die Missgeschicke eines Start-up-Unternehmers. Einen seiner größten Flops leistet er sich, als er das düstere Geheimnis eines schwulen Geschäftspartners ausplaudert: Er verrät, dass der Mann heimlich in die Kirche geht.

Prompt platzt der Deal. Ein Kollege belehrt ihn: «Im Silicon Valley kannst du polyamor sein, und die Leute werden dich mutig nennen. Du kannst LSD in dein Müsli mixen, und die Leute werden dich einen Pionier nennen. Was du aber auf keinen Fall sein darfst, ist ein Christ!!!» – «Das war fies, dass du ihn als Christ geoutet hast», stimmt ein anderer Kollege zu, der sich zum Satanismus bekennt. Was alle wieder ziemlich cool finden.

13. Die Welt wird frommer (außer bei uns)
Der heißeste Trend des Jahrhunderts

Das Ende der Religionen wurde schon oft eingeläutet, unter anderem von John Lennon. Drei Jahre nach der Rückkehr von seinem Trip nach Indien hatte er wenig Positives über organisierte Spiritualität zu sagen. In seinem größten Solo-Hit «Imagine» sang er sehnsuchtsvoll: «Stell dir vor, es gibt keine Länder und auch keine Religionen.»

Ich versuch's mal.

Kein Petersdom, keine Sixtinische Kapelle, keine gotischen Kathedralen, keine Kaaba in Mekka, kein Tigernest-Kloster in Bhutan, keine Shwedagon-Pagode in Myanmar, keine Pyramiden, keine Stonehenge-Megalithen, keine Angkor-Wat-Tempelanlage, keine Maya-Stufentempel und auch keine von den Azteken und Inkas, keine «Rückkehr des verlorenen Sohnes» von Rembrandt und kein «Abendmahl» von Da Vinci, kein Parsifal – weder den Parzival von Wolfram von Eschenbach noch den Parsival von Richard Wagner – und keine Göttliche Komödie, keine Matthäus-Passion und kein Messias-Oratorium. Auch keine Beatles, denn schließlich hatte Paul McCartney im Kirchenchor geübt. Und auch kein «Imagine», weil der Song von einem Gebetslied inspiriert war.

Ich stell's mir lieber doch nicht vor. Zu deprimierend. Ist sowieso eine müßige Idee, denn die Welt entwickelt sich in die genau entgegengesetzte Richtung.

Religionen sind auf dem Vormarsch. Nicht einmal 150 Jahre, nachdem Nietzsche in *Die fröhliche Wissenschaft* seinen «tollen Menschen» am helllichten Tag mit einer Laterne und dem Ruf «Gott ist tot!» durch die Stadt ziehen ließ, gibt es in der Welt mehr denn je Priester und Prediger, die das Gegenteil bekräftigen und immer größeren Zulauf haben.

Die Welt wird wieder, was sie immer war: fromm.

Das liegt vor allem an der Bevölkerungsentwicklung und daran, dass religiöse Menschen mehr Kinder haben. Das wiederum hat vor allem soziale Ursachen. Religiöse Bindungen werden schwächer, je wohlhabender und gebildeter Menschen sind. Das bedeutet nicht, dass Gott etwas für Dumme und Arme ist, sondern eher, dass Kluge und Reiche sich einbilden können, ihn nicht zu brauchen.[59]

Noch ist offen, ob sich die Verhältnisse in den asiatischen Ländern im Zuge des wachsenden Wohlstands denen in Europa und Nordamerika angleichen werden. Ich hoffe nicht. Vielleicht ist der asiatische Kontinent deshalb besser gegen radikalen Skeptizismus gewappnet, weil das Gespür für eine transzendente Wirklichkeit dort traditionell stärker ist.

Nicht von ungefähr kommen alle großen Weltreligionen aus Asien, die wichtigsten philosophischen Schulen aber aus dem europäischen Kulturraum. Dort dominiert der «Homo religiosus», bei uns der «Homo analyticus».

Ich selbst hatte während meiner Zeit in Indien ein religiöses Revival. Und das lag nicht nur an Begegnungen mit anderen Christen.

Von Muslimen habe ich viel gelernt über die Ehrfurcht gegenüber der Heiligkeit Gottes.

Von Hindus über die Gottgegebenheit der Natur und die Realität eines göttlichen Geistes, der die Schöpfung durchdringt und sie übersteigt.

Von Buddhisten über die Begrenztheit sinnlicher Eindrücke und die Kargheit eines rein materialistischen Lebens.

Fast allen Menschen in Asien, natürlich auch den Christen, ist die Überzeugung gemeinsam, dass es ein höheres Sein gibt, dass wir mit diesem Sein in Beziehung treten können, und dabei die höchste Freude erleben.[60]

Ich schreibe das nicht, weil ich alle Religionen für gleich wahr und gut halte, ganz und gar nicht. Ich werde in den folgenden Kapiteln nicht mit Kritik an einzelnen religiösen Lehren und Praktiken sparen, aber auf hoffentlich respektvolle Art. «Verachte keine Religion», mahnte Matthias Claudius seinen Sohn, «du weißt nicht, was unter unansehnlichen Bildern verborgen sein könnte.» Auch hinter den bizarrsten Tempelriten verbirgt sich eine Ahnung der göttlichen Wahrheit und eine Anstrengung, dahin zu kommen.

Von Asien lernen, heißt deshalb auch: die Wertschätzung der Religionen lernen.

Die Religionen sind nicht nur in Asien stark. Auch in Afrika und Lateinamerika wachsen die Glaubensgemeinschaften insgesamt. Einzeln betrachtet gibt es hier allerdings große Unterschiede.

Der Hinduismus mit knapp über einer Milliarde Anhängern wird in der Mitte des Jahrhunderts seinen Zenit überschritten haben. Hindus leben überwiegend in Indien und Nepal, und dort wird die Geburtenrate in ein paar Jahrzehnten zurückgehen.

Der Buddhismus stagniert bei etwa fünfhundert Millionen. Er ist vor allem im Fernen Osten verbreitet und dort in Ländern, in denen die Bevölkerungszahlen rückläufig sind.

Es ist deshalb falsch, pauschal von einem «Boom der Religionen» zu sprechen. Hochkonjunktur haben nämlich nur zwei Religionen: die beiden großen monotheistischen, Christentum und Islam. Auch wenn sich bei dem Gedanken westliche Glaubensskeptiker fassungslos an den Kopf fassen:

Der große Gewinner des 21. Jahrhunderts ist der Glaube an einen Gott.

In der Jahrhundertmitte werden zwei Drittel der Menschheit einem monotheistischen Glauben folgen.[61]

Das Christentum wird weiterwachsen. Noch ist es mit zweieinhalb Milliarden Anhängern die größte Religionsgemeinschaft. Es ist auch die einzige, die zu einem großen Teil durch Mission und Bekehrungen wächst. Und zwar überwiegend da, wo wir nicht sind.

Die Christen des Westens werden sich in den nächsten Jahren ganz schön umgucken müssen, nach Süden, Westen, Osten. In Afrika, Asien, Lateinamerika leben jetzt schon fast zwei Drittel der weltweiten Christenheit. In Afrika hat sich die Anzahl der Christen seit 1900 von unter zehn Millionen auf sechshundert Millionen versechzigfacht, in Asien im selben Zeitraum von zwanzig Millionen auf fast vierhundert Millionen verzwanzigfacht, in Lateinamerika von sechzig auf sechshundert Millionen verzehnfacht. Die Tendenz ist überall stark ansteigend. Nur in Europa ist sie seit der Jahrtausendwende stagnierend bis rückläufig.

Insgesamt am stärksten wächst der Islam, der derzeit ungefähr 1,8 Milliarden Anhänger hat. Weil muslimische Familien die höchsten Geburtenzahlen vorweisen, werden sie das Christentum in der zweiten Jahrhunderthälfte als größte Religion abgelöst haben.

Anders als das Christentum ist der Islam weniger ein globales als ein regionales Phänomen. Neun von zehn Muslimen leben in Afrika und Asien. Was oft vergessen wird: Noch vor tausend Jahren existierte in diesem Teil der Welt fast die Hälfte der globalen Christenheit. Bis unsere orientalischen Schwestern und Brüder durch einen Wechsel aus sanfter Repression und brutaler Verfolgung nahezu komplett aus dem Orient vertrieben wurden.[62]

Die schlimmste Verfolgungswelle erlebten Christen dort in den letzten hundert Jahren. Ihr Anteil an der Bevölkerung im Nahen und Mittleren Osten ging zwischen 1910 und 2010 von über 13,6 auf 4,2 Prozent zurück.[63] Die christliche Gemeinde zwischen Ägypten und dem Iran schrumpfte fast auf ein Viertel – als Folge brachialer Unterdrückung und, im Fall der Christen in Armenien, eines grauenhaften Genozids. Leider wird diese Tatsache fast nie erwähnt, wenn es um die christlich-muslimischen

Beziehungen geht. Eine höchst bedauerliche Unterlassung. Wer nicht von der Vertreibung der orientalischen Christen im zurückliegenden Jahrhundert reden will, der soll erst recht von den fast tausend Jahre alten Kreuzzügen schweigen.

Aber in diesem Kapitel soll es ja vornehmlich um Wachstum gehen. Warum boomen Religionen, vor allem die monotheistischen, im Zeitalter der Globalisierung? Nicht zuletzt deshalb, weil sie sozialen Rückhalt geben und Sinn stiften. In komplizierten, krisenhaften Zeiten geben Religionen Rückhalt, stiften Sinn. Das Wort «Religion» bedeutet schließlich «Rückbindung»: an ein kollektives Glaubensgerüst, an gemeinsame Rituale, an etwas Größeres.

Die Welt wird also wieder immer mehr, was sie immer war: Religiös.

Nur wir nicht.

Mittlerweile hat sich im Rest der Welt herumgesprochen, dass gerade unter Europas Eliten der Unglaube vorherrscht und es sie höchstens zu Yoga-Kursen, aber nicht in Kirchen zieht. Wenn ich mich bei Urlauben im indischen Goa oder in Galle auf Sri Lanka als Christ geoutet habe, war das Erstaunen groß. Ein Christ? Aus dem säkularisierten Europa? Und auch noch jünger als 50? Das gibt's noch?

Das Christentum ist in Deutschland tatsächlich weiter im Sinkflug. Schon in wenigen Jahren werden Christen erstmals seit dem frühen Mittelalter nicht die Bevölkerungsmehrheit stellen. Diese Entwicklung wird nicht nur den deutschen Alltag umkrempeln und womöglich auch zur Abschaffung der Kirchensteuer führen, sondern auch den Dialog mit anderen sehr viel religiöseren Gesellschaften erschweren.

Schon jetzt reden Deutschland und der Rest der Welt aneinander vorbei. Denn das, was bei uns das Etikett «Religion» trägt, würde in anderen Ländern als leere Hülle verspottet werden. Zu Recht.

«Kalte Religion» nennen Soziologen die bei uns verbreitete vernunftorientierte Art, sich Glaubensdingen zu nähern. Wo der kühle Intellekt im Mittelpunkt steht, wird keine emotionale Wärme produziert, und deshalb überleben solche Glaubensformen nur, wenn die Grundtemperatur durch steuerliche Subventionen künstlich über dem Gefrierpunkt gehalten wird.

Die Temperaturen einer Religion kann man daran messen, wie sehr sie den Alltag bestimmt. «Westeuropas Christen sind so religiös wie Amerikas Ungläubige», meldete das Magazin «Christianity Today» unter Berufung auf eine europaweite Umfrage.[64] Klingt wie ein Witz, ist aber so: Viele Deutsche, die sich als Christen bezeichnen, lehnen die zentralen christlichen Botschaften ab: dass Jesus Gottes Sohn ist, dass die Bibel von Gott inspiriert ist, dass Himmel und Hölle existieren – und überhaupt, dass es einen persönlichen Gott gibt.

Das amerikanische Forschungsinstitut Pew, das auf Religionsstudien spezialisiert ist, kam im Frühjahr 2018 zu dem Schluss: «Die meisten der europäischen Christen praktizieren ihren Glauben nicht.»[65]

Entsprechend wirklichkeitsfern sind viele öffentliche Debatten über Religion. Es ist mittlerweile ein Jahrzehnt her, dass die Bertelsmann-Stiftung ihren «Religionsmonitor» vorstellte: eine groß angelegte Untersuchung zur Lage der Religionen in der Welt.[66] Ich selbst durfte die Veranstaltung moderieren. Die Stimmung auf der Bühne war super. Im Halbrund saßen zwei Bischöfe der beiden großen Kirchen, eine liberale Muslimin und ein Vertreter der jüdischen Gemeinde Deutschlands. Sie freuten sich über die frohe Kunde des «Religionsmonitors»: Nicht nur in Asien, Afrika und Amerika waren die Menschen sehr gläubig – auch die Deutschen waren frommer als erwartet. Über zwei Drittel bezeichneten sich als «religiös», über zwanzig Prozent wurden sogar als «hochreligiös» eingestuft.

Nicht zur Sprache kam das Kleingedruckte. Für das Etikett «hochreligiös» reichte es schon, wenn man ab und zu in die Kirche ging und sich gedanklich mit den sogenannt «letzten Dingen» beschäftigte. Wenn es ans Eingemachte ging, an Geld und Sexualität, ließen die meisten der «hochreligiösen» Deutschen keinen Zweifel daran, dass ihnen Input von Oben wurscht war.

Kein Wunder, dass viele Deutsche konservative Katholiken oder Evangelikale für extrem halten. Und nicht verstehen, warum die meisten deutschen Muslime nicht in progressive Moscheen gehen, in denen «ImamInnen» predigen. Warum haben die sich so? Ist doch nicht so wichtig. Ist doch nur Religion.

Wer so denkt, dem empfehle ich eine Reise nach Indien. Hier reißen die Sikhs auch bei fünfundvierzig Grad im Schatten ihre Turbane nicht herunter. Millionen Hindus werfen sich beim «Kumbh Mela» in den schmutzigen Ganges, um von ihren Sünden gereinigt zu werden. Und Muslime verzichten während des Fastenmonats Ramadan tagsüber klaglos auf Essen und Trinken. Auch wenn das ihre Arbeitsfähigkeit stark beeinträchtigt.

Bei meinen Dreharbeiten in Kaschmir hatte ich mich auf gefährliche Situationen eingestellt, auf Steinewerfer, auf Schwierigkeiten mit der örtlichen Polizei, sogar auf Attentate. Nicht erwartet hatte ich, dass sich die Frömmigkeit unseres muslimischen Fahrers als größtes Sicherheitsrisiko erweisen würde. Ab halb fünf Uhr morgens rührte er keinen Bissen an, auch keinen Tropfen Wasser. Das wirkte sich nicht positiv auf seine Konzentration aus. Nachdem er uns den ganzen Tag durch holpriges Gelände gefahren hatte, wurde der Abstand zum Straßenrand und dem Abgrund dahinter immer kleiner, entgegenkommenden Autos wich er erst in letzter Sekunde aus. Aber er blieb stur, aus seiner Sicht: glaubensfest.

Kaum war die Sonne untergegangen, heizte er mit dem Auto in die Einfahrt zur nächsten Moschee, ließ uns auf dem Parkplatz stehen und absolvierte heißhungrig das «Fastenbrechen», das heißt die rituelle Mahlzeit am Ende des Fastentages. Heiße Religion eben.

Dass wir in Deutschland den globalen Religionstrend verschlafen, hat auch damit zu tun, dass wir Journalisten dem Thema in der Regel distanziert gegenüberstehen.

Bezeichnend ist das folgende Gespräch, das ich vor ein paar Jahren mit einem von mir hochgeschätzten Kollegen hatte, der auf einem einflussreichen Medienposten sitzt. Er erklärte mir, er sei aus der Kirche ausgetreten. Ich fragte nach dem Grund.

«Na, wegen den vielen Missbrauchsfällen, dem Zölibat, der Inquisition.»

Ich stutzte: «Hast du mir nicht einmal erzählt, dass du aus einer protestantischen Gegend kommst?»

«Stimmt. Ich war evangelisch. Wieso?»

«Das mit dem Zölibat, das sind doch die anderen.»

«Oh», sagte der Kollege und ergänzte achselzuckend: «Dann hat es wohl die Falschen getroffen.»

Ich kenne kaum einen Journalisten, Kirchenredakteure ausgenommen, der die Bibel vollständig gelesen hat, ganz zu schweigen vom Koran oder den Upanischaden. Immerhin ehrlich war der Korrespondent des «Wall Street Journal», mit dem ich mich bei einem Botschaftsempfang unterhielt. «Ich habe überhaupt keinen Zugang zum Thema Religion», bekannte er. «Ob Hinduismus, Islam, Buddhismus, Christentum – ich kann einfach nicht verstehen, wie Leute so etwas glauben können.»

Zum Glück berichtete er nur über Wirtschaftsthemen.

Journalisten sind Allrounder, keine Spezialisten. Deshalb ist es auch nicht so schlimm, wenn sie nicht die Zehn Gebote in korrekter Reihenfolge aufsagen oder die Mekka-Suren von den Medina-Suren unterscheiden können, Buddhas sieben Wege der Erleuchtung kennen oder die hinduistischen Gesetze des Manu.

Dafür gibt es ja Experten.

Dachte ich immer.

Seit ich nach Indien gezogen bin, habe ich meine eigenen Religionsstudien betrieben, mich mit Religionsführern unterhalten, die heiligen Schriften der großen Religionen gelesen und mich über ihre Ursprünge informiert.

Ich war geschockt, wie oft sich meine Entdeckungen von dem unterschieden, was ich im Religionsunterricht gelernt hatte und was mir angebliche Kenner auch heute noch als neuesten Stand der Wissenschaft verkauften.

«Siddhartha Gautama, der Buddha, wurde 563 vor Christus geboren», höre ich immer wieder bei Veranstaltungen und erfahre es aus Lehrbüchern. Oft wird verschwiegen, dass es auch ein ganz anderes Jahrhundert hätte sein können, dass es über den Buddha keinerlei halbwegs gesicherte Erkenntnisse gibt und dass die erste Buddha-Biografie siebenhundert Jahre nach seiner angeblichen Geburt erschien.[67] Das wäre so, als erschiene heute die erste Lebensbeschreibung über den Dichter Dante Alighieri (1265–1321) oder den Mystiker Meister Eckhart (1260–1328) – mit dem Hinweis im Vorwort, es hätte sich alles genau so zugetragen.

Auch sonst klaffen beim Buddhismus westliche Klischees und Vor-Ort-Realität weit auseinander. Der Buddhismus, den man in asiatischen Tempeln erlebt, hat oft wenig zu tun mit den auf Buddha zurückgeführten «Vier edlen Wahrheiten». In Kandy in Sri Lanka wird eine Zahn-Reliquie des Buddhas verehrt, in einem Tempel in der Hauptstadt Colombo eine Haarsträhne. Bei buddhistischen Festivals in Bhutan werden Amulette verkauft, die im «Jahr des Affen» vor Unfällen schützen sollen. Und im persönlichen Gespräch bekennen buddhistische Laien, dass sie sich vor der Hölle fürchten. Viele hoffen auch auf ein Paradies und klingen nicht so, als würden sie damit das Nicht-Sein im Nirwana meinen.

Glaubt man Religionshistorikern, war der Buddhismus am Anfang eine atheistische Philosophie oder jedenfalls eine, in der die

Götter keine Rolle spielten. Um ihre Trostlosigkeit abzumildern und sie auch für breite Volksschichten attraktiv zu machen, wurde der altindische Reinkarnations-Gedanke integriert und Buddha zur göttlichen Erlöserfigur aufgewertet.

Genau wie der Buddhismus ist auch der Hinduismus zwar eine Religion, aber kein einheitliches Glaubenssystem. Es geht – wie überhaupt bei den meisten nicht-monotheistischen Religionen – eher um das, was getan, als das, was geglaubt wird. Rituale sind wichtiger als Dogmen, die Gruppe wichtiger als der Einzelne mit seinen persönlichen Fragen. Das verrät beim Hinduismus, einer europäischen Wortschöpfung, schon der Name. Es ist eine geografische Zuordnung und bezieht sich auf den indischen Subkontinent, nicht auf eine religiöse Idee.

Um den Hinduismus richtig einzuordnen, stellt man sich am besten vor, die Rituale der alten Griechen hätten überlebt, die Tempel in Delphi und Korinth seien immer noch in Betrieb, und unter dem Oberbegriff «Hellenismus» wären die Mythen des Hesiod, die Epen des Homer, die Dramen des Euripides und alle vorsokratischen Philosophenschriften als einheitliche Religion zusammengefasst. Hinduismus ist nichts anderes als der Oberbegriff für viele sehr unterschiedliche Religionstraditionen. Sie sind außerdem zum Teil sehr viel jüngeren Datums als allgemein angenommen.

Die meisten Geschichten, die sich um indische Göttergestalten wie Krishna ranken, sind erst nach Christi Geburt entstanden – vermutlich auch unter dem Einfluss griechischer Sagen, die von europäischen Händlern über den Ozean oder den Himalaya gebracht wurden. Deshalb stimmt es nicht, wenn man den Hinduismus als älteste Weltreligion bezeichnet. Weder ist er einzigartig alt, noch ist er eine einheitliche Religion, noch gibt es ihn auf der ganzen Welt.[68]

Nicht besonders hilfreich sind auch einige wissenschaftliche Ausführungen über die Entstehung des Islams. Manche Autoren referieren Mohammeds Flucht nach Medina und seine Eroberung Mekkas, als wären die Fakten gesichert und die Quellenlage eindeutig.[69] Dabei ist die Propheten-Biografie, auf denen die Informationen beruhen, erst zweihundert Jahre nach Mohammeds Tod veröffentlicht worden, im Umfeld des Kalifenpalasts in Bagdad; übrigens etwa zur selben Zeit, in der die Geschichten aus Tausendundeiner Nacht niedergeschrieben wurden. Damit behaupte ich nicht, dass alles erfunden ist. Aber ich bin skeptisch gegenüber Historikern, die versichern, Mohammeds Leben und Lehren seien über diesen langen Zeitraum hinweg mündlich präzise überliefert worden.

Religionshistoriker sind weit weniger treuherzig, wenn es um die christliche Urgeschichte geht. Dabei ist die Quellenlage zur Jesus-Geschichte mit weitem Abstand die beste aller großen Religionen. Es gibt vier Jesus-Biografien, die auf Augenzeugenberichte zurückgehen und wenige Jahrzehnte nach seinem Tod entstanden sind. Dazu kommen nichtchristliche Quellen, die entscheidende Tatsachen bestätigen. Deshalb hat das Christentum den historisch-kritischen Faktencheck auch weitgehend unbeschadet überstanden.

Dem Islam steht das historisch-kritische Stahlbad noch bevor. Nachdem ich den Koran, das «Leben Mohammeds», einige Sprüche- und Anekdotensammlungen sowie mehrere Geschichtsbücher gelesen habe, weiß ich: Muslime, die ihren Glauben auf Fakten gründen wollen, haben Anlass zur Unruhe. Genau wie alle, die sich eine islamische Aufklärung wünschen. Der Islam ist von allen Weltreligionen diejenige, die am wenigsten ins postmoderne Zeitalter passt.

Trotzdem wächst sie weiter.

Das birgt jede Menge Konfliktstoff.

14. Die Welt wird islamischer
Mullahs ante portas

Nur ruhig, keine Panik, man muss nicht gleich Plätze für die Mars-Kolonialisierung buchen. Ich habe in den letzten Jahren viel Zeit mit Muslimen verbracht. Mit solchen, die sich zu den Gebetszeiten auf ihre Teppiche knieten. Und solchen, die auch im Fastenmonat Ramadan tagsüber tranken – und zwar Whisky. Ich bin nie respektlos behandelt worden, habe immer nur Wertschätzung für meinen Glauben gehört und kriege keine Angstschweißperlen auf der Stirn, wenn ich in Deutschland Moscheen sehe.

Ich glaube aber auch nicht, dass alles einfach gut wird.

Deshalb müssen wir über den Islam reden. Auch wenn es in diesen Zeiten heikel ist, das «I»-Wort zu benutzen. Schnell kommt der Vorwurf, man sei entweder zu islamfreundlich oder islamophob. Aber das Thema steht nun einmal auf der Tagesordnung. Keine Bevölkerungsgruppe wächst so schnell und so stark wie die muslimische – weltweit und noch mehr in Deutschland. Ein Viertel der Weltbevölkerung ist bereits muslimisch, in der zweiten Hälfte des Jahrhunderts wird ihr Anteil auf ein Drittel gestiegen sein.

Dass Muslime irgendwann auch in Europa die Mehrheit stellen, ist nicht zu erwarten. Sie werden den Kontinent dennoch stärker prägen als bisher. Weil sie ihre Religion viel ernster nehmen als Christen die ihre. In Umfragen bezeichnen sich fast alle Muslime als «sehr religiös». Bei Christen ist es nur eine Minderheit.

Schon in wenigen Jahren wird es in Deutschland mehr fromme Muslime als praktizierende Christen geben.[70]

Manche sehen darin überhaupt kein Problem, andere den Auftakt zur Apokalypse.

Wenn Faust heute leben würde und Muslim wäre, dann würde dem Gretchen vermutlich die folgende Frage auf dem Herzen brennen: Sag, wie hältst du's mit der Gewalt?

Bei meinen vielen Gesprächen mit Muslimen in Südasien musste ich die Frage gar nicht stellen. Irgendwann äußerten sie sich alle dazu – und immer auf dieselbe Art.

«Der Islam ist eine Religion des Friedens», versichern mir Afshan und Noshi Ejaz, zwei Schwestern und Künstlerinnen, die sich die «Töchter von Lahore» nennen, in der dortigen Altstadt leben und mit ihren Malereien die vom Verfall bedrohten Paläste konservieren. In Lahore gibt es immer wieder Terroranschläge gegen Christen oder Schiiten. Afshan und Noshi halten das für unislamisch.

«Der Islam ist eine Religion des Friedens», sagt Fayas, ein Muslim in Sri Lanka, der nicht mehr Fußball spielen kann, seit ihm Buddhisten schwere Verbrennungen zugefügt haben. Er will sich dennoch nicht rächen, sondern hat seinen Feinden vergeben.

«Ihr werdet nicht in den Himmel kommen. Ihr habt meinen gütigen Vater getötet», hat ein Mädchen in Kabul an die Mauer gepinselt. Die Taliban hatten ihren Vater bei einem Attentat ermordet. Als über hundert Religionsführer in Kabul zu einer Friedenskonferenz zusammenkamen, verabschiedeten sie sogar eine offizielle Resolution und erklärten alle Terroristen zu Feinden des Islams.

«Der Islam ist eine Religion des Friedens», war die Botschaft einer Delegation indonesischer Muslime, die nach Deutschland und in die USA gereist waren, um ihr Land als Vorbild und «role model» vorzustellen. In Indonesien, so versicherten sie, sei die friedliche Koexistenz von Christen und Muslimen verwirklicht. Ich selbst habe mitgeholfen, ihnen Gesprächstermine bei Bundestagsabgeordneten zu besorgen.

Doch ihre Friedenstour wurde gestört: von bestürzenden Nachrichten aus ihrer Heimat. Islamisten hatten Kirchen angegriffen, mehrere Christen getötet. Und überall im Land wurden Männer, die man bei schwulem Sex erwischt hatte, nach Scharia-Gesetzen abgeurteilt und öffentlich ausgepeitscht.

In Pakistan, Afghanistan und vielen anderen Ländern morden Terroristen im Namen des Islams. In keinem anderen Kulturkreis sind Christen und Vertreter anderer Religionen so vielen Diskriminierungen ausgesetzt.

Die islamische Welt hat ein Toleranz- und ein Gewaltproblem, das nicht kleingeredet werden kann durch den Verweis auf Friedens-Suren im Koran und die Leichen in den Kellern der anderen Religionen. Der Lebenslauf des Islams, seine Geschichte von der Eroberung Mekkas bis heute, ist verstörender als die Annalen der Christen, Hindus und Buddhisten.

Zugegeben: Der Koran enthält zahlreiche Stellen, in denen Friedfertigkeit angemahnt und die Freuden des Paradieses beschrieben werden. Allerdings gibt es noch mehr Stellen, die Höllenqualen androhen und zum Widerstand gegen Ungläubige aufrufen, auch zum gewaltsamen. Die späten Suren, die Mohammed kurz vor der Eroberung Mekkas vom Erzengel Gabriel empfangen haben soll, sind dabei die militantesten.

Noch problematischer aus moderner Sicht sind die – von Muslimen als wahr eingestuften – Berichte über Mohammeds Leben.[71] Er ordnete viele Hinrichtungen und sogar Massaker an. Wenn er Ähnlichkeiten mit Persönlichkeiten der Kirchengeschichte hat, dann nicht mit Jesus oder Paulus, sondern eher mit Konstantin dem Großen oder Karl dem Großen.

Konflikte und Gewalt prägten auch die Zeit nach seinem Tod. Seine Nachfolger bekämpften sich blutig und eroberten den halben Orient durch militärische Gewalt, nicht durch Mission.

Für Religionen gilt dasselbe wie für Einzelpersonen. Nichts wirkt sich bekanntlich so schädlich auf die Charakterentwicklung aus wie plötzliche Machtfülle. Darin liegt vielleicht eine Erklärung für die Malaise der islamischen Welt, die bereits vor tausend Jahren einsetzte. Der Islam hat sich nicht von seinen Anfangstriumphen erholt, hat sich im Unterschied zum Christentum nicht im Untergrund bewähren müssen.

Es gibt auch das andere Vermächtnis des Islams, das kulturelle. Islamisch geprägte Völker haben nicht nur eine blutige Spur gezogen, sondern der Welt auch Kaffee und Algebra beschert, den Taj Mahal und die Alhambra von Granada. Bedeutet die Ausbreitung des Islams in Europa deshalb einen Mehrwert? Und müssen wir anfangen, unser eigenes kulturelles Erbe aufmerksamer nach islamischen Beiträgen zu durchforschen?

Regelmäßig stoße ich in deutschen Zeitschriften auf Artikel, in denen die Geschichte des Islams auf «positiv» getrimmt wird.[72] Angeblich hätte der Islam tausend Jahre lang die Welt dominiert, wirtschaftlich und wissenschaftlich, und dem von mittelalterlich-mönchischer Strenge verdunkelten Westen das Feuer gebracht, mit dem die Lampe der Aufklärung entzündet wurde.

Wie war es wirklich?

Ich habe keine Islamwissenschaften studiert, aber mich in viele Bücher zur Entstehung und Ausbreitung des Islams vertieft. Was ich gelesen habe, stand oft im Gegensatz zu dem, was ich vorher als gesichertes Wissen angenommen hatte.[73]

Die bis heute populäre Version der Geschehnisse ab dem frühen 7. Jahrhundert sieht ungefähr so aus: Am Anfang stand die Offenbarung des Korans durch den Erzengel Gabriel an den arabischen Geschäftsmann Mohammed, der sich zum Propheten wandelte und die angeblich ultimative Botschaft des Gottes der Juden und Christen verkündete. Unter Mohammeds Führung und der seiner Nachfolger konnten erst der arabische Raum und bald weite Teile Nordafrikas und Asiens erobert werden, schließlich sogar die spanische Halbinsel.

Neueste Untersuchungen machen ein ganz anderes Szenario wahrscheinlich: Arabische Stämme nutzten die Schwäche des christlich-byzantinischen Imperiums aus, das zur selben Zeit von einer schrecklichen Pest heimgesucht wurde.[74] Auftrieb gab ihnen eine neue, ganz auf die arabische Kultur zugeschnittene christliche Sekte, die einen puren Monotheismus predigte, also die Gottessohnschaft Jesu leugnete. Die Anhänger dieser neuen Glaubensrichtung sahen sich in der Kontinuität der Jahwe- und Jesus-Offenbarung, als Vertreter einer Version 3.0 derselben Tradition. Bei den zeitgenössischen Christen waren sie nicht als «Muslime» oder «Islam-Anhänger» bekannt, sondern als «Hagariten» und «Ismaeliten», also als Nachkommen der Zweitfrau des biblischen Erzvaters Abraham und ihres Sohns.

Erst mit den Jahren und der immer größeren Machtfülle der Araber begann sich diese Gruppierung als eigenständige Religionsgemeinschaft zu etablieren.

Es ging also nicht primär um unterschiedliche Glaubensüberzeugungen, sondern um unterschiedliche Machtinteressen.[75]

Deshalb ist es auch falsch, alle orientalischen Errungenschaften ab dem siebten Jahrhundert auf das Konto des «Islams» zu verbuchen, als ob es in der Region vorher nie eine Hochkultur gegeben hätte. Tatsächlich liegt die Wiege der Zivilisation im Mittleren Osten, hatten die Babylonier, Assyrer, Perser die Menschheitsgeschichte entscheidend geprägt, hatte es mächtige arabische Königreiche gegeben. Nicht von ungefähr kommen die weisen Männer, die das Jesuskind in Bethlehem besuchen, aus diesem Kulturraum.

Wenig mit einer neuen Religion zu tun haben zunächst einmal auch die «Goldenen Jahre» des Islams unter der Herrschaft der Kalifen in Bagdad. Die medizinischen, philosophischen und mathematischen Fortschritte gingen zum Großteil auf das Konto von Fremdverstärkungen: Christen, Juden, Zarathustra-Anhängern. Das damalige Bagdad, das wegen den Expansionserfolgen und der Kontrolle der wichtigsten Handelsnetze im Gold schwamm, glich dem heutigen Dubai oder Abu Dhabi.[76] Man kaufte sich das kulturelle Know-how ein. Und nicht nur das. Im frühen 9. Jahrhundert entstand in Bagdad das Wissenschaftszentrum «Haus der Weisheit» – aber auch der größte Harem der Welt. «Golden» waren diese Jahre nicht zuletzt für Sexsklaven-Importeure.

Keine gute Nachricht für viele Frauen war deshalb die Eroberung Konstantinopels im Jahr 1453. Fast tausend Jahre zuvor hatte die christliche Kaisergattin Theodora I. (500–548), die in ihrer Jugend selbst aus der Not heraus als eine Art Stripperin und Escort-Girl gearbeitet hatte, hier ein Frauenhaus eingerichtet, den Mädchenhandel verboten, die Zwangsprostitution unterbunden.[77]

Ihr Ehemann, der Kaiser Justinian I. (482–565), errichtete den spektakulärsten Sakralbau des frühen Mittelalters, die Hagia Sophia. Als Mehmet II., «der Eroberer» (1432–1481), die Stadt unter seine Kontrolle brachte, ließ er nahe der Hagia Sophia seinen Topkapi-Palast bauen – mit einem Harem, dessen Ausmaß jeden Besucher auch heute noch verblüfft, oder besser: bestürzt.

Dringend korrigiert gehört der Trugschluss, es seien die Kreuzzüge gewesen, die die islamische Blüte zum Verwelken gebracht hätten. 1095 – im selben Jahr, als die Kreuzzüge begannen – veröffentlichte der führende islamische Philosoph Al-Gazali (1058–1111) die Kampfschrift «Die Widersprüchlichkeit der Philosophen». Er wandte sich gegen alle, die mehr auf Vernunft als auf Gehorsam setzten. Während in Europa die ersten Universitäten entstanden, wurden in der islamischen Welt Koranschulen gebaut. Seit dieser Zeit gibt es kaum eine wissenschaftliche Innovation, keine soziale Errungenschaft, die aus der islamischen Welt hervorgegangen wäre.

Auch der Islam selbst veränderte sich. Der Prophet Mohammed, der im Koran nur sehr selten namentlich erwähnt wird, rückte immer mehr ins Zentrum. Die von ihm überlieferten Gebote flossen ein ins neue Rechtssystem, die Scharia.

Es stimmt deshalb nicht, wenn der Beginn des kulturellen Niedergangs der islamischen Welt erst auf das Jahr 1485 datiert wird. Damals verbot der osmanische Sultan Bayezid II. (1447–1512) den Buchdruck. Einige Wissenschaftler sehen darin die Erklärung dafür, dass es im Islam bisher keine Reformation, keine Aufklärung und keinen intellektuellen Anschluss an die Moderne gegeben hat.[78]

Aber könnte die Erklärung nicht viel einfacher sein? Was, wenn der Islam deshalb im frühen Mittelalter seine Blütezeit hatte, also vor allem in den Jahren zwischen 750 und 1000, weil er eben besonders gut in diese Zeit passte? Was, wenn eine Religion, deren Namen übersetzt «Unterwerfung» bedeutet, einfach weniger kompatibel ist mit dem Hauptmotor der Moderne, dem Streben nach Freiheit?

Vielleicht macht es genau das so schwer, den Islam in moderne westliche Gesellschaften zu integrieren. Das ginge vielleicht noch auf Grundlage des Korans, der stark von jüdischen Geschichten und christlichem Gedankengut geprägt ist. Aber spätestens beim Vorbild des Propheten Mohammed scheiden sich die streng-muslimischen und überzeugt-christlichen Geister.

Das zeigt sich auch beim Umgang mit den Frauen, die im 21. Jahrhundert, wie bereits beschrieben, auf dem Vormarsch sind.

Der Islam ist die einzige große Glaubensgemeinschaft, bei der Männer Umfragen zufolge religiöser sind als Frauen.[79] Sie profitieren ja auch mehr davon. Und sie berufen sich auf das Vorbild des Propheten, der den Männern vier Ehefrauen erlaubte (und sich selbst neun), der seine Gefolgsleute mit Sexsklavinnen belohnte und Ehebrecherinnen steinigen ließ. Das sind alles keine Unterstellungen, sondern wurde von seinen Anhängern exakt so überliefert.

Islam-Apologeten verteidigen ihn mit dem Hinweis, er habe insgesamt die Rolle der Frau aufgewertet. Aber gegenüber welchen Verhältnissen eigentlich? Sein politischer Aufstieg begann damit, dass eine reiche Unternehmerin ihn heiratete. Es gab also unabhängige Frauen, bevor der Islam existierte. Beispiele für die Zeit danach zu finden, ist schon schwerer.

Noch immer werden in vielen islamischen Ländern Frauen diskriminiert, wird ihr Leben stärker reguliert als das der Männer. Von einer Reise in den Iran sind mir vor allem die Frauen im Gedächtnis geblieben, die bis zur Landung in Teheran lachend ihre Haare geschüttelt hatten. Kaum ging die Flugzeugtür auf, wickelten sie sich hastig Tücher um die Köpfe.

Ich denke auch an die Landarbeiterinnen in Kabul, die sich unter Tränen darüber beklagen, dass ihre Ehemänner sich Zweitfrauen genommen haben und ihren Gattinnen damit drohen, sie aus dem Haus zu werfen, wenn sie sich beschweren.

In Dhaka, der Hauptstadt von Bangladesch, ziehen immer mehr Frauen schwarze Burkas über, sogar auf dem Campus der eigentlich recht liberalen Universität. «Manche bekommen Geld dafür, dass sie so herumlaufen», erzählte mir ein Professor. Überall im Land entstehen neue Moscheen, in denen Fundamentalisten einen Islam wie zu Mohammeds Zeiten predigen. Das Geld für die Burka-Stipendien und die Moscheen kommt von den Saudis, die auch den Bau neuer Koranschulen finanzieren. Dasselbe passiert in Pakistan. Dort hat sich die Anzahl fundamentalistischer Koranschulen in den letzten vier Jahrzehnten verhundertfacht – von vierhundert auf vierzigtausend.[80]

Auch entlang der indischen Südwestküste habe ich viele brandneue Moscheen gesehen – und Frauen, die ihre Gesichter ganz oder teilweise verhüllen. Religiöse Ghettos sind entstanden. Einige Jugendliche haben sich dem IS angeschlossen, sind zum Kämpfen und Sterben in den Irak gezogen. Dabei war der Bundesstaat Kerala lange Zeit vorbildlich für das harmonische Zusammenleben von Christen, Hindus und Muslimen. Bis saudische Koranlehrer, ausgestattet mit Millionenbudgets, einen fundamentalistischen Islam nach Kerala brachten. «Nach der Jahrtausendwende hat das angefangen», klagt ein indischer Journalist. «Weil wir den Dingen ihren Lauf gelassen haben. Macht in Deutschland nicht denselben Fehler.»

Vorschläge, wie man die Verbreitung eines fundamentalistischen Islams in Deutschland verhindert, gibt es genug. Sie reichen von Moschee-TÜVs bis zu Kleidungsvorschriften. Ich weiß auch nicht, wo das öffentliche Ärgernis beginnt: bei der Burka (Ganzkopfbedeckung), beim Nikab (Augen frei), beim Hidschab (Gesicht frei) oder schon beim Kopftuch? Sollen Schulmädchen Burkinis statt Badeanzügen und Bikinis tragen dürfen? Oder dem Schwimmunterricht ganz fernbleiben?

Die Debatten über solche Fragen dürfen wir uns nicht ersparen.

Ärgerlich sind in diesem Zusammenhang schräge Analogien. Voll daneben ging der irre Twitter-Kommentar des Staatsministers im Auswärtigen Amt, Michael Roth (*1970). Der SPD-Politiker wandte sich gegen einen «Hassprediger»-Islam. «Der gehört genauso wenig zu Deutschland wie evangelikaler Fundamentalismus», urteilte er. Ich habe keine Ahnung, auf wen konkret er den Fundi-Vorwurf münzte. Er ging so oder so ins Leere. Ich habe inzwischen zweitausend Gottesdienstpredigten gehört, in Hunderten von Gemeinden, darunter theologisch sehr konservativen, und in über zwanzig Ländern. Ich habe kein einziges Mal einen Aufruf zur Gewalt gehört, nicht ein einziges Mal verbale Übergriffigkeiten. Stattdessen gab es unzählige Appelle, Feinden zu vergeben und Frieden zu stiften, oft flankiert von sozialen Hilfsangeboten für Senioren, Arbeitslose, Zuwanderer.

Ich glaube nicht, dass es viele Moscheen auf der Welt gibt, in denen zur Feindesliebe aufgerufen wird. Aber ich weiß, dass es sehr viele Muslime gibt, die sich für Gerechtigkeit und Barmherzigkeit einsetzen, die Zufluchtsstätten für missbrauchte Frauen einrichten, die Schulen für Arme finanzieren, die einfach gute Menschen sind.

Ein friedliches und sogar fruchtbares Miteinander von Christen, Muslimen und den Anhängern anderer Religionsgemeinschaften ist möglich, das habe ich im irakischen Erbil gesehen und im libanesischen Beirut (wo allerdings die christlichen Viertel die eindeutig liberaleren sind), das kenne ich aus Berlin und sowieso aus Delhi.

Bei aller berechtigten Angst vor islamistischen Scharfmachern darf man nicht vergessen: Die schlimmsten Kriege der letzten hundert Jahre wurden nicht von Muslimen geführt. Und heute finden die härtesten Auseinandersetzungen im islamischen Raum nicht zwischen Muslimen und Andersgläubigen statt, sondern zwischen Schiiten und Sunniten: den Anhängern der «Partei Alis», des ausgebooteten Mohammed-Neffen, und den Anhängern der «Tradition», Alis siegreichen Gegnern und deren Nachkommen.

Es ist ein Gebot der Vernunft, Christen und Muslime an ihre gemeinsamen Wurzeln zu erinnern und daran, dass «Gott» und «Allah» Synonyme sind.

Es ist aber auch ein Gebot der Ehrlichkeit, darauf hinzuweisen, dass es die Muslime waren, die sich im Verlauf ihrer Geschichte immer mehr von diesen Wurzeln entfernten. Und zwar indem sie zunehmend dem Mekka-Eroberer Mohammed die zentrale Bedeutung zuwiesen, die ursprünglich Jesus bei ihnen hatte.

Weniger Mohammed, dafür mehr Jesus. Der Retter und Heiler statt dem Kämpfer. Dieser Appell klingt zwar zunächst islamfeindlich, bewegt sich aber ganz auf der Linie des Korans. Und der steht nach islamischem Verständnis über dem Propheten.

15. Die Welt wird sinnloser
Warum es immer mehr Gottlose gibt,
aber sie sich trotzdem nicht vermehren

Lobpreiszeit in meinem indischen Fitness-Studio. Durch den Raum mit den Gewichtsmaschinen und Laufbändern hallt der Song «Hymn» von Kesha: «Das ist ein Lobpreis für die Lobpreislosen, für Kinder ohne Religion. Wir sündigen weiter, wir singen weiter, wir sausen den Highway hinab …»

Die Leute im Studio lassen sich von dem Text berieseln, stemmen und strampeln ungerührt weiter. Aber ich lege meine Hanteln auf den Boden. Ich komme ins Grübeln. Ist das, was die Pop-Chanteuse besingt, tatsächlich der Trend?

Wenn ich nach den Zeitschriften urteile, die in deutschen Bahnhofskiosken verkauft werden, dann schon. Ich habe mehrfach nachgezählt und finde dreimal so viele «Tattoo»-Ratgeber wie christliche Magazine.

Wie säkular Deutschland ist, wird mir auch deutlich, wenn ich mit nicht-gläubigen Kollegen diskutiere. Manche finden nichts dabei, den Gott des Alten Testaments mit Worten von unterhalb der Gürtellinie zu bezeichnen. Sie regen sich aber auf, wenn jemand von «Mohrenköpfen» oder «Negerküssen» redet. Solche Worte können dunkelhäutige Mitbürger verletzen, finden sie. Dass Gläubige wie mir Gottes-Beschimpfungen wehtun, kommt ihnen nicht in den Sinn.

Neben den Muslimen vermehrt sich in Europa keine Glaubensgruppe so stark wie die Un-Glaubensgruppe. Als «Nones» bezeichnen englischsprachige Soziologen die Menschen, die sich keiner Religion zugehörig fühlen. Die «Nones» werden immer mehr. Sie vermehren sich dennoch nur langsam. Atheisten und Agnostiker bekommen weniger Kinder als Religiöse.

Der Trend zum Leben ohne Gott und ohne höheren Sinn hat

Nebenwirkungen, unter anderem eine sehr konjunkturfördernde. Er steigert die Konsumfreude. Das seelische Vakuum muss schließlich gefüllt werden.

«Wo keine Götter sind, walten Gespenster», unkte der christliche Dichter Friedrich von Hardenberg, besser bekannt unter seinem Künstlernamen Novalis (1772–1801). Er dachte dabei an den Spuk der Französischen Revolution. Der Aufstand gegen die alte Ordnung, auch die kirchliche, endete in einem Blutrausch, kostete mehr Menschen das Leben als alle europäischen Hexenprozesse zusammen. Die Kriege, die der Revolutions-Erbe Napoleon anzettelte, forderten fast genauso viele Opfer wie der Dreißigjährige Krieg.

Was alles möglich wäre, wenn Gott aus dem allgemeinen Bewusstsein verschwinden würde, bereitete auch dem Schriftsteller Dostojewski (1821–1881) Kopfzerbrechen. In seinen Romanen «Schuld und Sühne», «Die Dämonen» (der ursprüngliche Titel lautete: «Die Atheisten») und «Die Brüder Karamasow» treibt der Nihilismus Menschen in die Fänge von Sekten, in den Wahnsinn, in den Mord. Dostojewski sagte die staatlich organisierten Massenmorde des 20. Jahrhunderts voraus – und gab daran dem Nihilismus und Atheismus die Schuld.

Obwohl er Dostojewski bewunderte, kam der deutsche Philosoph Friedrich Nietzsche zu einem ganz anderen Schluss. Er versprach sich vom Ende des Christentums einen neuen Aufbruch, das Zeitalter des Übermenschen, die Umkehrung aller Werte. Ob seine «Philosophie mit dem Hammer» mithalf, den Nationalsozialismus zu schmieden, ist bis heute umstritten. Die fabrikmäßige Tötung von Millionen Menschen, die vorher als «Untermenschen» eingestuft worden waren, kratzte jedenfalls an seinem Image.

Heute gehört Nietzsche wieder zu den Superstars unter den Philosophen. Seine Lobgesänge auf den Lebenshunger, seine Hochrufe auf den «Willen zur Macht» kommen auch bei Asiens jungen Intellektuellen gut an. Überall hängen Poster mit seinem schnauzbärtigen Gesicht – in den Übungsräumen afghanischer Rockbands, in den Apartments freidenkerischer Blogger in Bangladesch, in Design-Boutiquen in Shanghai. Sogar feministische Poetinnen in Indien schwärmen von ihm. Sie finden Nietzsches Vorstellung einer mitleidlosen Welt, in der sich der Einzelne rücksichtslos durchboxen muss, ziemlich wirklichkeitsnah. Nietzsche ist ihr neuer Guru, seit sie den alten Göttern und Lehrmeistern abgeschworen haben.

Die Religionsskepsis und der Nihilismus sind älter als das Christentum. Philosophen wie der Grieche Epikur (ca. 341–270 v. Chr.) und der Römer Lukrez (ca. 95–55 v. Chr.) waren davon überzeugt, dass das Leben keinen anderen Sinn hat, als es zu genießen. Horaz (65–8 v. Chr.) war derselben Ansicht. Seine Dichtung gilt als literarischer Höhepunkt der römischen Klassik. Im Lateinunterricht habe ich seine Gedichte übersetzen müssen, auch seinen weltberühmten Ratschlag «Carpe Diem» – «Ergreife den Tag».

Vorenthalten hat meine Lateinlehrerin mir einen Vers, der in den «Satiren» des Horaz vorkommt und der tief blicken lässt: nämlich in den Abgrund des nihilistischen Lebensprinzips. «Wenn du Lust auf Sex hast, und ein Sklavenmädchen oder ein Sklavenjunge in der Nähe ist», wendet Horaz sich an sein überwiegend aristokratisches Publikum, «dann reagier dich lieber an ihnen ab, bevor du vor Geilheit platzt».[81]

Vor dem Hintergrund einer solchen Amoralität wird die befreiende Wirkung der Frohen Botschaft von Jesus Christus erst richtig deutlich. Jesus kam ein paar Jahre nach dem Tod des Horaz auf die Welt, in einer Zeit, in der Unterdrückung und Ausbeutung besonders virulent waren.[82] Seine Worte fielen vor allem bei sozialen Randgruppen, bei Migranten, bei Abhängigen auf fruchtbaren Boden. Der Glaube, dass es nichts gibt außer Materie und Energie, blieb etwas für Privilegierte.

Deshalb gehört dem religiösen Nihilismus nicht die Zukunft. Es ist für die meisten Menschen einfach attraktiver, statt an den Zufall an einen Schöpfer zu glauben, für sich eine Seele zu reklamieren statt eine bloße Psyche, über ein Bewusstsein zu verfügen und nicht über sinnfreie Nervenzell-Aktivitäten, Liebe für real und nicht für einen blinden Tanz der Moleküle zu halten und sich nach einem Himmel statt nach einer schwarzen Leere auszustrecken.

Die Propheten des Nichts sind überdies den Beweis schuldig geblieben, dass sich aus ihren Überzeugungen ein Gemeinschaftssinn ableiten und eine menschenfreundliche Ethik begründen lässt.[83] Wer den Unglauben zu seiner Lebenshaltung gemacht hat, steht im Dunkeln, wenn die Lichter des Wohlstands und der antrainierten Anständigkeit ausgehen.

Das spricht sich mittlerweile auch unter hartgesottenen Atheisten herum.

Der britische Philosoph John Gray, der nach eigenem Bekenntnis selbst an keinen Gott glaubt, geht mit seinen Unglaubensgeschwistern hart ins Gericht. In seinem neuesten Buch beschreibt er «Sieben Arten des Atheismus»[84], als wären es unterschiedliche Denominationen einer großen Religion. Und genauso, höhnt Gray, führen sich die meisten Atheisten auch auf. Als hätten sie dem Glauben abgeschworen, nur um neue Anbetungsobjekte zu finden: statt Yahwe nun eben die Menschheit an sich bzw. den humanistischen Fortschritt.

Gray zeigt den kolossalen Widerspruch der idealistischen Gottlosen auf. Sie glauben an nichts, wollen aber auf dem Nichts eine Ethik begründen und aus dem Nichts Sinn und Hoffnung ableiten.

Grays eigene Weltsicht ist gnadenlos hoffnungslos: «Eine wahrhaft naturalistische Weltsicht lässt keinen Raum für irgendeine Hoffnung.» Auch nicht für eine höhere Moral. Den zufällig zusammengewürfelten Molekülen ist es egal, ob kleine Kinder liebevoll erzogen oder ob sie gequält, geschlachtet und verzehrt werden. Gray rät: «Jeder, der seine Moral durch irgendetwas außerhalb der unbeständigen menschlichen Welt absichern will, sollte besser zu einer altmodischen Religion zurückkehren.» Er selbst behauptet, mit der Sinnlosigkeit der eigenen Existenz klarzukommen. Seine Art des Atheismus ist ein melancholisches Arrangement mit dem, was er nun mal für wahr hält. Er ist siebzig Jahre alt, vielleicht auch schlichtweg zu festgefahren in seinen Überzeugungen, um den Sprung des Glaubens doch noch einmal zu versuchen.

Viele junge «Nones» werden hingegen den Absprung schaffen. Was haben sie auch zu verlieren? Das religiöse Leben ist einfach reicher, bunter, größer. Dagegen ist an der Glaubenslosigkeit heutzutage, anders als in früheren Jahrhunderten, nichts Rebellisches oder gar Heroisches. Es ist die Standardeinstellung unter Akademikern, für die man sich nicht rechtfertigen muss, für die man aber auch nicht bewundert wird.

Der Unglaube fordert nichts, gibt aber auch nichts. Keinen Glauben, keine höhere Liebe, keine ewige Hoffnung. Und auch keinen Wertigkeits-Bonus gegenüber den künftigen gefährlichsten Herausforderern der Menschen: den Computern und Robotern, um die es im nächsten Kapitel geht.

Dennoch will ich meine Atheismus-Abrechnung fairerweise abmildern. Schon alleine deshalb, weil die «Nones», die ich kenne, fast ausnahmslos nette Zeitgenossen sind und vernünftige Werte haben. Von ihnen hat mich niemand je für meinen Glauben ausgelacht.

In vielen südasiatischen Ländern sind Atheisten und Agnostiker sogar wichtige Verbündete von Christen beim Kampf für Religionsfreiheit. Ich habe Blogger in Bangladesch, Künstler in Karachi, Club-Betreiber in Kabul und Journalisten in Delhi getroffen, die aus den unterschiedlichsten Gründen die Nase voll hatten von den Religionen, mit denen sie aufgewachsen waren. Sie wären aber nie auf den Gedanken gekommen, mich für meine christliche Überzeugung zu kritisieren oder überhaupt die Möglichkeit eines höheren Wesens prinzipiell auszuschließen.

Darin sehe ich einen positiven Trend, der sich hoffentlich bald zu den radikalen Atheisten in Europa und den USA herumspricht. Wer nicht an Gott glauben will, soll dies ruhig tun, aber sich nicht zu viel darauf einbilden.[85] Nicht die Freiheit, auch nicht die Freiheit von einer höheren Gewalt, ist das Endziel des menschlichen Strebens. Das Endziel ist, wie bereits der griechische Philosoph Aristoteles (384–322 v. Chr.) erkannt hat, die Glückseligkeit. Es ist kein Zufall, dass die allermeisten Menschen diese Glückseligkeit jenseits von sich selbst gesucht haben und weiter suchen.

Auch das unterscheidet uns von Robotern.

16. Die Welt wird künstlicher
Hilfe, die Liebesroboter kommen!

Willkommen in der Zukunft!

Dabei sieht es hier auf den ersten Blick gar nicht so aus. Ich befinde mich in einem Vorort der nordindischen Landeshauptstadt Chandigarh. Ich betrete ein dreigeschossiges Haus. Im Erdgeschoss residiert eine dreiköpfige Familie: Mutter Daljinder, Vater Mohinder und ihr Sohn Armand. Ich habe sie bereits vor einem Jahr besucht, kurz nach der Geburt des Jungen. Das Zuschauerinteresse an dem Bericht war so groß, dass ich zum ersten Geburtstag wiederkomme. An Armand ist nichts Besonderes. Ein ganz normales Kleinkind, vielleicht etwas mager. Wie seine Eltern, die wirken auch ziemlich ausgezehrt. Und sind deutlich älter.

Daljinder ist 72, Mohinder 81.

Berühmt von den beiden ist vor allem Daljinder. Sie ist die älteste Frau, die ein Kind zur Welt gebracht hat. Die späte Geburt erinnert an Sara, die Frau des biblischen Patriarchen Abraham, die im hohen Alter den verheißenen Sohn Isaak zur Welt brachte. In der Bibel ist es Gott, der das Wunder ermöglicht.

Daljinder und Mohinder haben sich auf ein Zentrum für künstliche Befruchtung verlassen. Der Klinikchef hatte keine Bedenken. Daljinder sei noch fit und ihre Schwangerschaft eine gute Werbung für sein Institut. Daljinder und Mohinder wollten sich endlich ihren lang gehegten Kinderwunsch erfüllen. Und damit auch der ungeliebten Verwandtschaft eins auswischen. Die lauerte darauf, dass die beiden Alten ohne Erben sterben würden. Bätschi!

Ein Jahr nach der Geburt sind die Eltern nicht mehr so überzeugt, dass die späte Elternschaft eine gute Idee war. «Ich habe seit der Geburt überall Schmerzen», klagt Daljinder. Sie und ihr Mann sorgen sich, was mit Armand passieren würde, wenn sie nicht mehr auf ihn aufpassen können. Das könnte jederzeit der Fall sein.

Daljinder und Mohinder stehen für Segen und Fluch der modernen Technik.

Die zwiespältigen Auswirkungen des Fortschritts kann man an vielen Orten in Indien beobachten.

Bei der Kamelmesse in Pushka wechseln jedes Jahr weniger Exemplare des traditionellen Lasttiers den Besitzer. «Die Leute schaffen sich lieber Traktoren und Lastwagen an», klagen die Händler. Kamele seien heutzutage nur noch als Dekoration bei religiösen Festen oder als Beförderungsmittel für Touristen zu gebrauchen.

Kaum Kunden haben auch die Puppenspieler in Jodhpur. «Kathputli» heißt ihr Marionettentheater, bei dem sie Hindu-Mythen nacherzählen. Ich interviewe einen Puppenspieler auf seinem Hausdach. Er hat seine Figuren mitgebracht, Könige, Prinzessinnen, Dämonen, liebevoll geschnitzt, bemalt, kostümiert. Sie hängen traurig an den Marionettenfäden.

Er klagt, dass seine Aufführungen schlecht besucht seien. Wegen der Konkurrenz durch das Fernsehen und das Internet. «Für die alten Geschichten interessiert sich überhaupt keiner mehr, die Leute wollen, dass wir Seifenopern oder Bollywood-Romanzen nachspielen.» Die meisten Kathputli-Spieler hätten inzwischen den Beruf gewechselt. Außer ihm würde nur noch eine andere Familie die Kunstform praktizieren, und auch er sei sich nicht sicher, ob er die Technik an seine Kinder weitergeben könne.

Mittlerweile stehen auch auf Dächern ringsherum viele Menschen, vor allem Kinder, und schauen neugierig zu. Ihr Interesse gilt nicht den Kathputli-Figuren, sondern meinem Kamerateam. «Kommen wir ins Fernsehen?», wollen sie wissen.

Im produzierenden Gewerbe frisst der Fortschritt noch viel mehr Jobs. Kaum ist es gelungen, in vielen Textilfabriken von Bangladesch, Pakistan und Indien halbwegs menschenwürdige Verhältnisse und Löhne zu etablieren, stehen diese «Sweatshops» schon wieder vor dem Aus. In den nächsten Jahrzehnten können vollautomatische Maschinen die Arbeiter verdrängen. Sie sind zwar etwas teurer in der Anschaffung und Wartung, klagen und streiken aber nicht und können noch höhere Stückzahlen produzieren.

Selbst die Computerbranche bleibt nicht von der Automatisierung verschont. In Pune stürzt sich ein junger Software-Programmierer aus einem Hotelzimmer in den Tod. Er hatte befürchtet, dass die Entlassungswelle in der Branche auch ihn treffen würde.

Pune, früher bekannt als Poona, hat sich in Deutschland als Zentrum der Bhagwan-Bewegung einen Namen gemacht. Mittlerweile haben sich rund um den Aschram viele Technologiefirmen angesiedelt und hunderttausende Jobs geschaffen. Der Boom geht allerdings schon wieder zu Ende. Bisher haben die indischen Fachkräfte davon profitiert, dass sie für Gehälter arbeiteten, die weit unter dem europäischen und amerikanischen Niveau lagen. Doch anstelle ihrer Problemlösungskompetenz gibt es mittlerweile ausgefeilte Algorithmen, und ihre Call-Center-Beratungskünste können bald von sprachfähigen Computerprogrammen erledigt werden.

«Was wird aus uns?», fragten sich die entlassenen Mitarbeiter, die sich zu einem Krisengespräch in einem Restaurant getroffen hatten. Sie müssen Familien ernähren, die Bildung ihrer Kinder finanzieren, ihre Häuser abbezahlen, ihre Arztrechnungen begleichen. Viele von ihnen waren nicht einmal vierzig Jahre alt. Trotzdem standen sie bereits vor dem beruflichen Aus.

Wir alle stehen vor der dritten technischen Revolution und der größten überhaupt. Weil sie so viele Lebensbereiche betrifft.

Erst kam die landwirtschaftliche Revolution der Steinzeit, die uns Menschen sesshaft werden ließ. Im 18. und 19. Jahrhundert folgte die industrielle Revolution. Und nun die digitale Revolution, die von Durchbrüchen in der Biotechnologie flankiert wird. Immer mehr Menschen fragen sich, ob die Welt sich dadurch zum Guten oder Schlechten entwickelt. Erhöht die Virtualisierung und Synthetisierung des Lebens wirklich die Lebensqualität?

Es mag daran liegen, dass ich mit Ende vierzig in die Midlife-Crisis rutsche, jedenfalls vermisse ich die analogen siebziger und achtziger Jahre: übersichtliche Drei-Kanäle-Fernsehprogramme, Vinylplatten und Mixtapes, Stars, die noch welche waren: Bowie, Prince, Freddie Mercury statt: «Hat-die-meisten-Downloads-in-den-letzten-24-Stunden» featuring «Morgen-schon-wieder-vergessen» remixed by «Kenn-ich-nicht». Die Aussicht auf selbstfahrende Autos finde ich wenig verheißungsvoll. Die Vorstellung von Liebesrobotern widert mich an.

Große Hoffnungen setze ich wie viele andere Menschen auch auf den medizinischen Fortschritt. Wirkstoffe gegen Krebs, Alzheimer, Parkinson? Ja, bitte!!!

Angst machen mir dafür allwissende und allmächtige Computer. Deren Allzweckwaffe sind Algorithmen, also computergestützte Problemlösungshilfen.

Der Erfinder des Algorithmus kommt nicht aus der amerikanischen Bay Area, sondern aus Bagdad. Er war einer von vielen Gelehrten, die dort vor über tausend Jahren im «Haus der Weisheit» angestellt waren. Er kam aus Persien und hieß mit vollständigem Namen Abu Dschafar Muhammad ibn Musa al-Chwārizmi (780–850), kurz: Alchwarizmi. Nach ihm wurde die Rechenkunst benannt, die zu Google führte. Aus Alchwarizmi wurde der Algorithmus.

Algorithmen sortieren unser Wissen effektiver, als unsere Gehirne es je könnten. Ich profitiere davon täglich bei meiner Arbeit, spare mir Bibliotheksbesuche und Anrufe beim Statistischen Bundesamt. Algorithmen helfen dabei, Fragen zu beantworten, aber sie stellen selbst keine, zumindest derzeit noch nicht.

Algorithmen sind immer öfter im Spiel, wenn Menschen vor ihrer schwierigsten Wahl stehen: der Partnerwahl. Computer übernehmen die Funktion, die Eltern in traditionellen indischen Familien haben: Sie arrangieren unsere Beziehungen. Vielleicht wird es in einigen Jahren einen absolut treffsicheren Algorithmus geben, bei dem «the perfect match» nicht nur ein leeres Versprechen ist. Der Computer braucht nur genügend Datenmaterial – Informationen über unsere DNA, unsere Zeugnisse, dazu unseren E-Mail-Verkehr, unsere Facebook-Einträge und alle Internetseiten, die wir in den letzten zehn Jahren besucht haben. Irgendwo da draußen gibt es dann bestimmt einen Menschen, der genau dazu passt.

Algorithmen sind die Wunderwaffe des Informationszeitalters. Ihr Potenzial ist noch lange nicht ausgeschöpft.

Sie können für Unternehmen die richtigen Mitarbeiter auswählen. Sie können Einwanderungsbehörden dabei unterstützen, die Integrationsfähigkeit von Zuwanderern zu prognostizieren. Oder Richtern helfen, die Rückfallwahrscheinlichkeit von Delinquenten vorherzusagen. Sie können uns, wenn wir sie mit den nötigen Daten füttern, eine Gesundheitsdiagnose stellen und dazu die passende Therapie vorschlagen. Sie können Plattenfirmen verraten, welcher Song ein Hit wird.

Sie können unser Leben einfacher und risikofreier machen.

Irgendwann wird sich allerdings die Frage stellen, wer hier das Sagen hat: die Computer oder wir?

Zukunftsforscher sind sich sicher: Der Jüngste Tag ist nahe. Sie meinen damit nicht die Wiederkunft Jesu, sondern die «Singularität». Damit wird der Moment bezeichnet, an dem die künstliche Intelligenz so weit entwickelt ist, dass sie sich selbst regulieren kann – und damit auch uns Menschen. Manche Futurologen erwarten die «Singularität» für die Mitte dieses Jahrhunderts, also in dreißig Jahren. Andere mutmaßen, dass es mindestens bis zum Ende des Jahrhunderts dauern wird.

So oder so: Das Ende der Menschheit, wie wir sie kennen, ist kein Hirngespinst mehr.

Dann droht das, was bisher nur in Science-Fiction-Filmen wie «The Matrix» oder «Terminator» Realität war: die Herrschaft der Maschinen.

Ich finde solche Vorhersagen noch viel furchterregender als alle Terrorankündigungen der Taliban und des IS. Wer sich, weit entfernt von Kabul und Damaskus, in Sicherheit wähnt, sollte nur eins der vielen Bücher über das Thema «Künstliche Intelligenz» (KI) lesen.[86] Fast beiläufig wird dort darüber spekuliert, dass Menschen bald überflüssig sein könnten, zumindest solche, die sich nicht durch Chip-Implantate oder andere Vernetzungen mit Computern höherentwickelt haben. Von Transhumanismus ist die Rede und von neuen Hybrid-Wesen, die wie Menschen aussehen, aber wie Computer denken, übermenschliche Superwesen eben.

Statt Gott zeigen uns jetzt schon Alexa, Siri und andere programmierte Einheiten, wo es langgeht. Megakonzerne wie «Amazon» wissen, wie sie uns allmählich an solche künstlichen Alltagshelfer gewöhnen. Sie halten die Preise für die Anschaffung niedrig. Sie können sich außerdem auf unsere Lust auf Bequemlichkeit verlassen. Was ist schon zu sagen gegen eine computergestützte Stimme, die uns fragt, welche Lebensmittel sie für uns bestellen soll und ob sie unsere Steuererklärung machen darf? Und die uns, wenn wir alt und einsam sind, versichert, wie toll wir sind?

Noch viel weiter gehen die Ideen von Futurologen wie dem amerikanischen Physiker Michio Kaku. In seinem Buch über die «Zukunft der Menschheit» macht er Vorschläge, wie wir die drohende Klimakatastrophe und mögliche Atomkriege überleben können.[87] Kaku ist optimistisch. Er glaubt, dass wir bald so weit sein werden, den maroden Planeten Erde evakuieren zu können und umzusiedeln auf einen viele Lichtjahre entfernten Planeten. Wir müssten dafür nur virtuelle Kopien unserer Nervenzellen herstellen und die Daten mit Laserkraft durchs All beamen. In unserer neuen Heimat würden sie dann mithilfe Künstlicher Intelligenz wieder zusammengesetzt: zu Wesen, die nicht mehr an Raum und auch nicht mehr an Zeit gebunden, also unsterblich sind. «Es ist unser Schicksal, so zu werden wie die Götter, die wir einst gefürchtet und angebetet haben», frohlockt Kaku.

Ganz abgesehen davon, dass seine Gedankenexperimente reichlich abgedreht sind und die Realisierung noch Jahrhunderte auf sich warten lassen dürfte: Was bleibt von Menschen überhaupt noch übrig, wenn sie die Erde und ihre Körper aufgeben müssen und nichts weiter sind als Spielmasse für Computer, Programmierer und Biotechnologen?

Es ist höchste Zeit, dass wir uns Gedanken machen, welche Zukunft wir für uns und unsere Nachkommen wollen. Unbegreiflich und fahrlässig ist aus meiner Sicht, dass wir uns mehr für die Machenschaften zentralasiatischer Kleindiktatoren interessieren als für die neue Welt, die in irgendwelchen Denklaboren designt wird.

Sicher ist: Auf die ethische Selbstbeschränkung der Programmierer und Manager können wir nicht zählen. Sie werden machen, was den Kurs ihrer Aktien hochtreibt.

Das ist mir bewusst, seit ich vor zehn Jahren Mark Zuckerberg interviewt habe. Fünf Jahre zuvor hatte er in seinem Studentenwohnheim «Facebook» entwickelt. Ich bat seinen Pressesprecher um ein ausführliches Interview. Ich bekam ein paar Sekunden.

Wir trafen uns beim Weltwirtschaftsforum in Davos. Damals galt Zuckerberg noch als Newcomer, Facebook hatte erst ein paar Millionen Mitglieder. Ich fragte ihn danach, wie sich soziale

Netzwerke in den nächsten Jahrzehnten entwickeln würden. Er sah durch mich hindurch und referierte die Facebook-Wachstumszahlen der letzten Quartale in Deutschland. «Du siehst, wir werden auch bei euch immer größer», sagte er zum Schluss seines Verkaufs-Pitchs und ging weiter. Für mich hörte sich das an wie eine Drohung. Ich legte mir trotzdem ganz schnell ein Facebook-Konto zu. Man muss ja mit der Zeit gehen.

Die großen vier Zukunftsfabriken haben mittlerweile eine Bedeutung und einen Umsatz wie wichtige Staaten. Und sie tangieren unsere Lebenswirklichkeit weit mehr. Sie wetteifern darum, unser Leben für uns zu organisieren, jeweils in anderen Bereichen.

Google steuert unser Wissen.

Amazon steuert unseren Konsum.

Facebook steuert unsere Beziehungen.

Apple steuert unser «Ich» – dadurch, dass iPhones und iMacs sich wie neue Körperteile an uns anschmiegen, als künstliche Ich-Verlängerungen.

Die neuen Technologien machen unser Leben oft nur vordergründig leichter. Wir müssen Freunde nicht mehr persönlich treffen, können Einkäufe virtuell erledigen, brauchen keinen Bibliotheksausweis, weil Wikipedia die wichtigsten Informationen parat hat. Wir haben mehr freie Zeit als je zuvor und fühlen uns dennoch gestresst – durch die atemberaubende Vielfalt an Angeboten im Netz.

Manche klugen Leute haben eine solche Entwicklung am Anfang der siebziger Jahre vorhergesagt. Damit meine ich nicht das Expertengremium des «Club of Rome», das 1972 vor der Erschöpfung der Rohstoffvorräte warnte. Solche Warnungen waren zwar berechtigt, gingen aber an den noch größeren Zukunftsproblemen vorbei, die damals gerade erst am Horizont auftauchten.

Ein Kinderbuchautor hatte ein feineres Gespür. Ich denke an

Michael Ende (1929–1995), der vor einer anderen Erschöpfung warnte: dem Verlust unserer Beziehungsfähigkeit und Menschlichkeit. In seiner 1973 veröffentlichten Geschichte «Momo» kämpft ein Kind gegen die «Grauen Herren», die den Menschen mit falschen Effizienzversprechen die Lebenszeit stehlen. «Die Grauen Herren sind unter uns», fährt es mir durch den Kopf, wenn ich in New York, Berlin, Delhi oder Seoul U-Bahn fahre. Nicht einmal Paare reden miteinander. Alle sind mit Klammerblick an ihre Handys gefesselt.

Noch berühmter als «Momo» sind drei andere Dystopien, also negative Zukunftsbeschreibungen, die ebenfalls hochaktuell sind.

In «Schöne neue Welt» von Aldous Huxley (1894–1963) werden die Menschen mit flacher Unterhaltung, bindungslosem Sex und Drogen ruhiggestellt.

In «1984» von George Orwell (1903–1950) leben die Menschen in einer Überwachungsdiktatur, die ihre Herrschaft mit künstlich erzeugten Feindbildern legitimiert.

In «Fahrenheit 451» von Ray Bradbury (1920–2012) sind Bücher verboten, weil sie zu tiefsinnigen und unruhestiftenden Gedanken verleiten. Stattdessen sind die Menschen süchtig nach belangloser Bildschirmunterhaltung.

Ich fürchte, alle drei Vorhersagen könnten bei uns zumindest ansatzweise Wirklichkeit werden, wenn sie es nicht längst schon sind. Ich denke an die vielen Menschen, die keine Bücher haben, aber einen blitzschnellen Internetanschluss, die sich exzessiv von einer Fernsehstaffel zur nächsten «bingen», die sich mit Nikotin, Alkohol, «Gras» oder Schmerztabletten sedieren. Die ihre Beziehungsbedürfnisse mit Tinder-Dates befriedigen – und irgendwann mit Liebesrobotern. Die sich kaum nach draußen trauen, weil die vielen Bad News ihnen Angst einjagen.

Je bunter unsere Welt wird, desto fader wird sie. Wenn alles blitzt, blinkt und blubbert, ist die Wirkung keine stimulierende, sondern eine betäubende.

Nirgendwo zeigt sich die Verödung deutlicher als in den Kinocharts und am dortigen Mangel origineller Filmstoffe. «The Maltese Falcon» und «Doktor Schiwago» waren einmal. Stattdessen dominieren Superhelden in Endlos-Serie die Hitparaden. Superspektakulär – aber weitestgehend seelenlos.

So hatte ich mir das nicht vorgestellt, als ich Anfang der neunziger Jahre nach Hollywood kam, um dort das Drehbuchschreiben zu lernen. Bei der Abschlussfeier der höheren Semester stand ich mit offenen Augen im Publikum. Steven Spielberg und George Lucas händigten den Absolventen ihre Filmdiplome aus. «Du schaffst es!», riefen sie jedem Studenten zu. Da wollte ich auch hin!

Die große Desillusionierung stellte sich bei mir aber bereits ein, als ich ein zweimonatiges Praktikum im Disney-Konzern absolvierte. Der Kino-Romantiker in mir hatte sich ausgemalt, am Nachfolgefilm zu «Der König der Löwen» mitzuwirken. Stattdessen landete ich in der größten Abteilung, der Marketingabteilung, und überlegte mit meinen Kollegen, ob Löwe Simba und Warzenschwein Pumbaa besser zu den Happy Meals von McDonald's passten oder zu denen von Burger King.

«Du schaffst es!», sagte ich mir jeden Tag mit verzweifeltem Blick auf den langsam vorwärtskriechenden Uhrzeiger. Ich lernte das wichtigste Gebot der Unterhaltungsindustrie: Du sollst Zeug verkaufen. Am besten an Kinder, denen man zum Film auch die Spielfiguren andrehen kann und die man auf ein bestimmtes Medien-Nutzungsverhalten konditionieren kann.

«Kinder sind wie Afrika», habe ich von einem Marketingexperten gehört. Er meint damit, dass junge Leute für die Konsumindustrie so lukrativ sind wie vor zwei- oder dreihundert Jahren Afrika für Kolonialisten. Für Glasperlen luchste man arglosen Stammeshäuptlingen damals ganze Landstriche ab. Heute raubt man Kindern ihre Fantasie, ihre Zeit. Und manchmal sogar ihre Unschuld.

Und wieder stellt sich die Frage nach der passenden Antwort auf all die technologischen Herausforderungen.

Wie können wir sicherstellen, dass die neue Welt tatsächlich schön wird, frei bleibt und auf unsere Bedürfnisse zugeschnitten ist, nicht auf die Wachstumsinteressen der digitalen Wirtschaft?

Durch maximales Misstrauen eben dieser digitalen Wirtschaft gegenüber. Und natürlich auch gegenüber den Gen-Technologen, die aus unserem Erbgut neue Menschen züchten wollen.

Ansonsten wird alles, was möglich ist, irgendwann auch gemacht. Selbst wenn es uns unserer Menschlichkeit beraubt.

Um Disney mache ich mir im Moment noch nicht so viele Sorgen, solange der Konzern nicht mit einem der «Großen Vier» fusioniert. Aber Datengiganten wie Google, Facebook und Apple müssen beaufsichtigt, ihre Geschäftsstrategien offengelegt, ihre Datenbeschaffung und -verwertung kontrolliert werden.

Wie und von wem?

Ich bin offen für Vorschläge.

Das Jahrhundert ist ja noch jung.

17. Die Welt wird schmutziger
Die Revolution verfüttert ihre Kinder

Wie soll man eine Gesellschaft charakterisieren, die sich mehr über den Zuckergehalt der Milchschnitten aufregt als darüber, dass die Köpfe vieler Kinder täglich vollgepumpt werden mit hochtoxischer Gülle?

Wie wär's mit: Nicht ganz sauber.

Genau das sind wir, wenn es um unseren Umgang mit Pornografie geht.

Deutschland liegt bei vielen neuen Entwicklungen zurück, aber bei der Internet-Pornografie sind wir ganz vorne dran. Der Pionier auf diesem Gebiet kommt aus Aachen. Das, was Gates, Jobs, Bezos, Zuckerberg für die jugendfreien IT-Wachstumsbereiche sind, das ist Fabian Thylmann für die Netzschmuddeleien. Er hat im Internet die erfolgreichsten Videoportale überhaupt etabliert – Youporn, Pornhub, Redtube und noch viele andere. Die täglichen Nutzerzahlen liegen im neunstelligen Bereich, der größere Teil davon männlich, viele davon minderjährig.

Jeder zweite Zwölfjährige hat sich schon auf einer der einschlägigen Pornoseiten umgesehen. Dort lernt er, was Sexualität ist, nämlich, wenn notgeile Schlampen es einem Kerl auf jede erdenkliche Art so richtig krass besorgen. Wer glaubt, man könne im Biologieunterricht mit Aufklärung dagegenhalten (mit Beschwichtigungsfloskeln wie «Solche Filme sind nur Fiktion; in Wirklichkeit sind Frauen ja ganz anders»), der spinnt. Die Lustzentren in unseren Gehirnen operieren im Steinzeitmodus. Sie beurteilen Reize nicht danach, ob sie gut, wahr oder vernünftig sind, sondern danach, ob sie intensiv und schön sind, und wollen dann immer mehr davon.

Pornosucht ist der neue Alkoholismus.

Ich habe Thylmann nie persönlich getroffen, aber ein Podcast-Interview mit ihm gehört.[88] Er wurde mit der Tatsache konfrontiert, dass immer mehr junge Männer an Erektionsstörungen leiden und nur noch vor dem Bildschirm ihren Mann stehen können. Thylmann fand diese Entwicklung gar nicht so schlimm, witterte sogar eine neue Geschäftsmöglichkeit: «Das ist doch eine gute Nachricht für die Pharma-Industrie!»

In Indien sind die Zensurvorschriften sehr viel strenger als bei uns. Als ich mir im Kino den letzten James-Bond-Film «Spectre» (2015) angesehen habe, war ich überrascht. Agent 007 zeigte sich von einer ganz neuen Seite. Mit Frauen wollte er immer nur reden. Ein paar keusche Berührungen, ab und zu ein angedeuteter Kuss. Entsprechend schnell war der Film vorbei. War James Bond endlich zum tugendhaften Frauenversteher geworden? Nein. Die Zensoren hatten nur alle Kuss- und Bettszenen herausgeschnitten.

Dennoch ist Internetpornografie auch im indischen Alltag allgegenwärtig. Auf offener Straße sieht man Männer, deren Handys laute Stöhngeräusche von sich geben, während die Besitzer mit offenem Mund auf die Displays starren. Nicht alle Inder kommen mit dieser Entwicklung klar. In Hyderabad hat ein konservativer Muslim seinem pornosüchtigen Sohn die rechte Hand abgehackt, weil der nicht aufhören wollte, vor dem Computer zu masturbieren.

In Deutschland ist eine Diskussion darüber, wie wir die Schmutzlawine aufhalten können, überfällig. Sie kommt aber einfach nicht in die Gänge.

Ich habe bei Hintergrundgesprächen mit Familienministerinnen regelmäßig danach gefragt, wie sie den Jugendschutz verbessern wollen. Sie machten ratlose Gesichter, ihre Referenten raschelten mit den Aktenblättern und schlugen vor, zu einem anderen Thema überzugehen.

Wer sich dafür einsetzt, den Jugendschutz im Internet zu verbessern, bekommt kaum Gehör und stattdessen reichlich viel Gegenwind. Das mag zum einen an einer grundsätzlichen Ablehnung von Zensur liegen, auch wenn man bei der Einschränkung rechtsextremer Inhalte nicht so zimperlich ist. Ich vermute aber einen anderen Hauptgrund.

Die 68er und ihre Kinder wollen sich die nachhaltigste Revolution des 20. Jahrhunderts nicht miesmachen lassen:

Die sexuelle Revolution.

Je mehr ich mich mit den Folgen der sogenannten sexuellen Befreiung beschäftige, vor allem für Kinder und Jugendliche, desto verstörender finde ich die Bilanz.

Ich denke an die vielen Teenager-Schwangerschaften, die millionenfachen Abtreibungen, die Verbreitung von Geschlechtskrankheiten, die psychischen Störungen durch verhängnisvolle Sexaffären, den Scheidungs-Boom und einen Geburtenrückgang, der so stark ist wie zuletzt zur Zeit der großen Pest.

Die sexuelle Revolution hat zweifelsohne auch einen positiven Effekt gehabt: die Entkriminalisierung freier Liebe. Aber der Preis dafür war sehr hoch. Wie könnte es auch anders sein? Die Glückshormone und Glücksbotenstoffe, die beim Sex und der Beschäftigung damit freigesetzt werden, sind die stärksten Naturdrogen überhaupt. Deshalb wurde der Sex in allen Zivilisationen unter der Ladentheke gehalten und seine totale Freigabe allenfalls in dekadenten Aristokratenkreisen praktiziert.

Es ist ein welthistorisches Novum, dass Lüstlinge und Schlampen nicht nur toleriert, sondern sogar als Rollenmodelle gefeiert werden. Menschen sind Beziehungswesen und eingewoben in ein Geflecht aus Ansprüchen und Verantwortlichkeiten – nicht nur den Lebenden, sondern auch den Vorfahren und den Nachkommen gegenüber. Keiner ist eine Insel, keiner gehört sich selbst, keiner kommt alleine klar. Slogans wie «Mein Körper gehört mir», «Mein Unterleib gehört mir», «Mein Bauch gehört mir» signalisieren deshalb nicht den Aufbruch in eine natürliche Autonomie, sondern die Entfremdung der Menschen von ihrer wahren Natur.

Die sexuelle Revolution hat die Erotik gerade nicht aufgewertet, sondern billiggemacht und zur primitiven Lust-Ressource heruntergewirtschaftet.[89] Mich frappieren diese vielen trotzig-traurigen Masturbationssongs, zu denen Teenager neuerdings abtanzen. Sängerinnen wie Carly Rae Jepsen («Party for One») und Demi Lovato («Solo») trällern, wie sie sich nach gescheiterten Beziehungen mit sich selbst trösten. Mit offenbar mäßigem Erfolg. Kurz nachdem sie «Ich habe niemanden, also mach ich's mir alleine» gesungen hatte, landete Demi Lovato mit einer beinahe tödlichen Überdosis Drogen auf der Intensivstation.

Wenn man die sexuelle Revolution als großes soziales Experiment versteht, ist das Ergebnis nach fünfzig Jahren ziemlich eindeutig: Pornokonsum und Promiskuität machen unglücklich. «Warum haben Jungfrauen die glücklichsten Ehen?», fragte im Oktober 2018 das gemäßigt linksliberale Magazin «Atlantic Monthly». Der Artikel verwies auf Studien, wonach es vor allem bei Frauen einen Zusammenhang gibt zwischen Zufriedenheit in der Ehe und der Anzahl vorheriger Sexualpartner. Je mehr sie vorher ausprobiert hatten, desto weniger glaubten sie, in der Ehe auf den Geschmack zu kommen.[90]

Zwei Monate später verwandelte dasselbe Magazin das Märchen von der beglückenden Langzeitwirkung der sexuellen Revolution endgültig in eine Gruselgeschichte:[91] Der auf neuesten Studien basierende Artikel zeichnete ein düsteres Bild der Erotik im 21. Jahrhundert. Mittlerweile werde nicht einmal das Hauptversprechen der sexuellen Revolution eingelöst, nämlich oftmaliger und guter Sex. Die Sex-Frequenz sei stark rückläufig, vor allem bei Jugendlichen und jungen Erwachsenen. Allerdings nicht aus moralischen Gründen, sondern aus Angst vor Sexkrankheiten und psychischen Verletzungen, oder schlicht aus Trägheit. Wegen Sex-Anbahnungsdiensten wie «Tinder» seien immer mehr junge Leute unfähig, normale Kontakte zum anderen Geschlecht herzustellen. Einen massiven Anstieg gebe es nur bei der Masturbation – eine Verdoppelung bei Männern seit den neunziger Jahren, bei Frauen sogar eine Verdreifachung.

Die Euphorie, die vor allem in akademischen Kreisen von der Entfesselung des Eros ausgelöst wurde, verfliegt allmählich. Das liegt auch an der #metoo-Bewegung. Die vielen Berichte über Übergriffe haben dafür gesorgt, dass sexueller Missbrauch geächtet und strafrechtlich verfolgt wird. Vor allem beim Sex mit Minderjährigen hört mittlerweile jedes Verständnis auf. Was dabei allerdings in Vergessenheit gerät, sind die vielen Romane, Popsongs und Filme der letzten Jahrzehnte, die eine ganz andere Botschaft hatten. Sex mit frühpubertären Jugendlichen war ein gängiges Thema, etwa bei «Pretty Baby» (1976), der weichgezeichneten Geschichte einer 12-jährigen Prostituierten; bei «Frau zu verschenken» (1978), wo eine sexuell frustrierte Frau bei einem 13-Jährigen die Lust wiederentdeckt; bei «Herzflimmern» (1973), wo eine Mutter ein intimes Schäferstündchen mit ihrem 15-jährigen Sohn hat. Worum es bei «Ausgerechnet ihr Stiefvater» (1981) geht, braucht nicht näher erklärt zu werden. Die Filme landeten damals nicht auf dem Index, sondern auf großen Festivals, bekamen Oscars, stehen noch heute bei Kritikern hoch im Kurs.

So klar beim Sex mit Minderjährigen heutzutage wieder die Grenzen gezogen werden, so diffus sind sie immer noch bei der Auseinandersetzung mit Pornografie. Im Ernst wird vorgeschlagen, auf die Pornosucht der Männer dadurch zu reagieren, dass Pornos nun auch in der Schule auf den Stundenplan kommen oder dass Frauen einfach selbst mehr Pornos gucken, natürlich feministische.[92]

Wie wäre es mit einem anderen Ansatz: Den Jugendschutz zu verbessern, Zugangssperren für Internet-Erotik zu errichten, die nur mit digitalen Fingerabdrücken überwunden werden können? Aber dagegen wehren sich unsere Politiker heftiger als die amerikanische Waffenlobby gegen Schusswaffen-Verbote.

Wir sind den Entwicklungen nicht hilflos ausgeliefert, wir können sie gestalten. Was für harte Pornografie gilt, kann natürlich auch auf andere jugendgefährdende Inhalte angewandt werden, Gewaltverherrlichung und politischer Extremismus etwa.

Eine Gesellschaft, die sich um klare Vorschriften herumdrückt, wird auch tatenlos zusehen, wenn uns in ein paar Jahrzehnten «Künstliche Intelligenz»-Programme im Namen der Freizügigkeit entmündigen, uns im Auftrag von Regierungen und Konzernspitzen dahin manipulieren, wo wir schwach und hilflos sind.

«Ein Staat, der nicht die Mittel hat, sich zu reformieren, hat auch nicht die Mittel, sich selbst zu erhalten.» Zu diesem Schluss kam 1790 der Begründer des modernen Konservatismus, der Engländer Edmund Burke.[93] Ich finde, es ist höchste Zeit, dass wir die Folgen der sexuellen Revolution und der digitalen Entgrenzung überdenken. Wir müssen die Regeln im Internet und überhaupt im öffentlichen Raum den wirklichen Bedürfnissen der Menschen anpassen, nicht zuletzt ihren Schutzbedürfnissen.

Meine Kritik an der #metoo-Bewegung ist, dass sie noch nicht weit genug gegangen ist. Ich glaube aber, dass es nur eine Frage der Zeit ist, bis Frauen merken, dass virtueller Missbrauch auch gefährlich ist. Vielleicht sind es diesmal auch Männer, die vorangehen.

Jaipur/Indien: Gespräch mit dem Kuhminister Otaram Dewasi.

Shimshal-Tal/Pakistan: Überquerung eines Sees nahe der Grenze zu China.

Kabul: Zwei Schülerinnen des Nationalen Musikinstituts.

In Kalkutta: Interview mit Erzbischof Thomas d'Souza anlässlich der Heiligsprechung von Mutter Teresa.

Gute Miene zum finsteren Spiel: Interview mit dem Anti-Blasphemie-Mullah Khadim Hussain Rizvi.

«Holi»-Frühlingsfest-Party in Delhi: Im Indien-Farben-Rausch.

Rishikesh/Indien: Besuch beim Weltyoga-Tag.

Die Scheichs haben gut lachen. Unterwegs in Katars Hauptstadt Doha.

Kutapalong/Bangladesch: Waisenmädchen Jannat am Rande des größten
Flüchtlingslagers der Welt.

«Land unter» auf Bhola, einer Flussinsel in Bangladesch,
die als Folge des Klimawandels unterzugehen droht.

Von einer Islamisten-Demo in Dhaka, Bangladesch ...

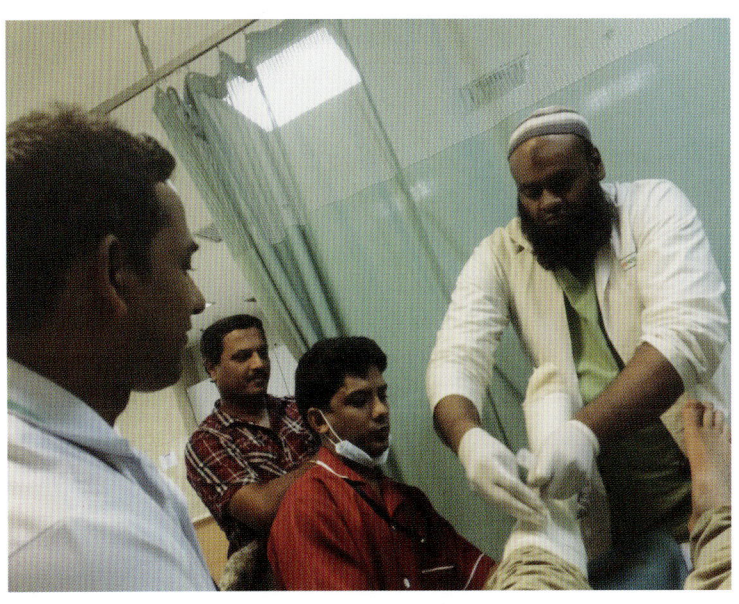

... mit einem gebrochenen Fuß direkt ins Stadtkrankenhaus.

Islamabad/Pakistan: Der Unabhängigkeitstag wird ausgelassen gefeiert.

Kabul/Afghanistan: «Ihr werdet nicht in den Himmel kommen.
Ihr habt meinen gütigen Vater getötet.» Ein Mädchen klagt die Taliban-Mörder
ihres Vaters, eines Lokalpolitikers, an.

In Karachi/Pakistan: Gespräch mit der Ehrenmord-Überlebenden Salma.

Hunza-Tal/Pakistan: Audienz beim Dorfältesten Masgool Alam.

Konfuzius über alles: Statuen vor dem Konfuzius-Tempel in Taipei/Taiwan.

Bodhgaya im indischen Bundesstaat Bihar: Am Mahabodhi-Tempel,
dem angeblichen Erleuchtungsort des Buddha.

Beim «Afghan Star»-Sieger, dem rappenden Friseur Sayed Jamal Mobarez.

Masar-e Scharif/Afghanistan: Unterwegs mit der Bundeswehr.

In Lahore: Eine christliche Familie trauert um ihre Töchter.

Lahore/Pakistan: Westliche Besucher sind hier die größte Attraktion.

Beim Dalai Lama in dessen indischem Exil in Dharamsala.

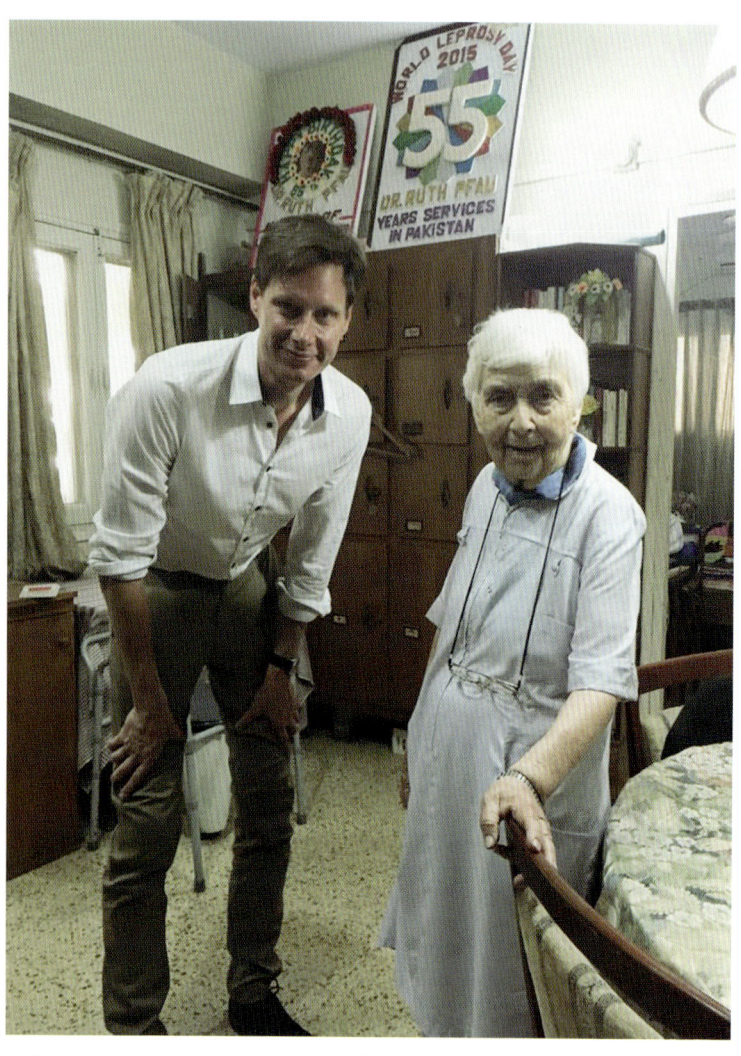

Zu Besuch in Pakistan bei Ruth Pfau, die man den «Engel von Karachi» nannte.

Kaschmir/Indien: Bei Dreharbeiten im Pahalgam Valley.

Kabul/Afghanistan: Der Eingang von «14th Street», der coolsten Bar
der afghanischen Hauptstadt.

Mein liebster Ort in Südasien: Die «Redeemer»-Kirche in Neu Delhi.
Meine Frau Tabitha und ich stehen hinten.

Meine Frau Tabitha, ich und die Betreiberinnen des «Sheroes»-Café in Agra,
Uttar Pradesh, Indien.

18. Die Welt wird familienorientierter
Volle Dröhnung Oxytocin

Der riesige Saal ist hell ausgeleuchtet, allmählich strömen die herausgeputzten Gäste herein. Hinter der Bühne wartet der Sieger von «Afghanistan sucht den Superstar» auf seinen Überraschungs-Auftritt. Doch die Fernsehkameras sind nicht auf ihn gerichtet, sondern auf die Empore am hinteren Ende des Saales.

Dort rutschen die Stars der Zeremonie unruhig auf ihren Stühlen herum. Die acht Männer tragen Anzüge, die Gesichter der acht Bräute sind von Schleiern bedeckt. Sie alle können ihr Glück kaum fassen: wie der 23-jährige Sultan und die 18-jährige Farzana. Bis vor kurzem hatten sie sich auf ein Leben als Singles eingestellt, das heißt: am Katzentisch der Großfamilie, ohne eigenen Nachwuchs, der sich im Alter um sie kümmern würde. Denn Sultan und Farzana sind arm, ihre Eltern mittellos und damit ohne die erforderlichen Mittel für eine standesgemäße Hochzeit. Umgerechnet mindestens zehntausend Euro kostet das Fest in Afghanistan, zu dem neben der Verwandtschaft auch die ganze Nachbarschaft eingeladen und reichlich bewirtet werden muss. Und das bei einem durchschnittlichen Jahresgehalt von unter fünfhundert Euro.

Ich bin in der westafghanischen Stadt Herat und warte mit den Paaren auf den Beginn des Spektakels, das von lokalen Geschäftsleuten bezahlt und vom regionalen Fernsehen übertragen wird. Einmal im Jahr wird die Gratis-Sause ausgeschrieben, und klamme Paare können sich bewerben. Für sie ist es die einzige Möglichkeit, einen Partner fürs Leben zu finden und legalen Sex zu haben. Für afghanische Singles ist Keuschheit keine Option, sondern Pflicht.

Noch aufwändiger sind die Hochzeiten, die in der Hauptstadt Kabul gefeiert werden. Wer vom Flughafen in die Innenstadt fährt, sieht am Straßenrand nicht etwa ausgebombte Autowracks und Kriegsruinen, sondern «Wedding Halls», die so groß sind wie deutsche Sport-Arenen.

Im Rest von Südasien ist es nicht anders, in Indien sogar vielfach noch spektakulärer. Anders als in Afghanistan, wo der Vater des Bräutigams die Kosten trägt, müssen in Indien die Brauteltern die Feier bezahlen.

Wie opulent «Big Fat Indian Weddings» ausfallen, kannte ich aus vielen Bollywood-Filmen und aus Zeitungsberichten. Fast hundert Millionen Euro soll der indische Geschäftsmann Mukesh Ambani hingeblättert haben, um seiner Tochter im Dezember 2018 eine angemessene Feier zu ermöglichen. Mit dabei war die Schauspielerin Priyanka Chopra, die kurz vorher selbst vor den Traualtar getreten war – angetan mit einer über zwanzig Meter langen Brautschleppe.

Einmal war ich selbst zu einer indischen Hochzeit eingeladen – bei Leuten, die nur ein sehr bescheidenes Einkommen haben. Ich ging deshalb davon aus, sie würden im Garten einige Holzbänke aufstellen, Hühnchen, Reis und Lassi-Drinks servieren und selbst für die Musik sorgen. Stattdessen hatten sie vor der Stadt ein Fußballfeld-großes Areal angemietet, ein Buffet wie auf einem Kreuzfahrtschiff aufgebaut, tausend Gäste eingeladen und gleich mehrere Musikkapellen engagiert, von denen eine neben der filmreifen Hochzeitskutsche herlief. Außerdem spendierte der Brautvater dem Paar ein schickes Auto.

«Wie kann er sich das leisten?», fragte ich die anderen Gäste. Sie zuckten mit den Schultern. «Wieso? Ist doch 'ne Billighochzeit. Hat nur ungefähr zwanzig Lakh gekostet» – umgerechnet über zwanzigtausend Euro.

In Deutschland liegen die durchschnittlichen Hochzeitskosten bei 6500 Euro. Wenn die Paare überhaupt heiraten.

Diese Diskrepanz lässt sich nicht alleine mit fernöstlicher Feierwut erklären. Jenseits des Westens haben gesellschaftliche Netzwerke und verwandtschaftliche Verbindungen einfach eine viel größere Bedeutung. Im Mittelpunkt des Lebens steht die Familie, was auch darin seinen Ausdruck findet, dass Hochzeiten mit sehr viel mehr Aufwand begangen werden als etwa religiöse Feste.

Blut ist eben dicker als Wasser, auch dicker als Weih-, Tauf- und Reinigungswasser.

Deshalb geht es bei Eheschließungen auch um weit mehr als die Besiegelung eines romantischen Verhältnisses. Noch wichtiger ist der Zusammenhalt der Gruppe, zu der die Brautleute und ihre Familien gehören. Da ist es nur logisch, dass die meisten Ehen arrangiert und nicht individuellen Gefühlsaufwallungen überlassen werden.

Ich habe eine durchaus selbstbewusste pakistanische Studentin danach gefragt, ob sie beim «Love Matching» eher ihren Eltern vertrauen würde oder den algorithmischen Kniffen von Internet-Diensten. Sie guckte mich erstaunt an: «Ist ja wohl keine Frage: Meine Eltern kennen mich besser und wollen auch mein Bestes.» Zu gegebener Zeit wolle sie ihnen ein Signal geben, dass sie mit dem Suchen beginnen könnten.

Ich bin froh, dass sich meine Eltern bei meiner eigenen Partnerinnensuche nicht eingemischt haben. Gleichzeitig steht für mich außer Frage, dass die radikale Individualisierung der Romantik und die Fixierung auf kurzfristige Gefühlsbefriedigung auch nicht der Beziehungsweisheit letzter Schluss ist.

«Die romantischste Geschichte aller Zeiten ist nicht, dass Julia und Romeo miteinander starben, sondern dass Oma und Opa zusammen alt geworden sind», stand auf einem Plakat, das in einem pakistanischen Einkaufszentrum hing. Ich kann mich nicht daran erinnern, jemals einen solchen Slogan auf einer deutschen Plakatwand gesehen zu haben.

Bei uns haben staatliche Institutionen viele Aufgaben übernommen, die in anderen Gesellschaften von Familien geleistet werden müssen. Bei meinen Mitarbeitern ist es eine Selbstverständlichkeit, dass sie sich tagelang, manchmal wochenlang freinehmen, um ihren Eltern bei Krankheiten beizustehen.

Das beste Resilienz-Programm ist nach wie vor die liebevolle Familie. Patchwork-Modelle können funktionieren. Der dort verwendete soziale Klebstoff ist aber weniger reißfest. Und polyamore Kommunen oder pansexuelle Single-Lifestyles produzieren weit mehr Stress als Nestwärme und sind mittlerweile so sexy wie FKK-Campingplätze in Brandenburg.

Die Leidtragenden des erotischen «Anything Goes» sind gerade diejenigen, die am meisten angewiesen sind auf bedingungslose Fürsorge. Wer bezweifelt, wie schädlich sich die Selbstfindungs-Expeditionen mancher Eltern auf Kinder auswirken, muss sich nur in jugendpsychiatrischen Einrichtungen oder beim Kinderhilfswerk «Arche» umsehen. Betroffen sind auch die Senioren, die keine Kinder haben oder sich von ihren eigenen entfremdet sehen. Emotionale Altersarmut ist schon jetzt eines der größten Probleme.

Auch wenn bei uns die Anzahl der Single-Haushalte weiter steigt und in manchen Großstädten bei über fünfzig Prozent liegt: Ich bin überzeugt, auch bei uns wird die klassische Familie wieder ein Comeback feiern. Das bedeutet nicht eine Reise zurück in fünfziger Jahre mit ihrer angeblich klammen Nierentisch-Idylle. Und selbst wenn, wäre das auch nicht so schlimm. Ganz so schlecht kann ein Jahrzehnt ja nicht gewesen sein, das uns den Babyboom, das Wirtschaftswunder und das von Bern beschert hat, dazu Johnny Cash, Elvis und überhaupt den Rock'n'Roll, die Romane «Blechtrommel», «Fänger im Roggen», «Herr der Fliegen», «Herr der Ringe» und «Narnia», die Filme «High Noon», «Ben Hur», «Singing in the Rain», «Don Camillo und Peppone», «Lohn der Angst», «Sie küssten und sie schlugen ihn» und viele der besten Filme von Fellini, Bergman, Hitchcock, Buñuel, Kazan, Wilder, Ford, Kurosawa, Ozu. Und insgesamt sicher mehr glückliche Familien als heute.

Die Rückbindung an die Familie, die Rückversicherung bei der regionalen oder nationalen Gemeinschaft, die Rückbesinnung auf Traditionen – all das sind Reaktionen auf die Globalisierung und den Veränderungsdruck, den sie erzeugt. Wenn sich alles ändert, wächst die Nachfrage nach Konstanz. Wenn die Luft rauer wird, sehnen sich Menschen nach Streicheleinheiten durch Verwandte, Freunde, Genossen, Landsleute. Je ruppiger die Zeit, desto gruppiger die Menschen.

Trotz aller intellektuellen Regentänze ist noch kein neuer sozialer Klebstoff vom Himmel gefallen, der die bewährten Kräfte Religion, Familie, Heimatland ersetzen könnte. Ich gehe davon aus, dass dieses Dreigestirn künftig auch im Westen wieder in hellerem Glanz erstrahlen wird. Vor allem die Wertschätzung von familiärem Rückhalt wird zunehmen.

Der amerikanische Dichter Robert Frost hat Heimat ganz unsentimental als den Ort definiert, «wo sie einen aufnehmen müssen, wenn man sonst nirgendwo hinkann». Das kann in Deutschland derzeit zwar auch noch das Sozialamt oder die Bahnhofsmission sein. Nur feiert man dort kein Freudenfest, wenn der abgebrannte Sohn oder die depressive Tochter aus der Fremde zurückkommen.

Der schrittweise Verlust dieser Heimat hat auch fatale Folgen für unsere Wettbewerbsfähigkeit. In gesunden Gesellschaften produzieren Familien die Nestwärme, die gegen die kalte Wirklichkeit imprägniert. Wo die Familien kaum genug Energie produzieren, um sich selbst zu erhalten, wird immer öfter nach Vater und Mutter Staat gerufen, fühlen Politiker sich immer mehr zum Kümmern und Kuscheln berufen. Dann werden Schüler mit Spaß-Unterricht gepampert, Arbeitnehmer mit bedingungslosen Einkommensgarantien betüddelt. Ich finde diese Entwicklung bedenklich und freiheitsfeindlich.

Ich kann schon mit Helikopter-Eltern wenig anfangen. Ein Helikopter-Staat ist mir ein Graus.

19. Die Welt wird exklusiver
Zurück zum Stammesfeuer

Der berühmte John-F.-Kennedy-Appell: «Frag nicht, was dein Land für dich tun kann, frag, was du für dein Land tun kannst», löst in Südasien nur Schulterzucken aus. Das Vertrauen auf Vater Staat ist hier gering. Die Menschen wissen, dass von dieser Seite nicht viel kommen wird und sie selbst vorsorgen müssen. Dennoch ist der Patriotismus hier viel ausgeprägter, jedenfalls offensichtlicher als in Europa.

In Indien fängt kein Kinofilm an, ohne dass vorher die Nationalhymne gespielt wird. Vorher reißt es alle Zuschauer von den Sitzen. Das Aufstehen ist gesetzlich vorgeschrieben. Wer sitzen bleibt, riskiert eine Tracht Prügel, wie ein Rollstuhlfahrer, den fanatische «Mutter Indien»-Nationalisten für seinen vermeintlichen Sitzboykott vermöbelten. Anschließend stellte das Verfassungsgericht klar: Querschnittgelähmte sind von der Aufstehpflicht entbunden.

Man kann darüber lächeln, wenn sich am pakistanischen Unabhängigkeitstag junge Leute massenhaft die Gesichter mit dem Abbild der Nationalfahne bemalen, Fähnchen schwenken und «Pakistan! Pakistan!» rufen. Auch ich habe mich gefragt: Woher kommt die Verehrung für ein Land, das noch nicht einmal hundert Jahre alt ist, das laut Umfragen zu den unbeliebtesten der Welt gehört und dessen künstlicher Name aus den Anfangsbuchstaben verschiedener Volksstämme zusammengesetzt ist? Der Patriotismus kommt aus der Sehnsucht, in einer größeren Einheit aufgehoben zu sein.

Ich sehe deshalb den Patriotismus im Kommen und einen weltbürgerlichen Internationalismus auf dem Rückzug. Der Trend geht zurück zum Stammesfeuer.

Es stimmt, dass dieses Feuer viele Verbrennungen verursacht. Die Übergänge vom Patriotismus, der Liebe zum Eigenen, zum Nationalismus und Chauvinismus, der Verachtung der anderen, ist fließend.

Kaum irgendwo wird Nationalstolz neuerdings so großgeschrieben wie in Indien. Und so hoch gebaut. Im westindischen Bundesstaat Gujarat steht seit Herbst 2018 die höchste Statue der Welt, die «Einheitsstatue», mit 182 Metern doppelt so hoch wie die US-Freiheitsstatue. Das Standbild zeigt den Gründungsvater der indischen Republik, Sardar Patel (1875–1950), einen Weggefährten Gandhis, der auch als «Indiens Bismarck» bezeichnet wird. Er war leider nicht besonders gutaussehend, so wie die ganze Statue, die im Vergleich mit der amerikanischen «Statue of Liberty» schlecht abschneidet. Einheit, so könnte man daraus ableiten, ist halt nicht so attraktiv wie Freiheit.

Vor der Eröffnung zogen Werbetruppen durch das ganze Land und schworen die Landbevölkerung auf das neue indische Wahrzeichen ein. Die Dorfbewohner mussten einen Eid darauf schwören, die Statue in Ehren zu halten. Der neue indische Nationalismus ist ein Projekt der Regierungspartei BJP. Sie will alle Inder unter dem Dach des Hinduismus vereinigen. Und sie diskriminiert andere Religionsgemeinschaften, bekämpft westlich-aufklärerische Denkrichtungen.[94]

Das geht so weit, dass in den Schulbüchern die indische Geschichte umgeschrieben und auf hindu-freundlich getrimmt wird. Die Beiträge buddhistischer Könige, muslimischer Mogul-Herrscher und christlicher Menschenrechtsaktivisten werden ausgeblendet oder einseitig schwarzgemalt. Stattdessen wird alle Weisheit der Welt, auch die Erfindung der Flugtechnik, des Internets und der plastischen Chirurgie, den eigenen Vorfahren zugeschrieben. Mit archäologischen Ausgrabungen wird versucht, Spuren für die Existenz mythischer Figuren wie der Gottheit Krischna zu entdecken; so, als ob die griechische Regierung anfangen würde, im Meer nach den Palastruinen des Meeresgottes Poseidon zu tauchen.

An staatlichen Universitäten werden neuerdings pseudo-wissenschaftliche Ayurveda-Praktiken gelehrt, die Eltern dabei helfen sollen, perfekten Nachwuchs zur Welt zu bringen: hellhäutig, kerngesund, hochintelligent. Ich bin zu einem Kongress geflogen, bei dem indische Ärzte, Hebammen und angehende Eltern andachtsvoll den angeblich viele tausend Jahre alten Weisheiten lauschten. Die moderne Medizin, so klagten die Ayurveda-Professoren, hätte diese Weisheiten unterdrückt; da sei es kein Wunder, dass immer öfter kranke, schwächliche, dunkelhäutige Babys auf die Welt kämen.

Anschließend habe ich mehrere Paare bei der Geburtsvorbereitung begleitet. Sie mussten sich mit der Zeugung am Sternenkalender orientieren, durften anschließend keinen Sex mehr haben, mussten eine strenge Diät einhalten, Mantras singen, Yoga praktizieren und sich möglichst oft in der Nähe von heiligen Kühen und Tempeln aufhalten. So weit, so harmlos.

Dass Menschen sich in verrückten Zeiten bei der Vernunft ihrer Vorfahren rückversichern, ist nicht besorgniserregend. Dass gerade in Krisenzeiten die Nation hoch im Kurs steht, auch nicht. Jede funktionierende Einheit ist exklusiv. Wer «wir» sagt, verweist damit stets auf «die», die nicht dazugehören.

Die Exklusivität menschlicher Beziehungen ist auch neurowissenschaftlich begründet. Das Hormon Oxytocin, das als Bindungshormon oder soziales Hormon bezeichnet wird und vor allem von weiblichen Gehirnen ausgeschüttet wird, stärkt die emotionale Verbindung zu Angehörigen, Freunden und Mitbürgern; es schwächt aber gleichzeitig das Mitgefühl mit Fremden.[95]

Eine Solidarität mit der ganzen Welt ist ohnehin unmöglich und sogar kontraproduktiv. Wer allen helfen will, hilft keinem. «Das Mitleid wird schwächer und verschwindet irgendwann ganz, wenn es sich über die ganze Welt ausdehnt», erkannte bereits Jean-Jacques Rousseau (1712–1778).

Die Preisfrage für die nächsten Jahrzehnte lautet: Wenn Familienstrukturen sich auflösen, wenn Nachbarschaft dem hohen Mobilitätsdruck zum Opfer fällt – welche soziale Einheit stiftet dann noch Zusammenhalt und fördert Solidarität?

Mir fällt nur die Nation ein.

Vaterlandsliebe oder, politisch korrekter, Heimatlandliebe ist zunehmend nachgefragt, gerade weil sie keine Selbstverständlichkeit mehr ist, weil viele Herausforderungen notgedrungen auf internationaler Ebene gelöst werden müssen und weil die Globalisierung automatisch zur ökonomischen und kulturellen Entgrenzung führt.

Aus Vernunftgründen werden auch in Zukunft immer mehr Zuständigkeiten nach Brüssel abwandern oder irgendwann in ein Weltgremium, das besser funktioniert als die von korrupten und diktatorischen Regimes geschwächten Vereinten Nationen. Der wirtschaftliche und politische Treibstoff, das, was uns vorwärtsbringt, wird auf internationaler Ebene produziert werden.

Der soziale Klebstoff, das, was uns zusammenhält, auf nationalstaatlicher Ebene.

Schwarzrotgold wird die deutschen Gemüter auf absehbare Zeit höherschlagen lassen und eher zu Solidarität animieren als die zwölf Goldsterne vor blauem Hintergrund.

So sehr ich mir eine begeisterungsvolle Europa-Liebe wünsche: Ich spüre sie schlichtweg nicht. Ich flaniere zwar gerne durch Amsterdam, Barcelona oder Dubrovnik, aber mir geht dort das Herz nicht genauso auf, wie wenn ich nach langer Abwesenheit zurück nach Deutschland komme. Und ich gebe zu, dass ich mich in Kapstadt oder Buenos Aires nicht weniger wohlfühle als in Porto oder Stockholm.

Ich weiß, ehrlich gesagt, auch nicht, wo die pro-europäischen Gefühle herkommen sollen. Schicksalsgemeinschaften bilden sich über einen langen Zeitraum durch vereint durchgestandene Krisen und die Abwehr gegen gemeinsame Gegner. In Europa waren das insbesondere die erfolgreiche Zurückdrängung der Mongolen, der Araber, der Türken, also die Kriege zur Verteidigung des christlichen Abendlandes. Doch bei vielen europäischen Intellektuellen habe ich den Eindruck, sie würden im Nachhinein trauern darüber, dass sich 732 bei der Schlacht von Tour der Franke Karl Martell und nicht Abd ar-Rahman durchgesetzt hat und dass die Osmanen 1683 nicht doch Wien eingenommen haben.

Wer während einer Fußball-WM auf Fans herabblickt, die deutsche Fahnen schwenken, der sollte sein eigenes Weltbürgertum hinterfragen. Die Milieus der Kosmopoliten sind nämlich die exklusivsten überhaupt. In die Debattiersalons in Berlin-Friedrichshain oder zu Galerie-Eröffnungen im East Village von New York wird schließlich nicht jeder eingeladen. Man muss schon die richtigen Qualifikationen mitbringen: die nötigen Connections, den passenden Kleidungsstil und Insider-Floskeln für klugen Smalltalk, zum Beispiel über die besten multilingualen Privatschulen für die eigenen Sprösslinge.

Da lobe ich mir die Liebe zum Vaterland. Dazu gehört man nämlich ohne große Vorleistung qua Geburt. Oder als Zugewanderter, wenn man sich zur neuen Gemeinschaft bekennt und sich für ihren Fortbestand einsetzt. Die Plätze am Stammesfeuer sind nicht nur warm, sondern auch günstig.

20. Die Welt geht unter
Der Killer-Trend

Als ich in Los Angeles eine Filmschule besuchte, war einer der Lieblingsgurus meiner Kommilitonen William Goldman (1931–2018). Der Autor der Drehbücher zu «Zwei Banditen» (1969) und «Die Unbestechlichen» (1976) hatte auch einige Ratgeberbücher zum Filmgewerbe verfasst – und dabei einen Satz geprägt, der solche Ratgeber eigentlich überflüssig macht. Goldman war nämlich überzeugt, dass es kein einwandfreies Erfolgsrezept für Kinofilme gibt. Sein Leitspruch lautete:

«Nobody knows anything.» – «Keiner weiß irgendwas.»[96]

Auch ich kann zwar einige Weltvorhersagen machen, habe aber keine Ahnung, ob sie tatsächlich in die korrekte Richtung weisen. Vielleicht zündet Nordkorea bald eine Atombombe, legt der nächste Wall Street Crash die ganze Weltwirtschaft lahm, wird Dieter Bohlen Bundeskanzler und sorgt dafür, dass Mallorca durch eine Volksabstimmung rund um den Ballermann zum 17. Bundesland wird. Die Chancen stehen eher schlecht, aber: Wer weiß schon irgendwas?

Hundertprozentig sicher bin ich mir nur mit einer Vorhersage:

Am Ende müssen wir alle sterben.

Diese Gewissheit hat dem Buddha, wenn man der Überlieferung glaubt, die Lebenslust vergällt. Sie abzutöten war seitdem sein Lebensziel. Der Baum, unter dem er erleuchtet wurde, befindet sich im nordindischen Bodhgaya und zieht jedes Jahr Millionen von Pilgern an. Nicht derselbe Baum, sondern eine

Nachpflanzung, unter deren Ästen den ganzen Tag Meditationen stattfinden.

Auch ich habe mich dazugesetzt und mich über den Widerspruch gewundert: zwischen der pessimistischen Weltsicht des Buddhismus und der Fröhlichkeit der Pilger, der Pracht des Mahabodhi-Tempels und dem quirligen Treiben, das nach Sonnenuntergang auf den Gassen von Bodhgaya stattfindet. Von Lebensmüdigkeit keine Spur.

Keine Lust auf Sterben und aufs Nirwana hatte auch der alte Mann, den ich in einem Beitrag für den ARD-«Weltspiegel» porträtierte. Yadu Yadev lebte ganz in der Nähe des Buddha-Erleuchtungsorts. Der arme Bauer war krank. Er litt an schrecklichen Magenschmerzen, an Schwächeanfällen, an Fieberattacken. Der Medizinmann konnte ihn nicht kurieren.

Yadu Yadev kam die moderne Technik zugute. Ich begleitete ihn zu einem Internet-Café in der Stadt. Hier konnte er via Skype mit einem Spezialisten in Delhi reden. Der Doktor gab eine Diagnose und verschrieb ein Medikament. Auch wenn die Apotheke nebenan das Präparat nicht im Sortiment hatte – Yadu Yadev war glücklich. Er hoffte, durch die Diagnose etwas länger und weniger schmerzfrei leben zu können. Er hoffte, anders als der Buddha, auch nicht auf das ewige Nichts. Er war Hindu. Er spekulierte auf die Wiedergeburt in einem besseren Leben und irgendwann im Paradies.

Unabhängig von ihren religiösen Überzeugungen hoffen die meisten Menschen, dass es nach dem Tod weitergeht.

Die schönsten Aussichten hat, so finde jedenfalls ich, das Christentum im Angebot. Jesus vergleicht das Himmelreich häufig mit einer Hochzeitsparty. Seit ich im Morgenland unterwegs war, weiß ich, welche Bedeutung die Menschen in den meisten Teilen der Welt diesem Fest beimessen, wie akribisch sie sich darauf vorbereiten, wie viel Geld sie dafür aufwenden und wie ausgelassen sie die Trauungen tagelang zelebrieren – als den rauschhaften Start des Hochzeitspaars in ein oft mühseliges Alltagsleben.

Wer auf das himmlische Paradies hofft, hat demgegenüber eine eher umgekehrte Perspektive vor Augen:

Erst kommt der irdische Kater, dann der ewige Rausch.

Über den Weg ins Übermorgenland werde ich mir, neben Vorschlägen zu ganz diesseitigen Überlebensstrategien, im dritten und letzten Teil Gedanken machen.

Dritter Teil

Übermorgenland

Wie wir besser,
krisenfester
und unsterblich werden

«Das hilflose Europa oder Reise vom hundertsten ins tausendste.» So heißt nicht etwa ein aktuelles politisches Sachbuch. Der österreichische Schriftsteller Robert Musil hat seinen Aufsatz über den Kontinent 1922 verfasst, also vor fast hundert Jahren. Er schildert eine Welt, die sich wie ein «babylonisches Narrenhaus» gebärdet: «Aus tausend Fenstern schreien tausend verschiedene Stimmen, Gedanken, Musiken gleichzeitig auf den Wanderer ein, und es ist klar, dass das Individuum dabei der Tummelplatz anarchischer Motive wird, und die Moral mit dem Geist sich zersetzt.»[97]

Klingt wie der Auszug aus einem Essay im aktuellen «Cicero»-Magazin oder im FAZ-Feuilleton.

Ich habe Deutschland in den letzten Jahren nur aus der Distanz betrachtet. Aber die Ermüdungserscheinungen sind für mich aus ein paar tausend Kilometern Entfernung unübersehbar. Dennoch und trotz aller extremistischen Auswüchse: Eine Katastrophe wie in den Jahren ab 1933 ist nicht einmal theoretisch möglich. Schon alleine deshalb, weil unsere Bevölkerung im Weltmaßstab zu ohnmächtig und zu alt ist. Leute im gesetzten Alter starten keine Revolution, erst recht keinen Vernichtungsweltkrieg.

Droht uns stattdessen nur der Niedergang, der passiv-aggressive Frust als Dauerzustand? Werden sich die wenigen Super-Wohlhabenden in hochgesicherten Stadtvierteln verschanzen, während der abgehängte Rest Schuhplattler-Crashkurse belegt und Lederhosen überzieht, um Touristen aus Asien zu unterhalten, weil die besten Jobs dahin abgewandert sind? Oder wird alles noch schlimmer, warten auf uns Klimakollaps, Massenmigration, Bürgerkriege, Atomkriege? Kommt es wie in den pessimistischen Zukunftsszenarien der Fernsehserie «Black Mirror», die düsterer sind als alle Geschichtsbücher über das Mittelalter?

Das Schöne an Dystopien ist, dass es meistens ganz anders kommt. Das Jahr 1984 hat uns «Modern Talking» beschert und nicht Orwells diktatorisch vorgegebenen «Neusprech». 2019 sieht es viel sonniger aus als im Film «Blade Runner» (1982), in dem sich Menschen gegen künstliche «Replikanten» verteidigen müssen. Und anders als im ersten «Terminator»-Film (1984) wird die Welt im Jahr 2029 vermutlich nicht von einem Atomkrieg zerstört und von Maschinen beherrscht sein.

Gerade für Deutschland ist auch eine ganz positive Entwicklung denkbar. Für mich waren die letzten vier Jahre in Südasien die professionell und privat schönsten meines ganzen Lebens. Das lag nicht zuletzt an den vielen Begegnungen mit Menschen aus einem ganz anderen Kulturkreis. Sie haben mich kreativ angestachelt und meinen Sinn für die Bedeutung von Traditionen geschärft. Ich wünsche mir, dass die Globalisierung in Deutschland nicht nur zu Reibungsverlusten führt, sondern ganz neue kreative Funken springen lässt.

Es sind aber auch verheerende Explosionen möglich. Ohne Vorwarnungen werden uns dann die Splitter um die Ohren fliegen. Wie sich das anfühlt, habe ich bei einem Doppelschlag im November 2016 gelernt. Am selben Tag, als Donald Trump überraschend zum US-Präsidenten gewählt wurde, erklärte der indische Premierminister Modi alle größeren indischen Geldscheine für ungültig. In den nächsten Wochen herrschte Chaos in den Banken, öffneten viele gar nicht erst, standen die Menschen tagelang Schlange, um neues Bargeld für die nötigsten Einkäufe zu bekommen.

Meine Frau und ich ernährten uns eine Woche lang von Kühlschrankvorräten. Immerhin verloren die Geldscheine nicht ihren Wert, sondern mussten nur umgetauscht werden. Die Bargeldreform führte nicht zu Anarchie, Plünderungen, Notstand. Die Lage normalisierte sich wieder. Aber ich hatte gelernt: Von einem Tag auf den anderen kann sich alles ändern.

Keiner weiß irgendetwas.

Man kann sich trotzdem auf den Ernstfall vorbereiten.

Man kann das Krisenrisiko verkleinern, man kann an der eigenen Resilienz arbeiten, und man kann nach einer Hoffnung suchen, die alle Schicksalsschläge überdauert.

Ich habe zehn Ratschläge dafür, wie wir das Rhinozeros der künftigen Herausforderungen beim Horn packen können. Die meisten Vorschläge beziehen sich auf die nächsten Jahrzehnte, insbesondere auf die Zeit bis 2050. Ich habe die Mitte des Jahrhunderts aus drei Gründen als Zielmarke ausgewählt.

Erstens ist dann die Künstliche Intelligenz so weit entwickelt, dass tatsächlich eine ganz neue Ära des Menschseins anbrechen könnte.

Zweitens wird dann der Islam mit dem Christentum als mitgliederstärkste Religion fast gleichziehen und entsprechend an Macht und Einfluss zunehmen.

Drittens wird dann die «Generation Hanno», die Wirtschaftswunder-Enkel und Babyboomer-Kinder, von einer neuen Generation abgelöst worden sein, einer, die sich den Text der Peter-Fox-Aufbruchshymne «Alles Neu» zu eigen gemacht hat: «Nur noch konkret reden, gib mir ein Ja oder Nein, Schluss mit Larifari, ich lass all die alten Faxen sein.»

Bis dahin haben wir eine Zeit der Krisen, der Aufbrüche und des Wandels vor uns.

Ich will mit meinen Tipps aber noch weitergehen. Vor allem die zweite Hälfte der folgenden zehn Kapitel richtet sich auf das finale Übermorgen, die Ewigkeit, und geht der Frage nach, wie man sich darauf jetzt schon einstellt.

Die wichtigste Voraussetzung zur Zukunftsfähigkeit ist etwas, was uns allen chronisch schwerfällt: umzudenken. Der altgriechische Begriff für eine solche innere Umkehr, «Metanoia», war eine der Lieblingsvokabeln von Jesus. Metanoia ist kein esoterischer Transformationsvorgang. Metanoia passiert dann, wenn man aus neuen Tatsachen die richtigen Schlüsse zieht.

1. Volk ohne Traum
Fokus verändern

Der Mutbürger unterscheidet sich vom Wutbürger durch die Blickrichtung.

In seinem Ratgeberbuch «Wie man sich nie wieder ärgert» erklärt der amerikanische Psychologe David J. Lieberman, worin ein erster Schritt zur Besserung besteht: «Indem man sich ganz genau die Wirklichkeit anschaut.»[98] Für ihn ist das Hauptmanko daueraufgeregter Persönlichkeiten ihr Realitätsverlust. Sie betreiben Nabelschau, lassen ihre Gedanken um Kleinigkeiten kreisen, verwechseln ihre eigenen Befindlichkeiten mit dem, was wirklich wichtig ist. Lieberman zieht aus seiner therapeutischen Praxis den Schluss: «Je neurotischer eine Person ist, desto mehr vertraut sie auf die eigene Fähigkeit, die Welt um sich herum zu verstehen und vorhersagen zu können. In Wirklichkeit ist sie unfähig, die Vorgänge um sich herum richtig einzuordnen.»

Das klingt, als würde er manche Teilnehmer deutscher Talkshows beschreiben.

Deutschland wird erst dann aus dem Stimmungstief kommen, wenn man den Blick für die Welt da draußen öffnet, die eigenen Probleme nicht aufbauscht, sondern demütig im Weltmaßstab beleuchtet und sich fragt, wo die tatsächlichen Herausforderungen liegen. Dafür müssen wir ideologische Brillen abnehmen, die unseren Blick eher vernebeln als schärfen.

Zunehmend mottenzerfressen sind die Kategorien «links» und «rechts». Ursprünglich bezeichnen sie die Sitzordnung in der französischen Nationalversammlung 1789. Links saßen die Kritiker des Status quo, rechts dessen Stützen. Damals hatten noch Krone und Kirche die Macht. Heute stehen die urbanen Eliten eher links, während die kleinen Leute, vor allem in ländlichen Gebieten, tendenziell traditionelle Werte vertreten.

Auch die Unterscheidung zwischen «progressiven» und «konservativen» Einstellungen hilft nicht weiter.

Wo liegt der kulturelle Fortschritt in einer Gesellschaft des «Anything goes» und der sexuellen Anarchie? Doch wohl eher in der Fähigkeit zur Selbstbeschränkung. Wir sind deshalb auf dem Weg in ein pragmatisches Zeitalter. Als gut wird dort nicht mehr gelten, was gut klingt, sondern was nachweislich funktioniert, weil es wirtschaftliches Wachstum, sozialen Zusammenhalt und individuelle Glücksfähigkeit fördert.

Auch hier können wir von Psychologen lernen, und zwar von Vertretern der Schule, die der Psychoanalyse mit ihrer Rückwärtsgewandtheit längst den Rang abgelaufen hat: der «Positiven Psychologie».[99] Dort stehen nicht die Defizite des Patienten im Vordergrund, sondern dessen Ressourcen. Es geht weniger darum, inneren Blockaden so tief wie möglich auf den Grund zu gehen, sondern sie praktisch zu überwinden und ins gelingende Leben hineinzuwachsen.

Die Leitfrage erfolgreicher und gesunder Gesellschaften ist deshalb: Wie können wir besser werden?

Wir Deutschen müssen wieder dazu übergehen, Wachstumsziele zu entwickeln. Zum Beispiel: Wie können wir Weltmarktführer in Zukunftstechnologien werden? Wie können wir den sozialen Zusammenhalt stärken? Wie können wir das individuelle Zufriedenheitsniveau heben? Die Arbeit daran, diese Ziele umzusetzen, wird uns zusammenschweißen, Gräben überwinden helfen und Zugewanderten die Chance geben, sich nicht als Problem, sondern als Lösungshelfer zu profilieren.

Das wird hoffentlich nicht Blut und nur wenige Tränen, aber auf jeden Fall viel Schweiß kosten. Wenn ich alarmistische Schlagzeilen lese wie: «Schüler fühlen sich am meisten durch

245

Leistungsdruck gestresst»[100], denke ich unwillkürlich: Ja, was denn sonst?

Auch wenn es martialisch klingt: Die rosige Zukunft kann nicht erträumt, sondern nur erkämpft werden.

Dazu passt meine Lieblings-Ruckrede. Gehalten wurde sie von einem Mann, dessen steinernes Abbild ich vor vielen Jahren im US-Bundesstaat North Dakota, am Mount Rushmore, gesehen habe – in die Felsenwand gemeißelt neben die Gesichter der anderen drei großen US-Präsidenten Washington, Jefferson und Lincoln. Mit der schnauzbärtigen Visage halbrechts, der von Teddy Roosevelt, konnte ich damals nicht viel anfangen. Nachdem ich viel über ihn gelesen habe, ist er einer meiner historischen Helden geworden – und ein Wegweiser auch für das 21. Jahrhundert.[101]

Roosevelt (1858–1919) war bei seinem Amtsantritt der jüngste Präsident überhaupt, bekam den Friedensnobelpreis, war Umweltschutz-Pionier, setzte sich für Frauenrechte ein (Männer, die Frauen schlugen, wollte er öffentlich auspeitschen lassen), zerschlug Großkonzerne, vertrat ein muskulöses Christentum, das soziale Probleme anpackte, war ein treuer Ehemann und guter Familienvater. Trotz riesiger Popularitätswerte verzichtete er auf eine damals noch mögliche dritte Amtszeit – ganz einfach, weil er es versprochen hatte.

Noch vor seinem Einzug ins Weiße Haus hielt er 1899 seine berühmteste Ansprache, die gleichsam das amerikanische Jahrhundert einläutete. Sie hatte den Titel «Dieses anstrengende Leben» und stimmte die Amerikaner auf das ein, was ihnen bevorstand, wenn sie erfolgreich sein wollten.

«Wer sich heute nicht anstrengen muss, kann sich das nur leisten, weil seine Vorfahren die Grundlagen dafür geschaffen haben», predigte der Millionärssohn, dessen Kindheit von schweren Asthma-Anfällen überschattet gewesen war. «Ich will euch nichts von schmachvoller Lässigkeit vorschwärmen, sondern die Lehre vom anstrengenden Leben verkünden, des Lebens, das geprägt ist von Mühsal und Schufterei, von harter Arbeit und Strebsamkeit. Ich will euch etwas erzählen vom wahren Erfolg, der sich bei denen einstellt, die es sich nicht in einem falschen Frieden bequem machen, die nicht zurückschrecken vor Gefahr, Not, Mühsal – und durch die Bewältigung dieser Herausforderungen triumphieren.»

Klingt wie aus einem Fantasy-Film, dem «Herrn der Ringe» oder der TV-Serie «Game of Thrones». Klingt hoffnungslos altbacken.

Oder doch schon wieder hochaktuell in einer Zeit, die überquillt von selbstverliebten und heulsusigen Tweets verhätschelter Promis. Vielleicht sehnt sich eine ganze Generations-Kohorte wieder danach, dass man ihnen harte Wahrheiten zumutet und große Ziele steckt. Dass man nicht nur ihre «Likes» und ihre Aufmerksamkeit will, sondern sie ermutigt, ihr Bestes zu geben.

Aber was ist das, das Beste?

2. Wo vorne ist, und wie wir dahin kommen
Stärken stärken

Wer Motivationsseminare besucht hat, kennt die Sprüche: «Stärke deine Stärken», «Tu, was du am besten kannst», «Investiere achtzig Prozent deiner Energie, um deine Talente auszubauen, und nur zwanzig Prozent, um deine Schwächen abzumildern.»

Was sind unsere Stärken?

In der Regel weiß man das selbst nicht so genau wie die anderen.

Wenn man Peruaner oder Laoten danach fragt, was sie an Deutschen bewundern, kriegt man oft rote Ohren, weil man so beschämt ist. Die anderen halten, wie ich schon beschrieben habe, oft mehr von uns, als wir selbst das tun. Sie sagen uns vor allem zwei Stärken nach. Sie finden:

Deutsche sind effizient.

Deutsche sind gebildet.

Unser Image als hocheffiziente Ärmelhochkrempler und Ernteeinfahrer hat zuletzt gelitten. Durch Pannenprojekte wie den Berliner Flughafen BER oder durch die verkorkste Fußball-WM 2018. Da rannten wie sonst auch 22 Leute dem Ball hinterher, aber diesmal gewannen die Deutschen nicht, sondern fuhren als Erste nach Hause.

Auch unsere Demokratie funktioniert längst nicht mehr so reibungslos wie früher. Wenn wir uns gegenüber Diktaturen wie China behaupten wollen, wenn wir weiter Wachstum generieren wollen, müssen unsere politischen Prozesse effizienter werden. Im globalen Wettbewerb gibt es genauso wenig wie auf dem Fußballplatz einen Schönheitspreis.

Woran viele westliche Demokratien kranken, hat die afrikanische Ökonomin Dambisa Moyo (*1969) in ihrem Buch «Am

Rande des Chaos» herausgearbeitet.[102] Ihre Diagnose lässt sich auf zwei «Krankheiten» reduzieren:

Kurzfristigkeit bei der Planung.

Fehlende Konsequenz bei der Umsetzung.

Ich kann das aus meiner Erfahrung als Hauptstadtkorrespondent voll bestätigen. Die Belohnungssysteme in unseren politischen Institutionen sind so eingerichtet, dass der schnelle Konjunktur-Boost und der vorübergehende Umfrage-Kick zu sehr belohnt werden – und dass langfristig ausgerichtete Politik manchmal fast unmöglich ist. Politiker werden immer mehr von Gestaltern zu Getriebenen.

Ich weiß nicht, wie, aber ich weiß, dass sich etwas ändern muss. Vielleicht durch die Verlängerung der Legislaturperioden, nicht nur auf fünf, sondern noch besser auf sieben Jahre. Dafür könnte die Amtszeit für Bundeskanzler und Ministerpräsidenten auf zwei beschränkt werden.

An der Konsequenz bei der Umsetzung hapert es, weil bei zu vielen Entscheidungen zu viele Kompromisse geschlossen werden müssen, zwischen Koalitionspartnern, zwischen Bund, Ländern und Kommunen, dazu noch auf internationaler Ebene. Hier müssten Reformen dazu führen, dass Zuständigkeiten stärker entflochten und die Befugnisse der Exekutivkräfte gestärkt werden.

So viel zur Effizienz.

Zur Wettbewerbsstärkung im Bereich Forschung und Bildung habe ich gar keine konkreten Vorschläge, dafür war ich zu lange zu weit weg. Ich kann nur dazu raten, sich stärker an den Erfolgen der asiatischen Pisa-Weltmeister zu orientieren.

Bevor wir neue Inklusionsprogramme auflegen und neue Gleichstellungspreise ausloben, sollten wir uns anstrengen, bei internationalen Schul- und Universitätsvergleichen die vordersten Plätze zu belegen. Der beste Weg, die Lagerbildung im eigenen Land zu beenden, besteht darin, den Wettbewerb nach draußen zu verlagern und dort gemeinsam Deutschland nach vorne zu bringen. Und zwar da, wo wir traditionell stark sind, im Bildungsbereich.

Ich bin kein Bildungsexperte und habe selbst von unserem Schul- und Universitätswesen viel zu viel profitiert, um es pauschal schlechtzumachen. Während meiner Zeit in Berlin habe ich über Brennpunktschulen in Neukölln und Wedding berichtet, aber auch über akademische Exzellenzprogramme und die höchst vitale Gründerszene.

Einige meiner Freunde haben Start-up-Unternehmen ins Leben gerufen. Ich habe den aktuellen Überblick darüber verloren, was sie genau herstellen und wie erfolgreich sie damit sind. Ein Freund hat neulich einen gutbezahlten Beamtenjob gekündigt, um sich in der Boom-Branche Medizintechnologie auszuprobieren. Mit seinen drei Mitarbeitern hat er eine revolutionäre Erfindung gemacht, schon einige Preise gewonnen, steht vor dem internationalen Durchbruch. Wenn er nicht gerade von seinem Team schwärmt, beschwert er sich über die geringe Aufmerksamkeit, die Gründer nach wie vor bekommen, und über die bürokratischen Hürden.

Ein Blick in die Zeitungsstatistik verrät, dass die Klage nicht unberechtigt ist. Noch immer erscheinen doppelt so viele Beiträge über die Alterssicherung als über die Zukunftssicherung, über wirtschaftliche Innovationen, über Start-up-Projekte und Erfindungen.

Wir brauchen den Willen, zu den Besten zu gehören.

Wie in den vergangenen Jahrhunderten, als Deutschland die Bildungsexportnation Nummer eins war.

Einige unserer erfolgreichsten Bildungsexporteure sind inzwischen in Vergessenheit geraten.

Zum Beispiel Hermann Gundert (1814–1893).

Der Schwabe ist zwar schon seit 125 Jahren tot, aber in Indien nach wie vor prominent. In Deutschland kennen den Namen höchstens die Bewohner von Calw, wo er seine letzten Jahrzehnte zugebracht hat. Sehr viel bekannter bei uns ist sein Enkel, der Autor Hermann Hesse. Doch dem wurde in Indien kein Denkmal gebaut, seinem Großvater schon. Es steht in Thalassery, nahe der Küste, tief im Süden des Landes. Anders als Hermann Hesse, der zwar viel über Indien schrieb, aber nie seinen Fuß auf indischen Boden setzte, verbrachte Hermann Gundert zwanzig Jahre seines Lebens dort. Als Missionar – und Tausendsassa.

Gundert sorgte dafür, dass die Bewohner von Kerala ihre eigene Sprache, Malayam, schreiben können. Er gab das erste Wörterbuch heraus und übersetzte die Bibel in die Landessprache. Beides, das Lexikon und die Bibelübersetzung, sind immer noch in Gebrauch. Gundert gab außerdem die erste Zeitung in der Landessprache heraus.

Noch nachhaltiger waren seine Bildungsreformen. Er entwickelte für Kerala ein Bildungssystem – von der öffentlichen Schule bis zur Universität. Seine Frau Julie gründete eine Mädchenschule. Den beiden ist es zu verdanken, dass Kerala die höchste Alphabetisierungsquote in ganz Indien hat.

Noch immer gibt es in Thalassery eine Schule, die Gunderts Namen trägt. Dort werden vor allem Kinder aus einkommensschwachen Familien unterrichtet, nach einem Lehrplan, der auf Gunderts Bildungsideen zurückgeht.

Als ich die Schule besucht habe, bekam ich einen großen Empfang. Das Lehrerkollegium lud mich zum Essen ein. Die Schüler führten einen Tanz für mich auf. «Wir bekommen nur selten Besuch aus Deutschland», klagte der Direktor. Er bat mich, einen Kontakt zur deutschen Botschaft herzustellen. Oder zum Goethe-Institut. Er hoffte auf Fördergelder oder eine andere Form der Unterstützung: «Damit das Andenken von Hermann Gundert nicht in Vergessenheit gerät. Das wäre doch sehr schade.»

Gundert ist nicht der einzige deutsche Schulpionier, der in seiner alten Heimat kaum bekannt ist.

Mehr als hundert Jahre vor Gundert reiste ein 24-jähriger Theologiestudent aus Halle an die andere Seite des südindischen Zipfels.[103] Bartholomäus Ziegenbalg (1682–1719) sollte sich im Auftrag des dänischen Königs um das geistliche Wohl eines Kolonialgebiets am Golf von Bengalen kümmern. Bald legte er sich mit den dänischen Händlern vor Ort an, weil er sich vor allem um die indischen Einheimischen sorgte. Er verschaffte ihnen eine Druckerpresse, gab Bücher in der Landessprache Tamil heraus, gründete ein Waisenhaus und mehrere Schulen, an denen auch Mädchen unterrichtet wurden.

Missionare wie Gundert und Ziegenbalg, beides übrigens Pietisten, wären es wert, dass ihnen auch in Deutschland Denkmäler gebaut oder zumindest in Schulbüchern an sie erinnert wird.

Innovationsförderung ist nur die eine Seite der Bildungsmedaille, Traditionspflege die andere.

Genau wie originelle Kulturschaffende brauchen wir begabte Kultur-Nachlassverwalter. Die größten Kulturschätze liegen nun einmal in der Vergangenheit, wie sollte es auch anders sein in einem Land, dessen kulturelles Gedächtnis bis in die Eiszeit reicht (zu besichtigen im Neandertal oder im Geopark Schwäbische Alb). Man ist kein Kulturchauvinist, wenn man bemerkt: Die europäische Kultur ist zwar nicht unbedingt tiefer, aber jedenfalls breiter, diverser, experimentierfreudiger, in der Summe auch spektakulärer als das, was andere Zivilisationen hervorgebracht haben.

Wer das bezweifelt, muss nur den Louvre in Paris oder das Metropolitan Museum in New York besuchen. In den Räumen mit Exponaten aus Europa drängeln sich die Massen, auch die aus Asien und Afrika.

Kreativität entsteht nicht nur bei der horizontalen Verknüpfung von aktuellem Wissen, sondern auch bei der vertikalen Kombination von Einflüssen aus verschiedenen Epochen. Deshalb haben wir im globalen Bildungs- und Kulturwettbewerb einen Standortvorteil. Das abendländische Kreativitäts-Arsenal ist prall gefüllt. Man muss sich nur daraus bedienen.

3. Zurück zu King Kong
Tradition ist der neue Fortschritt

Mit King Kong meine ich nicht den Riesenaffen, sondern den Lehrmeister, den «Meister Kong», besser bekannt als «Konfuzius». Er lebte ungefähr fünfhundert Jahre vor Christus und ist in Ost-Asien der einflussreichste Philosoph überhaupt. In China wird er als wichtigster Vordenker verehrt. Längst stellt er Mao in den Schatten. Denn Konfuzius lehrt, wie man seinen Laden zusammenhält, und nicht, wie man ihn im Mao-Stil hochsprengt. Konsolidierung ist gefragt, nicht Revolution.

Von vielen Chinesen wird Konfuzius wie ein Religionsstifter verehrt. Das habe ich in Taiwan erlebt, der von China abgefallenen kleinen Insel-Republik. Dort gehört der Konfuzius-Tempel zu den größten Touristenattraktionen. Dabei haben die Einsichten des «Meister Kong» wenig mit Metaphysik zu tun.[104] Sie entstammen keiner Offenbarung, noch nicht einmal metaphysischer Spekulation, sondern alleine dem gesunden Menschenverstand eines hohen Staatsbeamten. Vorrangiges Ziel für Konfuzius ist eine gerechte, harmonische, stabile Gesellschaft. Verwirklicht werden kann sie nur, indem jedes Mitglied seine moralische Pflicht tut. Edel ist, wer sich anständig verhält. Der Weg dahin führt über die Bildung. Eigentlich ganz vernünftig, wie die folgenden von ihm überlieferten Sätze:

«Der Edle schämt sich davor, dass seine Worte seine Taten übertreffen.»

«Das Volk kann man dazu bringen, dem Rechten zu folgen, aber man kann es nicht dazu bringen, es zu verstehen.»

«Wer nicht den Willen Gottes kennt, der kann kein Edler sein.»

Für Konfuzius ist Pflichtbewusstsein wichtig. Aus gutem Grund. Denn erst die Erledigung von Pflichten schafft die gesellschaftlichen Voraussetzungen dafür, dass Rechte verwirklicht werden können.

Wer bisher wenig über den Konfuzianismus weiß, wird sich bald wundern. Denn China investiert Milliarden Euro, um die neue Staatsphilosophie in die ganze Welt zu exportieren. In über hundert Ländern gibt es bereits staatlich geförderte Konfuzius-Zentren. Ich will kein Loblied auf den Konfuzianismus singen. Dafür reichen erstens meine Laienkenntnisse nicht, zweitens fürchte ich die religiöse Überhöhung der Lehre, die vor allem in China selbst zulasten der dortigen religiösen Minderheiten gehen wird. Und drittens brauchen wir im Westen keinen Konfuzianismus, weil es christliche Denker gibt, deren Erkenntnisse in dieselbe Richtung und noch darüber hinaus gehen.

Simone Weil zum Beispiel. Die jüdisch-christliche Philosophin wurde 1909 geboren und starb mit nur 34 Jahren auf der Flucht vor den Nazis. Sie war befreundet mit dem existentialistischen Philosophen Jean-Paul Sartre (1905–1980). Von diesem Atheisten unterschied sie sich nicht nur durch ihren Glauben, sondern auch durch ihren Beziehungsoptimismus.

Während Sartre in seinem Theaterstück «Geschlossene Gesellschaft» zu dem bekannten Schluss kam: «Die Hölle, das sind die anderen», behauptete Simone Weil sinngemäß: Echte Selbstverwirklichung ist nur im Kontext verbindlicher Beziehungen möglich – die Beziehung zu Gott gehörte aus ihrer Sicht dazu. Für sie resultierte der Erfolg der Faschisten und Kommunisten aus der Entwurzelung der Menschen. In ihrem wichtigsten Werk empfahl sie deshalb als Gegenmittel «Die Einwurzelung» – in eine Welt, in der nicht nur materielle Bedürfnisse, sondern vor allem seelische Bedürfnisse ihre Erfüllung finden.[105]

Zu diesen seelischen Bedürfnissen gehörten für sie neben Freiheit und Gleichheit auch Ordnung, Gehorsam, Verantwortung und Ehre.

Dass wir uns aufs Neue «einwurzeln» müssen in unser christlich-abendländisches Erbe, war auch ein Anliegen von Papst Benedikt XVI. Es war auch die Pointe der Rede, die er 2011 im Deutschen Bundestag hielt. Weil ich damals im ARD-Hauptstadtstudio eine Art inoffizieller Kirchenbeauftragter war, durfte ich die Veranstaltung live kommentieren. Ich freute mich auch deshalb, weil ich Joseph Ratzinger als Autor hoch schätzte.

Als ich einen Tag vor dem Auftritt das Rede-Manuskript bekam, war ich geschockt. Keine politischen Ermahnungen, keine sozialen Appelle, keine Sonntagsrede. Stattdessen bleischwere Theorie.

Als ich Benedikt zuhörte, wie er den Text mit matter Stimme vortrug, konnte ich nur die Rücken der Bundestagsabgeordneten sehen, nicht ihre Gesichter. Ich vermute, sie zeigten Müdigkeitserscheinungen. Vor meinem inneren Auge sah ich die Zuschauer, die zu ihren Fernschaltungen griffen und den Kanal wechselten.

Ich selbst begriff nur mit Mühe, was der Papst seinen Landsleuten sagen wollte. Es ging um die rechtliche Grundlage von Gesellschaftsordnungen und welche Rolle der Glaube dabei spielt. Der wichtigste Satz zog sich fast über eine Minute hin. Eine Bandwurmkonstruktion, Subjekt und Verb getrennt von achtunddreißig Wörtern. Sprachliches Ritalin.

Erst später, als ich die Rede noch einmal las, merkte ich, dass der Satz genau ins Schwarze traf:

«Von der Überzeugung eines Schöpfergottes her ist die Idee der Menschenrechte, die Idee der Gleichheit aller Menschen vor dem Recht, die Erkenntnis der Unantastbarkeit der Menschenwürde in jedem einzelnen Menschen und das Wissen um die Verantwortung der Menschen für ihr Handeln entwickelt worden.»

Ohne Gott keine Güte, keine Gerechtigkeit, keine Gleichheit. Es ist der Glaube an den Höchsten und der Gehorsam ihm gegenüber, der im Dschungel des Lebens die Schwächeren vor dem

Zugriff der Stärkeren schützt. Rein säkulare Bemühungen, eine Ethik zu begründen, können nicht überzeugen und sind nicht krisenfest. Ohne Gott ist das Gute ein «Deal», der zwischen Menschen ausgehandelt wird und der, wenn es keine höhere Instanz gibt, jederzeit einseitig aufgekündigt werden kann.

Ein anderer Einwurzelungs-Lehrer war ein Zeitgenosse von Rousseau, der Protestant Edmund Burke (1729–1797). Seine bekannteste Schrift sind die «Reflexionen über die Französische Revolution». Darin kritisiert er die Revolutionäre für ihre Selbstbezogenheit: «Die Fortschrittsgläubigkeit entspringt meistens einem egoistischen Gemüt und einer engen Sichtweise. Wer keine Wertschätzung für seine Vorfahren hat, den kümmert auch die Nachwelt nicht.» Für Edmund Burke gründen sich funktionierende Gesellschaften auf eine große Übereinkunft, nicht nur zwischen Lebenden, «sondern zwischen denen, die leben, denen, die tot sind, und denen, die noch geboren werden».[106]

Wer eine Rampe in die Zukunft bauen will, sollte vorher die eingestürzten Brücken in die Vergangenheit wiederaufbauen.

Trotz aller Verbrechen, die im Verlauf der deutschen Geschichte verübt wurden, gibt es viel Anlass, mit Dankbarkeit und Ehrfurcht auf viele gute Hinterlassenschaften zurückzublicken. Und auf große Vorbilder: etwa auf Dietrich Bonhoeffer, die Geschwister Scholl und unzählige andere Vorkämpfer des Guten. Wenn wir einen Erkenntnisvorsprung vor unseren Vorfahren haben, dann liegt das nicht an uns. «Wir sind Zwerge», hat der Abt Bernhard von Clairvaux vor 900 Jahren erkannt, «und können nur deshalb weit sehen, weil wir auf den Schultern von Riesen stehen.»

In den nächsten Jahren wird die Sicht oft getrübt sein und man sich vorkommen, als würde man verloren im Urwald stehen, ohne Peilung, wo der richtige Weg ist. Dann kann man sich nur auf das Bauchgefühl verlassen. Zu Unrecht wird der «Bauch» oft gegen den «Kopf» ausgespielt, als Sitz dumpfer Triebe, die den klaren Intellekt nur vernebeln. Dabei ist das, was flapsig mit «Bauch» umschrieben wird, unser instinktgeleitetes und erfahrungsgestütztes Unterbewusstsein.

Auf die Gesellschaft übertragen heißt das: Unser kollektives Bauchwissen sind die Erfahrungen unserer Vorfahren. Gerade in Krisensituationen können sie durchaus Orientierung geben. Ich bin mir deshalb ziemlich sicher: Bauchfrei ist bald nicht nur am Strand «in».

4. Lob des Sozialkapitalismus
Gemeinschaft festigen

Es gibt zwei deutsche Wörter, um die uns viele beneiden, weil es in anderen Sprachen dafür kaum Entsprechungen gibt.

Sehnsucht.

Heimweh.

Im Zeitalter der Hochgeschwindigkeits-Globalisierung bedeuten die beiden Wörter zunehmend das Gleiche. Die Sehnsucht richtet sich nicht mehr wie früher auf ferne Länder, schließlich sind diese real nur ein paar Flugstunden entfernt oder virtuell nur einen Klick. Stattdessen bekommt unser Verlangen eine nostalgische Färbung. Wir wünschen uns in einen Raum, den wir oft nur aus Filmen und Träumen kennen: das harmonische Heim, in dem wir im Kreis unserer Verwandten und Freunde entspannen können. Dieses Heim ist für manche Deutsche weiter weg, als es für unsere Urgroßeltern Tahiti war.

Um Aufbruch und Heimkehr geht es in den ersten beiden abendländischen Epen, der «Ilias» und der «Odyssee». Der König der westindischen Insel Ithaka, Odysseus, zieht in den Krieg nach Troja, um schließlich nach Hause zurückzukehren, nach vielen Jahren und vielen Umwegen. Unterwegs landet er an malerischen Küsten, er begegnet Circe, Calypso, Nausika, die verführerischer sind als seine Ehefrau Penelope. Aber es zieht ihn mit Macht zurück nach ihr und nach Ithaka – einfach, weil er dorthin gehört.

Odysseus steckt in uns allen.

«Wir sind wie alle anderen, denn wir möchten heim», sang 1985, mitten im Ego-Jahrzehnt der Achtziger, Heinz-Rudolf Kunze, «es ist fast nie zu spät, es zu kapieren.»

Heimat ist nicht das schicke Start-up-Büro und nicht das Single-Penthouse in der Berliner Kastanienallee. Heimat ist unser Land, unsere Region, unsere Nachbarschaft, unsere Familie.

Gut dran sein werden in den kommenden Jahrzehnten diejenigen, die Sozialkapital angespart haben. Diejenigen, die über stabile und verlässliche Bindungen verfügen – zu Verwandten, Freunden, Nachbarn. Beziehungen, die einen ökonomischen und emotionalen Versicherungsschutz darstellen. Zu Menschen, die nicht nur auf Facebook und Instagram etwas teilen, sondern im Krisenfall die Wohnung oder ihr Eigentum. Menschen, die einen pflegen und besuchen, wenn man alt und krank ist, die freudvoll hoffen, dass es einen noch möglichst lange gibt.

Wenn in Deutschland über Lebensmodelle diskutiert wird, geht es meistens darum, ob die Beteiligten damit gut klarkommen. Das sagt wenig darüber aus, wie langfristig haltbar diese Lebensmodelle sind.

Soziale Experimente gibt es, seit es Menschen gibt. Dabei hat sich herausgestellt, dass die Solidarität am besten funktioniert, wenn die Gruppen nicht mehr als hundertfünfzig Mitglieder haben. Bei größeren Einheiten kann man sich schlicht und einfach die Namen und Gesichter nicht merken. Bewährt haben sich nach Jahrtausenden Zivilisationsgeschichte drei Solidareinheiten: die Familie, das Dorf, die Vor-Ort-Religionsgemeinschaft.

Statt Beweisstatistiken kann ich drei Erfolgsbeispiele vorstellen von Gemeinschaften, die auch unter schwierigen Bedingungen bestens funktionieren.

Sie alle finden sich in einem Zipfel von Indien, in den sich nur wenige Touristen verirren: Meghalaya, oder, wie der Name des Bundesstaats übersetzt heißt, das «Land der Wolken». Hier hängen die Wolken tief, fällt das ganze Jahr über viel Regen. Aber die Bewohner lassen sich davon nicht die Laune verhageln.

Wer glaubt, der deutsche Hang zum Missmut liege am schlechten Wetter, muss sich in Mawsynram eines Besseren belehren lassen. Das Dorf liegt auf zweitausend Metern Höhe und steht trotzdem oft unter Wasser. Mawsynram ist das nasseste Dorf der Welt. Nirgendwo ist die Niederschlagsmenge über das Jahr gerechnet so groß. In der sommerlichen Monsunzeit geht das Wasser den Bewohnern manchmal bis zu den Knien. Wäre das Dorf ein Becken, würde das Wasser am Ende des Jahres zehn Meter hoch stehen.

Ich war kurz vor Beginn der Regenzeit vor Ort. Mawsynram hatte sich herausgeputzt, die Straßen waren sauber, die Gärten gepflegt. Die Leute, die ich sprach, waren gut drauf. «Graut euch nicht vor der Regenzeit?», fragte ich. Kopfschütteln. Man hatte sich an die extreme Wetterlage gewöhnt. Wegziehen in trockenere Gegenden kam für die Einwohner nicht in Frage. Dann müssten sie ja ihre Familien verlassen und ihre Kirchengemeinden.

Die Menschen in Mawsynram sind Christen. Während meines Besuchs strömten viele von ihnen zu einer Beerdigung. Die Kapelle war bis auf den letzten Platz gefüllt, die Verwandten und Freunde des Toten drängelten sich bis auf die Straße. Trotz des traurigen Anlasses waren die Mienen ganz und gar nicht trübsinnig, und es wurde laut und fröhlich gesungen. Mir kam ein Lied von Barry Manilow in den Sinn: «Ich habe es durch den Regen geschafft und habe Respekt gefunden – bei all den anderen, die auch im Regen standen und es hindurch geschafft haben.»

Gute Gemeinschaften sind die beste Investition: Geteilter Frust halbiert sich, geteilte Freude verdoppelt sich.

Die Mitglieder des «Shillong Kammerchors» halten nicht dem Regen stand, aber dafür politischen Stürmen. In Shillong, der Hauptstadt von Meghalaya, herrschten lange bürgerkriegsähnliche Zustände. Terroristen kämpften gewaltsam für die Unabhängigkeit von Indien. Das indische Militär schlug brutal zurück. «Ich habe den Chor zu Therapiezwecken gegründet», erklärte mir der Leiter des Chors, Neil Nogkynrih. «Ich wollte die jungen Leute aus der Dunkelheit herausholen, die hier herrschte – und mit ihnen Schönheit schaffen. Musik eben.» Also gründete er ein klassisches Ensemble. In einer Gegend, in der die meisten Menschen noch nie etwas von Bach und Mozart gehört haben.

Neil hatte in England studiert und setzte auf die beruhigende Wirkung westlicher Klassik. Bei ihm kam mir kein Popsong in den Sinn, sondern ein Film, «Fitzcarraldo». Dort will ein von Klaus Kinski gespielter Klassikfan mitten im Amazonas ein Opernhaus errichten. Sein verrücktes Projekt scheitert allerdings. Ganz im Gegensatz zum «Shillong Kammerchor».

Der Chor ist mittlerweile im ganzen Land berühmt. Bei der populären Fernsehshow «Indiens Supertalent» gewann das Ensemble den ersten Preis. Aber auch der Friedensprozess hat seit der Chorgründung große Fortschritte gemacht, die Zahl der Terroropfer ging deutlich zurück. Neil ist überzeugt, mit seiner Chor-Kommune ein Kraftfeld des Friedens geschaffen zu haben, das auf den ganzen Bundesstaat ausstrahlt. Für ausschlaggebend hält er außerdem die christliche Basis seiner Chorarbeit: «Ich glaube fest, dass Gebete wirken und dass Frieden entsteht, wenn man etwas Positives hat, an das man glaubt.»

Die fünfundzwanzig Chormitglieder bilden eine Lebensgemeinschaft, sie proben, essen, spielen und loben Gott gemeinsam. Die meisten von ihnen sind seit über zehn Jahren dabei. Ich habe mich erkundigt, ob es keine Rivalitäten unter ihnen gibt, keine Ego-Trips der talentiertesten Sänger. «Uns allen ist Demut wichtig», hat mir die beste Sopranistin, Ibarisha, den Grund verraten, weshalb die Gruppe so gut funktioniert.

Harmonisches Teamwork ist auch das Erfolgsgeheimnis von Mawlynnong. Die Fünfhundert-Seelen-Siedlung liegt im hintersten Zipfel von Indien, in einer dschungelartigen Waldgegend an der Grenze zu Bangladesch. Normalerweise ziehen solche Grenzregionen Schmuggler und Banditen an. Aber in Mawlynnong blitzen nicht die Suchscheinwerfer der Grenzbeamten, sondern die Straßen – vor Sauberkeit. Die Dorfbewohner sind vereint im Kampf gegen einen Gegner, der in Indien übermächtig ist: den Schmutz.

Wie jeder Indien-Tourist weiß, ist die Vermüllung eines der größten Alltagsprobleme. In den Städten landen drei Viertel aller Abfälle nicht in der Tonne, sondern auf der Straße oder im Fluss. In Mawlynnong ist alles ganz anders. Das Dorf hat den Ruf, das sauberste in ganz Asien zu sein.

Beim Betreten des Dorfes kamen mir Frauen entgegen, die mit ihren Besen jeden Müllfetzen zur Seite fegten und dann in einem der Abfallkörbe entsorgten, von denen es so viele gab wie Bewohner. Die kleinen Gärten vor den Häusern waren hübsch angelegt, die Lehmstraßen zwischen den Häusern saubergeschrubbt. «Das haben amerikanische Missionare unseren Vorfahren so beigebracht», klärte Fremdenführer Ricky mich auf. «Wir praktizieren das bis heute. Es fängt bei den Kleinsten an. Wenn ein Kind auf der Straße einen Kaugummi ausspuckt, dann kommen die Dorfältesten zur Familie nach Hause und reden mit den Eltern ein ernstes Wort. Danach wissen die Kinder, wie sie sich zu verhalten haben.»

Mawlynnong braucht keine Sauberkeitspolizei, keine drakonischen Strafen für Schmutzfinken. Die Kontrollmechanismen sind eingespielt und beruhen auf dem Vertrauen, das eine homogene Gemeinschaft über hundert Jahre entwickelt hat.

Die Leute in Mawlynnong sind nicht sonderlich wohlhabend. Aber reich an Sozialkapital. Ihr Guthaben an gegenseitigem Vertrauen wirft auch in der nächsten Generation noch reichlich Zinsen ab.

Wir sollten deshalb nicht nur über «schwarze Nullen» beim Bundeshaushalt reden, sondern auch darüber, wie wir beim Verwalten unseres Sozialkapitals wieder aus den roten Zahlen herauskommen, neues Vertrauen bilden und so die Grundlagen für gelebte Solidarität schaffen.

5. Wo der Dalai Lama Recht hat – und wo nicht

Konsumdiät machen

Die Suche nach dem Glück ist teuer. Ungefähr viertausend Euro pro Person haben die Teilnehmer der Reise nach Bhutan gezahlt, dem Land des «Bruttonationalglücks». Ich treffe die Reisegruppe beim Frühlingsfestival in Bumthang, einem Bezirk in der Mitte des Landes. Den ganzen Tag über führen Mönche rituelle Tänze auf. Es nieselt. Die Gäste aus Deutschland sitzen unter einem Zeltdach und verfolgen die Choreografie andachtsvoll. «Ich fühle mich selbst ganz verwandelt», verrät mir anschließend eine Pfälzerin. «Von den Mönchen geht so ein Frieden aus.»

Ich will ihr die Freude nicht verderben. Ich erzähle ihr nicht, was ich bei meinen Interviews im Umkleidetrakt gesehen habe. Dort fummelten junge Mönche vor ihren Auftritten an Handys herum, spielten auf ihren Gameboys. Sie sind, wie die anderen Menschen in Bhutan, auch keine reinen Glückskinder. Aber vielleicht wissen sie tatsächlich ein wenig mehr darüber, was glücklich macht und was nicht.

Die Idee zum «Bruttonationalglück» kam dem damaligen König von Bhutan Jigme Singye Wangchuck in den siebziger Jahren. Er wollte von der wirtschaftlichen Rückständigkeit seines Landes ablenken. Doch mittlerweile ist die Messung des Bruttonationalglücks zu einer richtigen Wissenschaft geworden in dem kleinen Land im Himalaya, das kaum mehr Einwohner hat als Bremen.

Es gibt ein «Glücksinstitut», das regelmäßig Volksbefragungen durchführt und auswertet. Das Ergebnis dieser Umfragen ist auf den ersten Blick ernüchternd. Die Bewohner von Bhutan halten sich selbst gar nicht für superglücklich. Die Frauen klagen über die vielen Seitensprünge der Männer und dass sie zu viel Alkohol tränken, die Männer gestehen, dass sie sich vor bösen Geistern fürchten und davor, als Hunde oder gar Ratten wiedergeboren zu werden. Die Einkommen und sogar die durchschnittliche Lebenserwartung sind im internationalen Vergleich unteres Mittelmaß. Aber die Menschen geben an, dass sie mit ihrer Lebenssituation insgesamt doch ganz zufrieden sind. Genügsamkeit statt Glücksrausch – vielleicht ist das ja das Erfolgsrezept.

Trotz aller Missstände ist der Gruppenzusammenhalt in Bhutan stark. Harmonie untereinander wird großgeschrieben, genau wie ein Leben im Einklang mit der Natur. In der Schule werden die Kinder dazu angeleitet, ihren Ekel vor Fröschen und Insekten abzulegen und sie liebhaben zu lernen. Am Wochenende ziehen Studenten freiwillig aufs Land, um Bäume zu pflanzen. Bei Wettbewerben in der Nationalsportart, dem Bogenschießen, tanzen und freuen sich die Mannschaften sogar, wenn die Gegner gewinnen. Die Wahlkampfberichterstattung ist stinklangweilig, weil die rivalisierenden Politiker nur Gutes übereinander sagen.

Deshalb bin ich doch zu dem Schluss gekommen, dass die Leute in Bhutan glücklicher sind als in den meisten Ländern. Ihre Prioritäten sind einfach besser gesetzt. Sie machen sich zwar auch Konsumstress, aber nicht so viel wie die Menschen in westlichen Ländern.

Das Fernsehen wurde in Bhutan erst vor zwanzig Jahren eingeführt – so spät wie in keinem anderen Land der Welt. Vielleicht war auch das glücksfördernd.

In Bhutan ist der Buddhismus Staatsreligion. Aber die antimaterialistische Einstellung, die hier gepredigt wird, ist kein buddhistisches Alleinstellungsmerkmal. Dass Gier sich selbst auffrisst und weniger oft mehr ist, kann man im biblischen Buch des «Predigers» nachlesen – und bei den meisten Weisheitslehrern der Antike.

Auch der Dalai Lama predigt nichts anderes. Als ich nach Indien kam, stand eine Begegnung mit dem weltweit gefragtesten

Experten zum Thema «Nett sein» ganz oben auf meiner Wunschliste. Ich wollte wissen, was Bono, Desmond Tutu, Lady Gaga und viele deutsche Prominente an ihm finden.

Im Spätsommer 2017 war es so weit. Der Dalai empfing mich in seiner Exilresidenz in Dharamshala, einer indischen Kleinstadt am Rande des Himalayas. Vorher hatte er seinen religiösen Anhängern, die zum Teil sogar aus Kanada angereist waren, eine Audienz gegeben. Sie brachten ihm Geschenke, verneigten sich, verehrten ihn als «Bodhisattva»: einen Erleuchteten, der seinen Einzug ins Nirwana freiwillig aufgeschoben hat, aus Mitleid mit denen, die noch nicht so weit sind.

Ich hatte mir fest vorgenommen, eine kritische Distanz einzuhalten. Ist ja auch nur ein Mensch, sagte ich mir.

Der Dalai Lama sah das genauso.

Ich muss zugeben: Ich habe noch keinen Prominenten interviewt, der weniger Allüren zeigte. Er schwärmte von Deutschland und von Angela Merkel, machte lockere Sprüche, unter anderem über Donald Trump. «Aber bitte nicht veröffentlichen!», fügte er augenzwinkernd hinzu.

Innerlich heftig genickt habe ich, als er den Materialismus zum größten Problem überhaupt erklärte. Vor allem die jungen Menschen würden sich mit billigen Vergnügungen abspeisen lassen: «Sie konsumieren Medien, Beziehungen, Sex, um sich damit zu unterhalten. Doch die Befriedigung ist nur körperlich und kurzfristig. Die echte Erfüllung findet auf geistiger Ebene statt – im Mitleid mit anderen, bei tiefen Gefühlen, beim Meditieren.» Er selbst war die beste Werbung für eine Konsumdiät, wirkte fit und hellwach. Er sah nicht aus wie 82, sein damaliges Alter, sondern mindestens 20 Jahre jünger.

Die Absage an Konsumgier reichte mir aber nicht. Ich wollte wissen, wie ein Konsum-Entzug funktioniert und wo die Menschen stattdessen Erfüllung finden sollen.

Die Antwort des Dalai Lama überraschte mich. Ich hatte erwartet, dass er den Buddhismus ins Spiel bringen würde. Aber er setzte auf überhaupt keine Religion als bewusstseinsverändernde Kraft. Im Gegenteil: «Manchmal sind es gerade die religiösen Menschen, die Ärger verursachen.»

Ich wusste, was er meinte: die jahrhundertelangen Kämpfe zwischen den christlichen Konfessionen, die Streitereien zwischen Sunniten und Schiiten, die inner-buddhistischen Querelen. In der taiwanesischen Hauptstadt Taipei hatte ich Hochhäuser gesehen, deren Fassaden mit riesigen Warnungen vor den tibetischen Mönchen plakatiert waren: «Sie sind keine Buddhisten», stand da, und sogar: «Sie vergreifen sich an Kindern!»

Der Dalai Lama liegt mit seiner Religionsskepsis im Trend, vor allem in Europa und den USA. Das Ansehen von Kirchenführern hat hier in den letzten Jahren stark gelitten, während der Berufsgruppe der Wissenschaftler immer größeres Vertrauen entgegengebracht wird.[107] Auch der Dalai Lama setzte voll auf eine wissenschaftlich fundierte Hirn- und Herzensbildung. Vom Kindergarten bis zur Universität sollten junge Menschen darin unterwiesen werden, Liebe und Mitgefühl zu kultivieren. Es verwundert nicht, dass seine Popularität bei Neurowissenschaftlern und Psychologen besonders groß ist.[108]

Den Seelenfrieden in sich selbst zu suchen, Exzesse zu meiden und ein anständiges Leben zu führen – das klingt modern, ist aber ein alter Hut.

In der Antike bezeichnete man eine solche Einstellung als stoisch. Der Stoizismus stand etwa zu Zeiten von Jesus hoch im Kurs, nicht bei armen Galiläern und den etwa fünf Millionen römischen Sklaven, sondern bei den Aristokraten und Neureichen. Die Stoiker wollten sich unabhängig machen von äußeren Krisen und sinnlichen Verlockungen. Sie glaubten zwar an Götter oder eine göttliche Kraft, setzten bei der Charakterbildung aber auf eigene Anstrengung.

Heutzutage ist der Stoizismus wieder groß in Mode. Stressfrei, tugendhaft und selbstgenügsam leben, ohne dass man dafür religiöse Dogmen und Riten braucht, das entspricht dem Zeitgeist. Außer vom Dalai Lama werden stoische Prinzipien auch von Bestsellerautoren vertreten wie dem Schweizer Experten für klares Denken und gutes Leben, Rolf Dobelli.[109]

Die Sache hat nur drei Haken.

Selbstgenügsam lebt es sich leichter, wenn der Magen voll ist. Deshalb ist der Dalai Lama vor allem unter westlichen Gebildeten und Gutsituierten so beliebt. Deshalb war auch der bis heute beliebteste Lehrer des Stoizismus, Seneca (ca. 1–65), einer der reichsten Männer seiner Zeit. Seine Tugendethik hinderte ihn nicht daran, als Regierungschef unter Nero schreckliche Verbrechen mit zu verantworten, unter anderem die Ermordung von dessen Bruder, Mutter und Ehefrau.[110]

Außerdem ist der Stoizismus bisher den Beweis schuldig geblieben, dass er gesellschaftliche Verhältnisse nachhaltig verbessert. Es schadet unserer Gesellschaft nicht, wenn sich Menschen an den Prinzipien von Seneca oder dem anderen wichtigen stoischen Lehrer, Epiktet (50–138), orientieren. Auch die Ausführungen des Dalai Lama über inneren Frieden und situationsunabhängige Freude enthalten viel Beachtenswertes.[111] Und die Lektüre von Rolf Dobellis Büchern macht ebenfalls lebensklüger.

Aber nicht unbedingt überlebensklüger. Mir persönlich fehlt in den Lehren dieser Männer eine Hoffnung, die über den Tod hinausreicht. Allein «Kein Materialismus!» ist auch keine Lösung. – Aber was dann?

6. Und die beste Religion aller Zeiten ist ...
Sinn suchen

Gibt es einen Gott, und wenn ja: wie viele?

Weil in Indien die Religionen allgegenwärtig sind, stellt sich die Frage automatisch. Überall gibt es Tempel, Kirchen, Moscheen, Meditationszentren, überall wird gebimmelt, gesungen, gekniet, es gibt Kerzen, Weihrauch, Goldschmuck und Religionsführer, die vom Weltfrieden reden.

Alles ist göttlich, glauben die Hindus, nicht nur die Millionen mythischer Inkarnationen, sondern auch wir, alle Lebewesen, das ganze Universum.

Der Buddhismus ist die verneinende Kehrseite desselben «Alles ist Eins»-Prinzips, nur ist dort eben alles «nichts und Illusion» statt alles göttlich.

Beides klingt logisch. Schließlich hängt alles irgendwie mit allem zusammen. Alles kommt aber auch von irgendetwas, und deshalb finde ich es noch plausibler, nicht an ein innerweltliches göttliches Prinzip zu glauben, sondern an einen Gott, der seiner Schöpfung übergeordnet ist.

Neben solchen logischen Plausibilitätskriterien gibt es auch praktische. Wie wirkt sich eine Religion auf das Leben ihrer Anhänger aus? Trägt sie dazu bei, gesellschaftliche Ungerechtigkeiten zu nivellieren oder zu zementieren?

Mit dem Christentum kenne ich mich ganz gut aus, vom Islam, Hinduismus und Buddhismus jedoch hatte ich nur wenig Ahnung, bevor ich nach Südasien kam. Also schaute ich mich um und las mich ein.

Im letzten Jahr meines Aufenthalts hatte ich endlich einen Grund, an den Ort zu fahren, zu dem es seit Jahrzehnten Sinnsucher aus aller Welt zieht: nach Rishikesh am Rande des Himalayas. Der Anlass meines Besuchs war das fünfzigste Jubiläum des Beatles-Besuchs. 1968 waren sie in den Aschram ihres Gurus Maharishi Mahesh Yogi (1918–2008) gereist, des Erfinders der «Transzendentalen Meditation». Wochenlang hatten sie hier meditiert und komponiert, bis sie vorzeitig abreisten. Ihr Guru hatte sich angeblich ganz unspirituell an die mitgereisten Frauen herangemacht.

Mittlerweile ist der Hippie-Geheimtipp von damals die Welthauptstadt des Yoga. Manche Yoga-Gurus werben mit «garantierten Lösungen für alle Lebensprobleme» und mit der vollständigen Heilung von Aids und Krebs.

Während meines Besuchs in Rishikesh fand dort auch das «Internationale Yoga-Festival» statt. Ich besuchte eines der Seminare. Ein aus den USA angereister Experte für «Transzendentale Meditation» forderte zum Mitmachen auf. Ein paar Sekunden würden schon genügen, um den Weltfrieden zu fördern.

Ich flüchtete mit meinem Kamerateam den Hügel hinauf und folgte der Beschilderung zum «Beatles-Aschram». Auf dem Weg dahin trafen wir auf eine Gruppe von Ziegenhirten, alle im Seniorenalter. Ob die sich wohl an die Beatles erinnerten? «Die Leute aus dem Westen? Ja, klar», sagten sie und kicherten. Sie hatten die Beatles und ihre Entourage damals mit Milch versorgt. «Die zupften die ganze Zeit auf so komischen Instrumenten herum und murmelten irgendwas.»

Besonderen Eindruck schien die größte Rockband aller Zeiten in Rishikesh nicht gemacht zu haben. Das Meditationszentrum – das nämlich bedeutet «Aschram» – war seit vielen Jahren außer Betrieb und mittlerweile umfunktioniert zum Museum. Der Museums-Chef wollte von mir tausend Euro haben. Für die Drehgenehmigung.

Spätestens jetzt war meine meditative Stimmung futsch. Ich machte offenbar ein Gesicht wie John Lennon, als er von den Übergriffen des Gurus erfuhr, wütend und abreisebereit. Der

Beamte beeilte sich, mich zum Bleiben zu bewegen: «Ihr bekommt die Dreherlaubnis für die Hälfte, ausnahmsweise. Aber dann müsst ihr in bar bezahlen.» In seine Privattasche also. Hier ging es eindeutig nicht um einen regulären Tarif, sondern um Korruption.

Schließlich ging er ganz leer aus. Wir bekamen nämlich prominente Gesellschaft, jedenfalls dachte das der Beamte. Die vier Beatles-Imitatoren wollten ebenfalls das Museum besichtigen. Der Beamte hatte keine Ahnung, dass sie in Europa sonst bei Möbelgeschäftseröffnungen und Schützenfesten auftraten, und hielt sie für eine ähnlich große Nummer wie die echten Beatles. Er führte sie ehrfurchtsvoll durch die Ausstellung, knipste reihenweise Selfies mit ihnen, während mein Kameramann drauflos drehte.

Als dann noch die tausend Teilnehmer des Yoga-Festivals zu einer Beatles-Gedenkmeditation auf das Gelände strömten, hatte der Beamte seine Geldforderung ganz vergessen – oder er traute sich schlichtweg nicht, sein krummes Geschäft vor den vielen Zeugen durchzuziehen.

Bald schallte, aus tausend Kehlen, ein lautes «Ommm» über das Gelände: «Die meisten von ihnen sind Spiritualitäts-Schnupperer», erklärte mir die Festivalleiterin. «Sie wollen ihr Leben durch östliche Techniken optimieren.»

Daran ist nichts Verwerfliches. Im Gegenteil habe ich mich unter den Spiritualitäts-Schnupperern ziemlich wohlgefühlt und konnte ihr gemeinsames Anliegen – eine friedvolle innere und äußere Welt – nachvollziehen.

Als ich den Aschram verließ und in die Stadt fuhr, fiel mir allerdings auf, wie wenig positiv sich der Sinnsucher-Andrang der letzten Jahrzehnte auf Rishikesh selbst ausgewirkt hatte. Überall lag Abfall herum, die Nebenarme des verehrten Flusses Ganges waren voll mit Plastikabfall. Rings um die Stadt wurden Waldstücke abgeholzt, um Platz für neue Wohn- und Geschäftsviertel zu machen.

Hippieland war abgebrannt. Aber der Traum nach «Love, Peace and Happiness» lebt weiter, zieht Millionen von Menschen in Aschrams, in Tempel, zu Festivals. Auch zu ganz säkularen.

Ein Oktoberabend 2018 in einem Park vor den Toren von Delhi. Der in die Jahre gekommene Gefühls-Rocker Bryan Adams tritt auf. Ein Publikum aus aller Herren Länder singt mit ihm aus vollen Kehlen das Eröffnungslied «Ultimative love»:

«Wenn ich eines weiß, dann, dass wir alle nach etwas suchen, wir alle suchen nach Liebe, der ultimativen Liebe.»

Auf den Bildschirmen erscheinen riesige Herzen. Dann singt Adams einen seiner größten Hits, «Heaven». Auch hier stimmen alle begeistert mit ein. Die Sehnsucht nach Himmel und Ewigkeit – ein großer gemeinsamer Nenner.

Sehr unterschiedlich sind aber die Wege, auf denen Menschen dorthin kommen wollen, die Regeln, die sie sich geben, die Mythen, die sie sich erzählen, die Werte, die sie hochhalten.

Alle diese Wege und die Menschen, die sie beschreiten, verdienen zunächst einmal Respekt. Aber dann auch einen kritischen Blick. Ein solcher Religions-Check ist heutzutage jedoch verpönt. Warum eigentlich?

Warum ist es einerseits völlig selbstverständlich, die Angebote für Mietwagen und Hotelzimmer miteinander zu vergleichen, aber sich bei den wichtigsten Angeboten überhaupt – den Sinnangeboten – mit platten Slogans wie «Alle Religionen sind doch irgendwie gleich» abspeisen zu lassen?

Manche Glaubensinhalte sind nämlich schlichtweg böse.

Dabei denke ich nicht nur an die Mayas und Azteken, die Kinder für Götzen abgeschlachtet und ihren gefangenen Feinden bei vollem Bewusstsein die Herzen aus den Brustkörben geschnitten haben. Zutiefst satanisch waren die magisch-heidnischen Vorstellungen, die in Europa den Hexenwahn auslösten. Sie hatten genauso wenig mit dem Christentum zu tun wie die Hexenmassaker, die noch heute in Indien verübt werden, mit dem Hinduismus zu tun haben. Als ich darüber berichtete, kam ich mir vor wie auf einer Zeitreise ins siebzehnte Jahrhundert.

In einem Dorf im ostindischen Bundesstaat Jharkhand waren fünf Frauen totgeschlagen worden, weil sie ihre Nachbarn angeblich durch Hexerei krank gemacht hatten. Der Ehemann einer der Unglücklichen schilderte mir den bestialischen Vorgang: Die Frauen waren durch Schläge dazu gezwungen worden, sich gegenseitig zu denunzieren. Dann wurden sie auf den Dorfplatz geschleppt, vor einer johlenden Meute abgeurteilt und mit Ziegelsteinen und Beilen zu Tode geprügelt. Als einige der Männer festgenommen wurden, knipsten die Polizisten ein Foto von ihnen.

Als ich das Bild in die Hand bekam, war ich schockiert. Die Männer, die trotzig in die Kamera lächelten, sahen gar nicht aus wie finstere Hinterwäldler. Sie waren passabel gekleidet. Die Rädelsführer, so erzählte mir der Ehemann der gelynchten Hauptangeklagten, hatten sogar die Universität besucht. Das hatte sie nicht immunisiert gegen abergläubische Paranoia.

Unter den Weltreligionen gibt es keine, die ihre Anhänger zu solchen Unmenschlichkeiten erzieht. Stattdessen haben alle großen Glaubenssysteme Werke von nachhaltiger Schönheit hervorgebracht. Bei ihnen allen gibt es tiefe Einsichten in das Wesen der Welt. Auch auf die Philanthropie (Menschenliebe) hat keine Religion ein Monopol. Bei Hindus und Buddhisten gibt es genauso Helfernaturen und Barmherzigkeits-Mäzene wie bei Muslimen, Christen – und selbstverständlich auch bei Atheisten.

Wirklich gerecht wird man Religionen und auch Ideologien nicht, wenn man sie alleine anhand ihrer Texte und ihrer Praktiken beurteilt. Als gelernter Historiker interessiere ich mich vor allem für die Entwicklungen – und hier insbesondere für soziale Fortschritte. Und hier sticht das Christentum trotz aller Fehlentwicklungen positiv hervor.

Ohne den Einfluss der Europäer würde es in Indien vermutlich heute noch Witwenverbrennungen geben, würde der nordostindische Stamm der Nagas seine Feinde immer noch skalpieren, würden Mädchen nach der Geburt in viel größerer Zahl umgebracht als derzeit, würden «Unberührbare» nach wie vor keinen Zugang zum regulären Arbeitsmarkt haben. Daran ändert auch die Tatsache nichts, dass viele Europäer als Ausbeuter kamen. Der britische Schriftsteller Horace Walpole (1717–1797), selbst Christ, kam am Ende des 18. Jahrhunderts sogar zu dem pessimistischen Schluss: «Es gab noch nie einen Mann, der mit guten Absichten nach Indien gegangen ist.» Er hatte vermutlich nichts von Bartholomäus Ziegenbalg gehört und ahnte nichts von den vielen christlichen Missionaren, Ärzten, Lehrern, die es im 19. und 20. Jahrhundert mit sozialreformerischen Absichten nach Indien ziehen würde.[112]

Es stimmt: Im Zeichen des Kreuzes wurden viele entsetzliche Verbrechen begangen.

Es stimmt aber auch: Nirgendwo zeigte sich eine so große Fähigkeit zur Korrektur von Fehlern.

Aus den Trümmern des Dreißigjährigen Kriegs entstand das moderne Europa.

Und so sehr es mich schaudert, dass es in den neunziger Jahren Christen waren, die sich in Ruanda gegenseitig abschlachteten, so sehr freut es mich, dass dort eine echte Versöhnung gelungen ist und Ruanda mittlerweile zu den afrikanischen Musterstaaten zählt.

Ich behaupte: In nur einem einzigen Kulturraum, nämlich dem christlichen, ist es in den letzten zweitausend Jahren gelungen, aus religiösem Antrieb Machtsysteme umfassend zu humanisieren. Und zwar in Richtung der drei Leitbegriffe, die ein französischer Bischof, Francois Fénelon (1651–1715), vor dreihundert Jahren aneinandergereiht hat:

Liberté, Egalité, Fraternité.

Freiheit, Gleichheit, Brüderlichkeit.

Viele Hindus und Buddhisten akzeptieren die furchtbaren Bedingungen, unter denen sie leben, weil sie sich an ein schlechtes Karma gebunden fühlen.

Wie der Honigjäger in Nepal, den ich bei seiner Arbeit begleitet habe. Sein Job gehört zu den gefährlichsten überhaupt. Nur gesichert mit selbst geflochtenen Seilen klettert er schwindelerregend hohe Felswände hinunter und kratzt den Honig wilder Bienen aus riesigen Waben. Der Honig wird dann von seinen Auftraggebern für gutes Geld ins Ausland verkauft, zum Beispiel nach China, wo er nicht aufs Brot kommt, sondern als potenzsteigernde Arznei sehr gefragt ist.

Von dem Erlös bekommt der Honigjäger gerade so viel ab, dass es zum Überleben reicht. Seine Tätigkeit, die er von seinem Vater übernommen hat, gilt selbst ihm als Fluch. Warum also ist er bereit, sich der Gefahr und den Strapazen auszusetzen?

«Ich hasse meine Arbeit», gestand er mir. Er selbst beschäftigte seine zwei Söhne als Assistenten. Sie würden die Tradition weiterführen. Warum? «Wir büßen für die Sünden in unserer vorherigen Existenz.» Dann kletterte er den Felsen hinab. Unten im Tal hatten die Dorfbewohner ein Feuer angezündet, um die Bienen zu vertreiben. Das klappte nicht. Ein ganzer Schwarm attackierte den Jäger, übersäte ihn mit Stichen.

Mit letzter Kraft konnte er sich wieder den Felsen hinaufretten. Dort lag er, bis ein Dorfdoktor kam, um ihn notdürftig zu versorgen. Sobald die Stiche verheilt wären, würde er wieder auf Jagd gehen, ein Schuldsklave des Schicksals bleiben und den Fluch an seine Söhne weitervererben.

Auch mit der Gleichheit hapert es. Vor dem Heiligtum im südindischen Tirupati, dessen Tempelschatz so groß sein soll wie das Guthaben des Vatikans, gibt es zwei Zugänge. Einen für VIPs, die sofort eintreten dürfen. Und einen für die Massen, die oft tagelang anstehen, bis sie ihre Geschenke zu Gott Balaji bringen können. Vorher haben sie sich kahlscheren lassen. Die Haare verkauft die Tempelverwaltung ins Ausland.

Der Mythos, der dahintersteht, ist ziemlich schräg. Die Gläubigen müssen mit ihrer Geduld, ihrem Geld, ihren Haaren für einen Kredit aufkommen, den Gott Balaji bei einer anderen Gottheit aufnehmen musste und den er nicht aus eigener Kraft zurückzahlen kann.

Ganz umsonst helfen ihm die Tempelpilger aber nicht aus der Klemme. Als Gegenleistung werden ihnen Gesundheit, Erfolg und Karma-Pluspunkte versprochen. Damit sie im nächsten Leben nicht mehr so lange anstehen müssen.

Der Karma-Glaube wirkt sich höchst zwiespältig auf die Mitmenschlichkeit aus. Er animiert einerseits zu Wohltätigkeit, weil das die Ausgangslage im nächsten Leben verbessert, führt gleichzeitig zu Fatalismus und Passivität im Angesicht von Elend. Als ein Freund von mir mit einem indischen Begleiter in Nepal wanderte, brach vor ihnen ein Tourist zusammen. Mein Freund versuchte ihn mit den Techniken, die er im Erste-Hilfe-Kurs gelernt hatte, am Leben zu halten. Es nutzte nichts. Der Mann starb. Der indische Weggefährte blieb die ganze Zeit über untätig stehen. «Ich bin Hindu», rechtfertigte er sein Verhalten später, «ich dachte, dessen Zeit ist halt gekommen.»

Sage mir, was du glaubst, und ich sage dir, was du tust – oder was du unterlässt.

Es ist diese Ambivalenz gegenüber dem Leid, die mir den Hindu-Glauben bei aller Tempelpracht und aller lyrischen Brillanz so fremd macht. Zutiefst zwiespältige Gefühle hinterlässt der heiligste Text der Hindus, die «Bhagavad Gita», die im Mahabharata-Epos enthalten ist. Es geht um einen Prinzen, Arjuna, der nicht in eine Schlacht ziehen will. Auf der anderen Seite stehen Verwandte. Arjuna scheut das Blutvergießen. Da erscheint ihm der Gott Krischna und ermutigt ihn in achtzehn tiefsinnigen Gesängen, zum Schwert zu greifen. Arjuna sei schließlich nur ein

Werkzeug des Schicksals und müsse seiner Bestimmung entsprechend in die Schlacht ziehen. Er solle seiner Berufung folgen und sich dabei frei machen von Sorgen um die Folgen seines Handelns.

Die «Bhagavad Gita» ist bei Hindus beliebt, weil sie auf jede Lebenssituation angewandt werden kann. Gandhi fühlte sich durch das vermutlich über zweitausend Jahre alte Gedicht zum gewaltlosen Kampf ermutigt. Die «Bhagavad Gita» war aber auch eine der Lieblingsschriften des massenmörderischen SS-Chefs Heinrich Himmler.[113] Man muss kein Christ sein, um zuzugeben, dass bei der «Bergpredigt» der Interpretationsspielraum deutlich geringer ist.

Die religiöse Praxis in Indien wird neben Schicksalsergebenheit auch von einem Geschäftsdenken geprägt, nach dem Prinzip: Wie du den Göttern, so sie dir – wenn schon nicht in diesem, dann im nächsten Leben. Mehr als einmal ist mir der Satz durch den Kopf gegangen: Die Götter müssen korrupt sein!

Ich gebe zu: Als überzeugter Christ bin ich befangen und deshalb nicht qualifiziert für ein abschließendes Urteil über andere Religionen. Ich kann nur dazu appellieren, selbst genau hinzuschauen. Ganz im Sinne des Apostels Paulus. Um das Jahr 50 schrieb er einen Brief an die Christen in Thessaloniki, einer Stadt vieler Tempel und Religionen. Es ist der erste überlieferte christliche Text. Sein Ratschlag bezieht sich auf Debatten innerhalb der Gemeinde. Ich finde ihn aber auch hilfreich für alle Nicht-Christen, die Orientierung suchen:

«Prüft alles und behaltet das Gute. Meidet das Böse in jeder Gestalt.»

Die Suche nach dem Sinn des Lebens ist zu wichtig, um blind drauflos zu gehen.

7. Der Engel von Karachi
Glück bringen

«Den Charakter einer Religion erkennt man an den Werken der Liebe, die in ihrem Namen produziert werden.»

Das ist die zentrale pädagogische Pointe von «Nathan der Weise». Als das Drama von Gotthold Ephraim Lessing (1729–1781) zwei Jahre nach seinem Tod uraufgeführt wurde, gab es längst nicht so viele historische Fakten, an denen man sich orientieren konnte. Der Blick auf die Ereignisse des Jahres 1192, in dem das Drama spielt, war von der eingeschränkten Quellenlage getrübt. Und erst recht wussten Lessing und seine Zeitgenossen nicht, wohin sich Islam, Christentum und Judentum in den kommenden Jahrhunderten entwickeln würden, ganz zu schweigen vom Werdegang der anderen Weltreligionen.

Es ist deshalb höchste Zeit, den Ratschlag des weisen Nathan aufzugreifen und zu vergleichen.

Ich finde, dabei schneiden der christliche Glaube und der von ihm geprägte Kulturkreis sehr gut ab. Zu lange hat man sich beim Religionsvergleich auf das konzentriert, was die unterschiedlichen Glaubenssysteme gemeinsam haben, nicht auf ihre Alleinstellungsmerkmale. Beim Christentum ist das Singuläre die Geschichte eines Gottes, der den Menschen nicht nur die Erde anvertraut, sondern sich selbst ihnen schenkt und sie dazu auffordert, praktische Nächstenliebe zu üben. Der von Christen verehrte Gott ist der einzige, der «Skin in the Game» hat, der sich selbst die Haut von den Knochen peitschen ließ, der am Kreuz geblutet hat.

Dieses Evangelium führt aber nicht zu Selbstverlust, sondern im Gegenteil zu einer Persönlichkeitserweiterung, weil der Einzelne nirgendwo so nah bei sich selbst und seiner Bestimmung ist wie innerhalb liebevoller Beziehungen. Hier entsteht eine ganz besondere Glücks-Ökologie: Man schafft Glück, indem man es anderen schenkt. Und empfängt es selbst von anderen, vor allem von Gott, der den Kreislauf der Liebe initiiert und steuert.

Christen sollen deshalb Glücksbringer sein.

Ich habe wenige Menschen getroffen, auf die das so zutraf wie auf Ruth Pfau (1929–2017), den «Engel von Karachi». Sie wurde in Leipzig geboren, studierte Medizin, fühlte sich aber angeödet vom Wirtschaftswunder-Materialismus. Sie trat in einen katholischen Orden ein. Ende der fünfziger Jahre brach sie nach Südasien auf und landete schließlich an der Südküste von Pakistan, in Karachi. Von dort startete sie ihre Hilfsmission.

Unterstützt von einigen Helfern gelang es ihr, die Lepra-Ausbreitung in Pakistan zu stoppen und die Krankheit nahezu komplett auszumerzen. Als Ruth Pfau starb, ließ die Regierung Trauerflaggen hissen und veranstaltete ein Staatsbegräbnis. Die Medien der pakistanischen Republik berichteten ausführlich. In Deutschland gab es dagegen nur ein paar knappe Meldungen – und nur einen Bruchteil der medialen Trauerkränze, die im selben Jahr dem «Playboy»-Gründer Hugh Hefner geflochten wurden.

Zwei Jahre vor ihrem Tod hatte ich Ruth Pfau besucht. Sie zeigte mir ihre Unterkunft, die halb so groß war wie mein Wohnzimmer. Ihre Assistentin berichtete, sie hätte sich vor ein paar Jahren als Gewinnerin des Medienpreises «Bambi» gegen die Unterbringung in einem Fünf-Sterne-Hotel gewehrt. Von dem Geld könne man so vielen Leuten helfen! Auch mir gegenüber wollte sie nicht über ihre Ehrungen reden. Nur darüber, wie man die Not in Pakistan lindern könne. Sie liebte das Land und seine Menschen, sah aber auch: «Sie haben natürlich nicht unsere Tradition, die sich eben primär, wenn sie noch christlich ist, für den entscheidet, der schwächer ist.»

Genau diesen Randexistenzen fühlte sich Ruth Pfau verpflichtet: «Gott macht keine Ausschussware», war einer ihrer Leitsprüche, «und da ja nun Gott nicht persönlich hier auf Erden sein kann, da sind wir hier, und wir sehen zu, dass wirklich keiner Ausschuss ist, sondern jeder kostbar, ganz egal, wie viel messbaren Nutzen ein Menschenleben hat.»

Ihre ethische Überzeugung fasste sie in den folgenden Worten zusammen: «Das Gute tun ist etwas, was dem anderen guttut. Was dem anderen guttut, ist etwas, was den anderen glücklich macht. Ich bin zutiefst davon überzeugt, dass der Mensch zum Glück geboren ist – und dass das etwas ist, was uns alle verbindet, diese Überzeugung, dass wir zum Glück geboren sind. Und wo immer wir ein bisschen helfen können, dass ein anderer Glück erfährt, da kriegen wir dann auch unser Glück zurück.»

Sie selbst konnte vom Glücksbringen nicht genug kriegen. Als ein Mitarbeiter sie kurz vor dem Tod fragte, was sie in ihrem Leben rückblickend ändern würde, antwortete sie: «Dann wäre ich zwei Jahre früher gekommen, um noch mehr Leuten helfen zu können.»

Ruth Pfau ist kein Einzelfall. Wer Geschichten von «Christen in Aktion» sammelt, wird in Südasien reiche Beute machen.

Die positive Wirkung, die das Christentum hier entfaltet, wird auch von Andersgläubigen nicht bestritten. Während das «C»-Wort bei vielen Deutschen mit Kreuzzügen und Inquisition assoziiert wird, fallen den Indern ganz andere Vermächtnisse ein:

Bildung. Krankenpflege. Frauenförderung.

Die christliche Ethik gründet sich auf den Glauben, dass Gott alle Menschen nach seinem Ebenbild geschaffen hat und sie liebt. Darauf beruhen biblische Handlungsanweisungen wie «Liebe deinen Nächsten wie dich selbst», «Ein jeder trage des anderen Last» und der Jesus-Ausspruch «Alles Gute, das ihr einem der Schwächsten tut, das tut ihr mir». Der Auftrag zur Nächstenliebe und Fremdenhilfe kommt also von ganz oben, von dem Gott, der sich selbst als «Jahwe» bezeichnet, was manche Theologen übersetzen mit: «Ich bin der, der immer für dich da sein wird.» Gott ist ein fürsorgender Gott, der sich selbst verschenkt und Christen dazu aufruft, sich in gleicher Weise an ihre Mitmenschen zu wenden.

Wäre schön, wenn das der allgemeine Eindruck wäre.

Leider haben Christen massive Imageprobleme. Einige sind selbstverschuldet. Der Sündenkatalog der letzten zwei Jahrtausende ist dick und nimmt täglich an Umfang zu. Christen sind zwar erlöst, aber keine Engel.

Es gibt aber Christen, die tatsächlich fleischgewordene Monumente der Mitmenschlichkeit sind. Auch wenn das nicht alle so sehen.

Als ich aus Anlass der Heiligsprechung von Mutter Teresa nach Kalkutta flog, wechselte mein Gemütszustand zwischen tiefer Rührung und Anflügen von Wut. Ich bekam feuchte Augen, als ich den «Missionarinnen der Nächstenliebe» bei der Arbeit zusah. Aufopferungsvoll veranstalteten sie Bastelkurse und Gymnastikprogramme für Frauen, die wegen schwerer Behinderungen auf die Straße gesetzt worden waren. Stinksauer war ich über einige Kommentare westlicher Medien, die Mutter Teresa und ihren Schwestern einen «Ego-Trip» und einen «Leidenskult» unterstellten.[114]

Seit den Anfängen der Aufklärung arbeiten sich Freigeister am Christentum ab, verschweigen seinen Beitrag am humanitären Fortschritt, zählen dafür penibel alle Delikte auf, echte und unterstellte.[115] Zu den Kritikern des Christentums gehört auch ein Shooting Star unter den Welthistorikern, der Israeli Yuval Noah Harari.[116] Er ist Anfang vierzig, vielbelesen und ein typisches Kind seiner Zeit: agnostisch, aber diffus spirituell. Er praktiziert buddhistische Meditationstechniken, glaubt an keinen persönlichen Schöpfer, will jedoch nicht ausschließen, dass es etwas Höheres gibt.

In seinem neuesten Buch erteilt er «21 Lektionen für das 21. Jahrhundert». Viele davon sind äußerst lesenswert, vor allem, wenn es um Prognosen zur Technikentwicklung geht. Von Sachkenntnis ungetrübt sind hingegen die Passagen, in denen er die Rückständigkeit traditioneller Religionen behauptet, allen voran des Christentums. «Der Monotheismus hat wenig dazu beigetragen, das moralische Niveau der Menschheit zu heben», verkündet er.

Offenbar kennt er sich mit antiker Geschichte nicht besonders gut aus. Sonst wüsste er, wie brutal die Römer ihre Sklaven ausbeuteten, bis die Christen sie als vollwertige Gemeindemitglieder rehabilitierten.

Harari verschweigt auch, dass die Idee der Religionsfreiheit von Christen entwickelt wurde – den Kirchenvätern Tertullian (150–220) und Lactantius (250–320).[117] Genauso unterschlägt Harari, dass es Christen wie Bartolomé de las Casas (1484–1566) waren, die sich für die Rechte der Eingeborenen in Kolonialgebieten einsetzten, und dass auch die soziale Höherstellung von Frauen durch Bildung eine christliche Errungenschaft ist.

Stattdessen referiert Harari die bekannte Litanei christlicher Verfehlungen: «Das Christentum war verantwortlich für große Verbrechen, wie die Inquisition, die Kreuzzüge, die Unterdrückung eingeborener Kulturen, die Entmachtung der Frauen.» Ich behaupte nicht, dass Christen daran völlig unschuldig waren, nur gab es zu jedem Fehltritt immer auch namhafte Christen, die in die entgegengesetzte Richtung marschierten: zu Innozenz III., der Ketzer grausam verfolgen ließ, auch einen Franz von Assisi; zum Ablassverkäufer Tetzel auch einen Luther, zu rassistischen Südstaaten-Pastoren auch einen Martin Luther King.

Gerade in akademischen Kreisen ist eine undifferenzierte Christenphobie nach wie vor weit verbreitet. Andauernd treffe ich auf Bildungsbürger, die bei der Bibellektüre nie über den Turmbau von Babel hinausgekommen sind und die den Großteil der Bibel für frei erfunden halten. Gleichzeitig referieren sie mit staatsanwaltschaftlicher Strenge die Opferzahlen auf Seiten der Amoriter, Hethiter, Jebusiter und anderer kanaanitischer Volksstämme, die vor über dreitausend Jahren im Krieg mit dem alten Israel standen. Sie ignorieren, dass abgesehen von einigen wenigen Episoden der gesamte Handlungsverlauf der biblischen Erzählung in eine andere Richtung weist. Es geht nicht um Eroberung, schon gar nicht um gewaltsame Expansion, sondern um Befreiung: zu einem Leben im Frieden mit Gott und Mitmenschen.

Befreiungsgeschichten habe ich in Indien jede Menge erlebt. Eine davon ereignete sich bei Teearbeitern im Bundesstaat Assam. Sie hausen in elenden Siedlungen, kriegen nur Hungerlöhne. Die Teeblätter, die sie sammeln, geben unter anderem dem Ostfriesentee sein besonderes Aroma. Wie der Assam-Tee schmeckt, wissen die Arbeiter selber nicht. Sie können sich nur künstlichen Billigtee leisten. Bei meinen Interviews habe ich einen Satz besonders oft gehört: «Vielleicht wird es im nächsten Leben besser.»

Der Teearbeiter-Sohn Deepak wollte nicht darauf warten. Er hatte keinen Appetit mehr auf den Tee, der wie Gülle schmeckte. Er mochte nicht mehr auslöffeln, was ihm sein Karma eingebrockt hatte. Deepak lernte Christen kennen und nahm ihren Glauben an. Mit ihrer Unterstützung konnte er studieren. Jetzt kümmert er sich als Sozialarbeiter um die Rechte der Teeplantagen-Malocher.

Ich könnte ein ganzes Buch füllen mit Geschichten solcher Aufsteiger – und der Christen, die ihnen den Weg in ein neues Leben ermöglicht haben.

Zwei meiner Lieblingshelden heißen Gaby und Rüdiger.

Sie heißen in Wirklichkeit anders, wollen ihre Identität aber nicht öffentlich bekannt machen. In der afghanischen Stadt, in der sie seit über zehn Jahren arbeiten, wäre das zu gefährlich. Einige ihrer westlichen Mitarbeiter sind bereits getötet oder entführt worden. Sie bleiben dennoch in dem Land, zu dessen Aufbau sie sich berufen fühlen.

Sie leben Seite an Seite mit anderen afghanischen Familien in einem großen Mietshaus, fahren mit dem öffentlichen Bus ins Büro, wo sie Erwachsenenbildung betreiben. Ihre Studenten wissen, dass sie Christen sind, manche zeigen auch Interesse an der Bibel.

Gaby und Rüdiger haben einen evangelisch-freikirchlichen Glaubenshintergrund. Aber ihr Anliegen ist nicht alleine die Seelenrettung. Sie freuen sich, wenn ihre Zöglinge den Sprung in die lokale Politik schaffen, wenn sie Stipendien für Auslandsstudien bekommen, wenn sie ihrem Land aus der Malaise helfen. Seit über drei Jahrzehnten sind die Eheleute als Entwicklungshelfer und Glaubenszeugen unterwegs. Ohne öffentliche Anteilnahme und Anerkennung in der deutschen Heimat. Sie scheinen damit gut klarzukommen.

Einmal luden mich Gaby und Rüdiger zu sich nach Hause zum Kaffeetrinken ein. Die Eheleute strahlten eine große Lebensfreude aus. Obwohl es heiß und staubig war und die selbstgebastelte Klimaanlage wegen dem andauernden Stromausfall kaum funktionierte. Während wir plauderten, kreuzte ein Afghane in der Wohnung auf. Er war kurz zuvor aus Deutschland abgeschoben worden, suchte Kontakte, Jobmöglichkeiten, überhaupt eine Anlaufstelle. Ich verabschiedete mich. Später am Abend rief Rüdiger mich an. Er wollte eine Nachricht mit mir teilen, die ihn freute. Sie betraf den abgeschobenen Afghanen: «Ich glaube, ich kann ihm helfen.» Dafür sind seine Frau und er ja da:

Anderen die Lasten leichter zu machen.

8. Erleuchtung im Himalaya
Gott glauben

Meine Frau und ich waren wieder mal auf der Flucht.

Vor «Diwali».

Das hinduistische Lichterfest ist, zumindest rings um die Hauptstadt Delhi, das größte des Jahres. Aber auch das giftigste. Durch das traditionelle Feuerwerk werden die Luftverschmutzungswerte in extrem gesundheitsgefährdende Höhen getrieben.

Tabitha und ich hatten uns deshalb vorsorglich nach Darjeeling verabschiedet, um von dort eine Himalaya-Wanderung anzutreten.

Wir kletterten auf viertausend Meter Höhe und wanderten dann einen Bergkamm entlang. Wenn wir nach Westen blickten und der Himmel wolkenfrei war, sahen wie den Mount Everest. Das majestätische 8848-Meter-Massiv, dreimal so hoch wie die Zugspitze, ist an sich schon erhaben genug.

Als die Nacht anbrach, ging mir ein Licht auf. Unzählig viele Lichter sogar. Am Firmament leuchteten die Sterne, so zahlreich und deutlich, wie ich sie noch nie wahrgenommen hatte. Wenn es nicht so kalt gewesen wäre und ich vom Wandern nicht müde, hätte ich die ganze Nacht hochgestarrt. Mir wurde die Größe des Universums bewusst und gleichzeitig die gar nicht selbstverständliche Tatsache, dass ich überhaupt ein Bewusstsein habe. Ich hatte gelesen, dass es im Universum hundert Milliarden Sternensysteme geben soll. Und in mir selbst ungefähr genauso viele Nervenzellen, die mich nicht nur das Universum schauen lassen, sondern den Eindruck zu einer Schlussfolgerung weiterverarbeiten:

Es gibt einen Gott.

Mein Gehirn war aber noch nicht fertig. Auf den Gedankenblitz folgte die donnernde Gegenfrage:

Woher weißt du das so genau?

Wie jeder grüblerisch veranlagte Christ kenne auch ich mich mit Zweifeln gut aus. Seit ich nach Indien gezogen bin, sind sie weniger geworden. Die Evidenz für eine höhere Macht war einfach zu eindeutig in dieser religionsgesättigten, naturschönen Bilderbuchwelt.

Deshalb habe ich noch lange keinen Beweis für die Existenz Gottes, aber eine gefühlte Sicherheit.

Ich bin außerdem überzeugt, dass ich damit auf der Höhe der Zeit bin und dass die wissenschaftlichen Fortschritte der letzten Zeit einen Schöpfer wahrscheinlicher machen.

«Es gibt (mit an Sicherheit grenzender Wahrscheinlichkeit) keinen Gott» stand auf Bussen, die vor zehn Jahren durch einige deutsche Innenstädte rollten. Der großspurigen Ankündigung der «Neuen Atheisten» ist seitdem allerdings genau das gefolgt, woran sie glauben: Nichts. Jedenfalls keine überzeugenden neuen Argumente gegen die Existenz eines Schöpfers.

Noch immer gibt es keine Erklärung für den Ursprung des Seins, die einleuchtender ist als Gott. Die Evolutionslehre kann das «Wie» beschreiben, aber nicht das «Woher» des Universums, des Lebens, des menschlichen Bewusstseins und unseres instinktiven Strebens nach Schönheit, Wahrheit und Güte.

Mittlerweile ist aus den Reihen der Physiker und der Neurowissenschaftler die Erkenntnis durchgesickert, dass es eine fundamentale Diskrepanz zwischen dem menschlichen Erkenntnisvermögen und der Wirklichkeit gibt. Unsere Gehirne können Karten der Wirklichkeit erstellen, Punkte isolieren, Linien ziehen. Aber sie sind außerstande, einen galaktischen Raum zu begreifen, in dem alles bis auf die molekulare Ebene hin aufeinander abgestimmt ist und die Dinge komplizierter und mysteriöser werden, je näher man an sie herankommt.

Was man nicht denken kann, davon sollte man eigentlich schweigen.

Die vollmundigsten Aussagen zur Entstehung von Materie und Energie kommen in der Regel von Autoren, die dafür eigentlich gar nicht qualifiziert sind. Der Psychologe Steven Pinker (*1954) wiederholt in seiner stark antireligiös geprägten Fortschrittswerbeschrift «Aufklärung jetzt!» stur den atheistischen Bus-Slogan: «Es gibt mit ziemlicher Sicherheit keinen Gott.» Pinkers wichtigster Beweis gegen die Existenz Gottes ist, dass ihn die bisherigen Beweise für Gott nicht überzeugen. Das klingt für mich, als würde ein Farbklecks auf der «Mona Lisa» die Existenz von Leonardo da Vinci bestreiten oder als würde ein Sandkorn erklären, es wüsste alle Geheimnisse des Ozeans.

In naturwissenschaftlichen Fragen versierter ist ein anderer Gottesleugner, der kürzlich verstorbene britische Physiker Stephen Hawking (1942–2018). Er war ein echter Achtundsechziger, seinem Jahrgang und auch seiner Neigung nach, über seine eigenen Verhältnisse zu denken. Mit seinem posthum erschienenen Buch «Kurze Antworten auf große Fragen»[118] wollte er die dicksten Erkenntnisbrocken ein für alle Mal aus dem Weg räumen und den Weg frei machen für die reine Vernunft. Für alle, die sich noch mit dem Gedanken an einen Schöpfer stressten, hatte er eine befreiende Alternative: «Ich glaube, dass das Universum spontan aus dem Nichts entstand.»

Ich selbst war gespannt, welches neue Argument der Mann liefern würde, über den die Tageszeitung «Die Welt» geschrieben hatte: «In ihm waren Größe, Optimismus, Witz und Genie gebündelt wie Licht.»[119] Ich war verblüfft. Von der Einfachheit seiner Gedankenführung. «Vor dem Urknall gab es keine Zeit», schreibt Hawking, «deshalb gab es keine Zeit, in der ein Schöpfer das Universum hätte machen können.»

Schon mal was von Ewigkeit gehört? Von der Möglichkeit einer Wirklichkeit jenseits von Raum und Zeit?

Die jüngste Abdankungsschrift der selbstbewussten Gottesleugnung lieferte vor einigen Monaten die internationale Denker-Plattform «The Edge», übersetzt: «Die Kante». Viele der Mitglieder sind bekennende Atheisten. Einmal im Jahr stellen sie sich eine «Frage des Jahres» – und veröffentlichen dann die unterschiedlichen Antworten auf Fragen wie: «Was gibt Anlass zum Optimismus?» – «Was ist von denkenden Maschinen zu halten?» – «Welches wissenschaftliche Konzept ist überholt?»

Nach zwanzig Jahren sind den Wissenschaftlern die Fragen ausgegangen. Die allerletzte «Frage des Jahres», veröffentlicht Anfang 2018, lautete deshalb: «Was ist die letzte Frage, die noch übrig ist?» Ich las die Antworten im Internet, wenige Monate nachdem ich von meiner Himalaya-Wanderung zurückgekehrt war. Und fühlte mich in meinem Glauben zusätzlich gestärkt. Denn zu den Fragen, auf die nach Meinung der Wissenschaftler immer noch plausible Antworten fehlen, gehörten:

Was soll das alles?

Warum sind wir zu Fremden nett, auch wenn es uns nichts nützt?

Warum sollen wir anständig sein?

Woher kommt unser moralisches Bewusstsein?

Warum erleben wir Momente der Bedeutsamkeit?

Warum ist die Welt so schön?

Sie trauten sich nicht, die plausibelste Antwort auf alle diese Fragen zu geben:

Wegen einem Schöpfer.

Damit ist man nicht zwingend beim Gott der Bibel. Die Wahrscheinlichkeit eines Schöpfergottes sagt nichts aus über die Wahrscheinlichkeit eines Retters Jesus.

Ich zitiere wieder den israelischen Historiker Yuval Noah Harari. Er will eine höhere Macht nicht ausschließen, nennt sie aber nicht Gott, sondern das «Mysterium der Existenz». Dem Christentum attestiert er, dass es auf der «dünnsten Beweisdecke überhaupt» basiert: «Welchen Beweis haben wir dafür, dass der Sohn des Schöpfers des gesamten Universums vor ungefähr zweitausend Jahren geboren wurde, als kohlenstoffbasierte Lebensform irgendwo in der Milchstraße?»[120]

In der Tat helfen hier Naturbetrachtung und Logik nicht weiter. Von Gott, dem Schöpfer, zeugt die Welt. Von Jesus, dem Retter, zeugt sein Leben. Und das Vorbild seiner Nachfolger.

Ich gebe ganz selbstkritisch zu: Das letzte Argument ist das schwächste und die PR-Aktivitäten der Christenheit manchmal nicht gewinnender als die Bus-Kampagne der «Neuen Atheisten».

Aber es gibt sie: Gütige Christuszeugen wie Ruth Pfau und kluge Gottesverkündiger wie die, die ich im nächsten Kapitel vorstelle: Mitpilger und Orientierungshelfer auf dem Weg in die Zukunft.

9. Jenseits von links und rechts
Wegweiser finden

Wer als Erster wegschaut, hat verloren: So kam es mir vor, als Pujya Swami Chidanand Saraswatiji Maharaj und ich einander anstarrten.

Der mächtigste Guru von Rishikesh hatte mich zu einer Privataudienz eingeladen. Ich war zwar auf dem Sprung zu einem anderen Termin, wollte aber nicht unhöflich sein. Also stellte ich mich brav in die Reihe der Gläubigen, denen dieselbe Ehre zuteilgeworden war. Sie kamen aus Europa und den USA und gingen in die Knie, als der Guru sich ihnen näherte. Jedem von ihnen blickte er eine halbe Minute lang tief in die Augen. «Er überträgt seine Energie auf sie», flüsterte mir seine Assistentin zu und lächelte mich an, allerdings eher eisig als freundlich. Sie wollte offenbar, dass auch ich mich niederkniete.

Ich blieb stehen. Vielleicht fixierte er mich deshalb so angestrengt, fast böse. Ich fühlte mich anschließend eher platt. Der Energietransfer hatte nicht funktioniert.

Viele Inder folgen einem Guru, einem spirituellen Coach. Wer wohlhabend ist, kann sich einen privaten «Heiligen Mann» leisten, der ihm beim Meditieren und überhaupt bei der Lebensbewältigung hilft.

Ich persönlich habe es nicht so sehr mit Gurus. Nicht nur aus religiösen Gründen, sondern auch, weil mir das Machtgefälle zwischen Lehrmeister und Jünger nicht zusagt. Mehr anfangen kann ich mit dem Konzept des Mentors, des unterrichtenden Lebensbegleiters.

Auf jeden Fall ist das Risiko, sich im Dickicht der heutigen Werbetafeln und Warnschilder zu verlaufen, zu groß, als dass man auf Ratgeber verzichten könnte.

Wie von mir bereits beschrieben, wird es hier in den nächsten Jahrzehnten einen Umbruch geben.

Weil der momentane Kultur-Mainstream eher «links» und der Meinungsmarkt mit «progressiven» Positionen übersättigt ist, befindet sich das kreative Vakuum jenseits davon.

Damit meine ich nicht «rechts». Neue Zeiten bringen neue Lager hervor. Wir können uns gefasst machen auf nonkonformistische Um-Denker wie Schopenhauer, aber ohne dessen Weltschmerz, oder wie Nietzsche, aber ohne dessen Gottesphobie und fistelstimmige Kraftmeierei: intellektuelle Punks mit guten Manieren, die morsche Denkschablonen sprengen, die aber über jeden Nazi-Verdacht erhaben sind. Schließlich sind es nur scheußliche Verlierertypen und verbohrte Polit-Sadomasochisten, die Hitlers Höllenbrut verharmlosen oder gar verherrlichen.

Ein Vertreter der neuen Denk-Avantgarde ist Jordan Peterson.

Der kanadische Psychologe ist in Deutschland zwar noch kein Superstar. Dafür ist er in vielen anderen Ländern Kult, unter anderem mit seinem Bestseller «12 Regeln für das Leben: ein Gegenmittel zum Chaos»[121]. Seine Kernthese könnte man umschreiben mit: Zurück zum gesunden Menschenverstand. Das schließt für ihn eine Wertschätzung unserer abendländischen Geschichte und ihrer Traditionen mit ein. Ich habe mir bei der Lektüre seines Buches viele Sätze unterstrichen. Nicht, weil sie so originell sind, sondern weil sie in eine Richtung weisen, die bisher als vermintes Gelände galt. Sätze wie:

«Gemeinsame Glaubensüberzeugungen vereinfachen die Welt. Denn Leute, die wissen, was sie voneinander erwarten können, können sich gemeinsam daran machen, die Welt zu gestalten.»

«Die sogenannte Unterdrückung durch das Patriarchat war vielmehr ein unvollkommener, Jahrtausende dauernder, kollektiver Versuch von Männern und Frauen, sich gegenseitig vor Mangel, Krankheit und Mühsal zu schützen.»

«Wenn Sanftheit und Harmlosigkeit die einzigen öffentlich akzeptablen Tugenden werden, dann werden Härte und Machtstreben unterbewusst eine immer größere Faszination ausüben.»

Politisch-inkorrekte Einschätzungen wie diese brachten Peterson das ein, was unverzichtbar ist für Prominenz und Größe: Widerstand. Was für Luther der Reichstag zu Worms war, das war für Peterson Anfang 2018 das Interview mit einer britischen Nachrichtenmoderatorin. Cathy Newman ist zwar zwölf Jahre jünger, wirkte aber duttgrau bei ihrem Versuch, Peterson um jeden Preis als gestrigen Macho zu entlarven. Der Videomitschnitt wurde zu einem Internet-Phänomen und innerhalb weniger Monate mehr als zehn Millionen Mal angeklickt.

Beliebt ist auch Petersons Podcast-Serie über ein eigentlich ziemlich exotisches Thema, die «Psychologische Bedeutung biblischer Geschichten». In der ersten Folge redete Peterson über den ersten Satz der Bibel: «Am Anfang schuf Gott Himmel und Erde.» Die Folge wurde drei Millionen Mal abgerufen, seine erfolgreichste Podcast-Episode überhaupt, wie Peterson stolz via Twitter verkündete.

Offenbar besteht gerade hier ein besonders großer Bedarf: an Orientierungshilfen, die sich am Christentum orientieren.

Christliche Influencer, die auch in gesellschaftspolitischen Fragen versiert sind und deren Bekanntheit über die kirchlichen Kreise hinausreicht, sind heute eine Mangelerscheinung. Das 21. Jahrhundert hat noch keine Persönlichkeiten hervorgebracht wie Gilbert Keith Chesterton, Clive Staples Lewis, Simone Weil, Romano Guardini.

Ich selbst habe das Privileg, einige fromme Menschen zu kennen, die für mich Mentoren waren.

Meine wichtigsten geistigen Ratgeber sind allerdings gestorben, bevor ich geboren wurde. Die Schriften, die sie hinterlassen haben, sind immer noch hochaktuell, gerade weil sie ihre Lebensweisheiten tiefen Krisen abgerungen haben. Sie haben die

Wachstumsschmerzen der Neuzeit selbst durchgemacht und können uns deshalb helfen, die kommenden Herausforderungen zu bestehen.

Drei von ihnen möchte ich hervorheben. Sie sind, noch weit mehr als das Buch von Jordan Peterson, sozusagen «Gegenmittel zum Chaos». Sie haben in Zeiten der Verwirrungen gelebt, wurden vom Chaos ihrer Zeit selbst herumgewirbelt, bis sie im Glauben an Gott ihren Lebensanker fanden.

Mein Mittel gegen die Verzweiflung, die mich angesichts der schlechten Nachrichten manchmal überkommt, ist Alfred Döblin (1878–1957).

Er war der Menschenfreund und Menschenkenner unter den deutschen Romanautoren des 20. Jahrhunderts. Der gelernte Psychiater, der aus einer liberal-jüdischen Familie kam, schrieb sein bekanntestes Werk «Berlin Alexanderplatz» ganz aus der Sicht kleiner Leute. Auf der Flucht vor den Nazis bekehrte er sich zum christlichen Glauben. Die Argumente, die ihn dazu führten, schrieb er kurz darauf nieder, als inneres Zwiegespräch zwischen seinem glaubenden und seinem skeptischen Selbst.[122]

Es handelt sich um eine der klarsichtigsten Glaubenserklärungen überhaupt, weil Döblin es sich in dem Buch selbst so schwermacht, keinem Zweifel aus dem Weg geht, sich den Weg ins Licht mühsam erkämpft. Er will dem Vorwurf begegnen, dass hier ein vom Leben Frustrierter einfach «schwach wird, kapituliert und sich der Religion in die Arme wirft». Er sucht nach einem Lebenssinn ohne Gott, kommt aber zu dem Schluss: «Kein Ding kann von sich sagen, es trägt den Grund seiner Existenz in sich.»

Überall in der Natur sieht Döblin, der promovierte Naturwissenschaftler, «eine feste Prägung, ein unsichtbarer vorgedachter Bauplan wirkt sich hier aus». Er staunt vor der Erhabenheit der Schöpfung: «Welcher Reichtum! Welches Füllhorn hat sich hier ausgeschüttet, ohne sich zu entleeren.» Bei Jesus bewundert er dessen «absolute Zielsicherheit», «das Überströmen des göttlichen Reichtums aus der Person Christi». Für ihn ist «die zerrissene Gestalt am Kreuz» der «einzige Spiegel, der uns getreu wiedergibt». «Wer», fragt Döblin, «könnte auch nur in seiner Phantasie eine solche Liebe konzipieren wie die, welche Gott bestimmte, sich selbst an das Marterholz zu hängen für die Menschheit.»

Für Döblin steht Glaube dem Wissen nicht entgegen, «sondern steht über und hinter dem Wissen».

Nach seiner Rückkehr aus dem kalifornischen Exil nach Deutschland hoffte Döblin, dass seine Landsleute nach dem nationalsozialistischen Irrweg zurück zu Gott finden, bei ihm Vergebung und Heilung suchen würden. Doch sein christliches Bekenntnis stieß auf Desinteresse, bei seinen Schriftstellerkollegen sogar auf Spott. Das war schon im Sommer 1943 der Fall gewesen, als er anlässlich einer großen Feier zu seinem 70. Geburtstag seine Bekehrung bekanntgab. Die eingeladenen Exil-Autoren reagierten geschockt. Bertolt Brecht verfasste sogar ein Gedicht mit dem Titel «Peinlicher Vorfall».

Alfred Döblin verdient es, als christlicher Vordenker wiederentdeckt zu werden.

Mein Mittel gegen den Gotteszweifel ist Fjodor Dostojewski (1821–1881).

Der russische Schriftsteller, dessen 200. Geburtstag wir bald feiern werden, leerte einen bitteren Kelch des Leidens nach dem anderen: eine Schein-Exekution, eine Sibirien-Haft, Epilepsie, Armut, persönliche Schicksalsschläge. Er vergiftete sich aber auch an süßen Versuchungen, um schließlich mit großer Überzeugungskraft von sich sagen zu können: «Ich glaube an Christus und bekenne mich zu diesem Glauben, allerdings nicht wie ein Kind. Mein Hosianna ist durch das große Fegefeuer der Zweifel hindurchgegangen.»[123]

1877 veröffentlichte er seine letzte Kurzgeschichte, den «Traum eines lächerlichen Menschen».[124] Im selben Jahr erreichte der abendländische Imperialismus seinen symbolischen Höhepunkt. Die britische Königin Viktoria ließ sich zur Kaiserin von Indien ernennen. Die Zukunftsvision, die Dostojewski in seiner Erzählung entfaltete, war alles andere als triumphal. Sie klingt, als wäre er tatsächlich mit einer Zeitmaschine durchs 20. und 21. Jahrhundert gereist.

Dostojewski schreibt von Menschen, die «vor den Wünschen ihres Herzens niederknien wie Kinder, dieses Wünschen vergötterten, ihm Tempel erbauten und zu ihrer eigenen Idee, ihrem eigenen ‹Wunsch› beteten». Den Glauben an Gott haben diese Menschen verloren und durch eine Vernunftgläubigkeit ersetzt. Sie sind überzeugt: «Die Wissenschaft wird uns allwissend machen, die Allwissenheit wird alle Gesetze entdecken», allen voran die «Gesetze des Glücks».

Was sie alle gemeinsam haben, sie aber gleichzeitig voneinander isoliert, ist der Egoismus: «Ein jeder wurde so eifersüchtig auf sein Ich, dass er das Ich in den anderen mit allen Mitteln zu erniedrigen und zu verringern trachtete.» Schlecht ergeht es Kritikern des Ich-Kults, die die Menschen abbringen wollen «von ihrem Hochmut, von ihrem Verlust des Maßes und der Harmonie, von ihrer Einbuße des Schamgefühls. Man lachte sie aus oder man steinigte sie.»

Lange reden sich die Menschen auf ihrem kollektiven Ego-Trip ein, dass jeder der Gemeinschaft dienen könne, ohne dabei «aufzuhören, sich selbst am meisten zu lieben». Der innere Widerspruch führt zu moralischer Anarchie: «Der Selbsterhaltungstrieb begann bald abzunehmen, es kamen Hochmütige und Wollüstige, die offen entweder alles oder nichts verlangten.» Es entstehen «Religionen mit einem Kult des Nichtseins».

Am Ende steht die große Erschöpfung: «Schließlich begannen diese Menschen zu ermüden bei der sinnlosen Anstrengung.»

Wann immer ich die Erzählung lese, hoffe ich, dass gerade dieser letzte Satz prophetisch ist – dass die Welt von ihren Selbst-erlösungs-Anstrengungen ermüdet und sich neu die Frage nach Gott stellt.

Mein Mittel gegen intellektuelle Hybris und naiven Fortschritts-optimismus ist Harry Heine (1797–1856).[125]

Der Dichter, der irgendwann lieber Heinrich heißen wollte, stand meistens quer zur Mehrheitsmeinung. In der Biedermei-er-Ära lebte er das Multikulti-Prinzip, in seinem Fall das jü-disch-deutsch-französische. Er war witzig, frech und seinen Zeitgenossen immer ein paar Schritte voraus: erst mit seiner Religionskritik, dann mit seiner Rückkehr zur Religion.

Anders als Karl Marx, mit dem er befreundet war, erkannte er die Fallstricke der Fortschrittsgläubigkeit. Er verabschiedete sich von der damaligen Mode-Philosophie des Georg Wilhelm Fried-rich Hegel. Dessen Lehre eines «Weltgeistes», der die Menschheit zu immer größerer Vollkommenheit treibt, war lange Zeit Heines Ersatzreligion gewesen. Mit 46 Jahren tönte er noch: «Wir wollen auf Erden glücklich sein und wollen nicht mehr darben», um selbstbewusst zu ergänzen: «Den Himmel überlassen wir den En-geln und den Spatzen.»

Dann wurde Heine krank – und blieb es bis zu seinem Tod. Ungefähr zur selben Zeit, als Marx sein «Kommunistisches Mani-fest» veröffentlichte, 1848, fand Heine seinen Frieden mit Gott. Ein paar Jahre später machte er seinen Sinneswandel öffentlich:

«Ich bin zurückgekehrt zu Gott, wie der verlorene Sohn, nach-dem ich lange Zeit bei den Hegelianern die Schweine gehütet.» Heine wehrte sich gegen den Eindruck, seine Krankheit hätte ihm die Sinne vernebelt: «War es die Misere, die mich zurück-trieb? Vielleicht ein minder miserabler Grund: Das himmlische Heimweh überfiel mich.»

Heine machte auch deutlich, dass sein Glaube tiefer ging als die Naturfrömmigkeit eines Goethe: «Auf meinem Wege fand ich den Gott der Pantheisten, aber ich konnte ihn nicht gebrauchen. Dies arme träumerische Wesen ist mit der Welt verwebt und verwachsen, gleichsam in ihr eingekerkert, und gähnt dich an, willenlos und ohnmächtig.» Heine schlussfolgerte weiter: «Um einen Willen zu haben, muss man eine Person sein.»

Schließlich landet Heine beim Gott der Bibel, dem, der hilft und rettet: «Wenn man nun einen Gott begehrt, der zu helfen vermag – und das ist doch die Hauptsache –, so muss man auch seine Persönlichkeit, seine Außerweltlichkeit und seine heiligen Attribute, die Allgüte, die Allweisheit, die Allgerechtigkeit usw. annehmen. Die Unsterblichkeit der Seele, unsere Fortdauer nach dem Tode, wird uns alsdann gleichsam mit in den Kauf gegeben.»

Dass Ideen-Jongleure wie Döblin, Dostojewski und Heine sich irgendwann nur noch an den christlichen Glauben klammern wollten, ermutigt mich.

Ich kann aber auch verstehen, wenn mir einige Leser auf diesen Retro-Weg nicht folgen wollen und gar nicht verstehen können, warum die Beschäftigung mit Klassikern den modernen Menschen krisentauglicher machen soll. Was zählt, ist schließlich: auf dem Platz. Also da, wo Leben stattfindet, wo sich Menschen im Hier und Jetzt begegnen. Zukunftsfähig ist nicht, wer sich in Vergangenheitsräumen verbarrikadiert, sondern wer die Energie, die er hier findet, auf Räume der Gegenwart überträgt.

Der wichtigste Raum der Zukunft ist für mich einer, der im allgemeinen Bewusstsein gar kein Aufbruchsaroma verströmt.

Die Kirche.

Vielen erscheint sie so angesagt wie die Ruine der «Abtei im Eichwald» auf dem berühmten Gemälde von Caspar David Friedrich (1774–1840), übrigens ebenfalls einem überzeugten Christen. Aber sie hat weit mehr als eine museale Bedeutung

– und zwar eine überlebenswichtige für alle, die sich nicht für zufällig in die Existenz geworfene Teilchenverbindungen halten, sondern für Pilger auf dem Weg in die beste aller Welten.

10. Agenda 2030
Kirche leben

Warnhinweis: Wer weiterliest, wird womöglich endgültig fürchten, sich verirrt zu haben: in eine fromme Insider-Debatte.

Ich hätte dieses Kapitel auch als Anhang hinter meine Weltvorhersage stellen können. Stattdessen habe ich es zum großen Finale gemacht. Weil ich, auch wenn das durchgeknallt klingt, die Kirche für die Lösung vieler Weltprobleme halte. Das liegt nicht etwa daran, dass ich als Pfarrerssohn eine sentimentale Voreingenommenheit habe. Ich habe erlebt, wie wunderbar Kirche funktionieren kann. Als Wärmestube und als Kraftfeld.

Das gute Leben entscheidet sich schließlich nicht an den Positionen, die man bezieht, sondern an den Räumen, in denen man sich aufhält.

Mein Lieblingsraum der letzten Jahre war ein Restaurant in Delhi.

Wie das Essen dort schmeckt, weiß ich nicht, weil ich immer nur vor den regulären Öffnungszeiten komme, sonntagmorgens um halb elf. Dann beginnt dort der Gottesdienst.

Als ich die «Redeemer»-Kirche in Delhi zum ersten Mal besuchte, lud der Pastor Akshay noch in sein Wohnzimmer ein. Seitdem ist die Gemeinde von zehn auf fünfzig Mitglieder angewachsen, die sich nun in dem Restaurant eingemietet haben. Sie kommen aus ganz verschiedenen Ländern und Kulturen, aus wie vielen, weiß ich nicht, weil immer neue Gläubige und Glaubenssuchende dazukommen und andere wieder wegziehen. Die meisten wurden in Indien geboren, manche aber auch in Afghanistan, in Korea, in den Niederlanden, den USA, Großbritannien. Einige sind Anwälte, andere Jazz-Sänger, Hausfrauen, Arbeiter, Lehrer.

Der Pastor selbst ist ein typisches Globalisierungsprodukt. Akshays Vater hatte sich in München zum christlichen Glauben bekehrt. Akshay seinerseits gehört einem Kirchennetzwerk an, das von einer protestantischen Kirche in New York gegründet wurde. «City to City» nennt sich das Netzwerk, zu dem Gemeinden in aller Welt gehören, in Singapur, Taiwan, China, Japan, Korea, aber auch in Berlin und Hamburg. Der langjährige Pastor der Mutterkirche in New York, Tim Keller, ist bekannt dafür, dass seine Predigten und Bücher auch bei großstädtischen Skeptikern gut ankommen. Akshay, der Mitte 30 ist, eifert ihm nach. Ich bin regelmäßig beeindruckt von seinen Predigten und der Ehrlichkeit, die er ohne Angst vor Imageschaden praktiziert. Er redet offen über seine chronische Niedergeschlagenheit und darüber, wie die Bibellektüre ihn stärkt. Oft habe ich den Eindruck, er macht sich absichtlich klein, um andere aufzurichten.

Das ist auch immer wieder nötig. Denn die Gemeinde ist alles andere als problemfrei. Ungefähr alle zwei Monate muss ein Mitglied innerhalb weniger Wochen das Land verlassen, weil das Visum nicht verlängert wurde. In der Regel handelt es sich um Sozialarbeiter, die in Slums oder unter Schuldsklaven tätig waren und deren christliche Überzeugung den Behörden übel aufstieß. Wenn sie keinen indischen Pass haben, folgt dann schnell die Ausweisung.

Bei ihren Abschiedsreden erzählen sie, was ihnen die Gemeinde bedeutet hat. Sinngemäß sagen sie immer das Gleiche. Dass sie hier die Freuden echter Freundschaft und Hilfsbereitschaft erfahren haben, die alle kulturellen Grenzen überwindet.

Einer, der das vorlebt, ist Rajiv. Seine Familie ist reich, beschäftigt viele Dienstboten. Die Eltern sind verärgert darüber, dass ihr Sohn nicht das Hindu-Mädchen heiraten will, das sie für ihn im Auge haben.

Rajiv ist immer der Erste, der vor dem Gottesdienst im Restaurant auftaucht. Er stellt die Stühle auf. Nach dem Gottesdienst hilft er beim Abräumen. Rajiv weiß aber auch, in welchen Bars in Delhi die Liga-Spiele von Bayern München oder seinem eigenen Lieblingsclub, Manchester United, gezeigt werden. Vor wichtigen Spielen informiert er die Fußballfans der Gemeinde über Whats-App, wann und wo es Live-Übertragungen gibt.

Jedes Jahr veranstaltet die «Redeemer»-Gemeinde einen «Zukunftskongress», zu dem auch viele Nicht-Mitglieder kommen. Es geht um viele der Themen, die ich in meinem Buch behandle: die Zukunft der Arbeit, der Liebe, der Kirche. Pastor Akshay hat dem Kongress einen programmatischen Namen gegeben: «Futurosa». Christen, so findet er, sollten vor der Zukunft keine Angst haben. Die letzten Fragen seien für sie ja eh geklärt und die Aussichten deshalb so oder so rosig.

Christen haben tatsächlich allen Grund, optimistisch nach vorne zu schauen. Und damit meine ich nicht nur die Vorfreude auf das Paradies. Die besten Jahre der weltweiten Christenheit stehen noch bevor, gerade weil wir krisenhaften Zeiten entgegengehen.

Auch wenn das etwas zynisch klingt: Die Kirche war schon immer ein Krisengewinnler. Während sich die Reihen in den fetten Jahren lichten, verwandeln sich die Gotteshäuser in dunklen Zeiten oft wieder in Magnetfelder.

Schließlich ist auch die Bibel zu großen Teilen Krisenbewältigungs-Literatur. Im «Alten Testament» irrlichtert das Volk Israel zwischen Exil und Heimat hin und her und droht immer wieder, zwischen den Ägyptern, Assyrern, Babyloniern, Persern, Griechen und Römern aufgerieben zu werden. Dass die Juden die vielen Schicksalsschläge überleben, ist ein noch größeres Wunder als der Marsch durchs Rote Meer. Israel ist der Forrest Gump der Antike, eine genial-kauzige Volksgruppe, die überall auftaucht, wo große Geschichte geschrieben wird, und deren Überleben vom Allmächtigen persönlich garantiert wird.

Die frühen Christen knüpfen daran an. Noch mehr als «Survivors» erweisen sie sich als «Transformers», als Agenten des gesellschaftlichen Wandels. Die Ausbreitung des Christentums wird vorangetrieben durch gesellschaftliche Außenseiter, durch Migranten, Sklaven, nicht zuletzt durch viele Frauen. Die Feminisierung der Welt ist deshalb aus christlicher Sicht eine gute Nachricht, genau wie die verbesserte Mobilität. Im Zeitalter der Globalisierung haben Christen eigentlich prinzipiell Heimvorteil. Keine Religionsgruppe ist über alle Kontinente so gleichmäßig verteilt wie die christliche, keine erfährt gerade bei Frauen so großen Zuspruch, keine spricht sozial Schwache so stark an.

Christen waren auch Nutznießer der wichtigsten Medienrevolutionen. Im Römischen Reich kurbelte die Erfindung des Buches, das die kostspieligere Schriftrolle ersetzte, die Verbreitung des Evangeliums an. Ein Jahrtausend später führte die Erfindung des Buchdrucks nicht nur zur Reformation, sondern zur konfessionsübergreifenden Förderung persönlicher Frömmigkeit. Die neueste Medienrevolution, die digitale, lässt virtuelle Räume entstehen, in denen Glaube auf teilweise höchst kreative Art kommuniziert wird.

Wer die Bilanz des Christentums für suboptimal hält, muss sich fragen lassen, woran er die eigenen Erwartungen misst.

Jesus selbst hat seinen Nachfolgern kein Paradies auf Erden versprochen. Er hat das «Reich Gottes» mit einer Saat verglichen, die langsam aufgeht und immer wieder von Dornen erstickt und zertrampelt wird. Christen sind nicht dazu berufen, die Welt völlig umzukrempeln. Sie sollen Salz und Licht sein, das Leben schmackhafter und die Welt heller machen. Und das ist nachweislich immer wieder geschehen, sei es durch karitative Pioniere wie Henri Dunant (1826–1910), den Begründer der Internationalen Rotkreuz- und Rothalbmond-Bewegung, sei es durch literarische Aktivisten wie Harriet Beecher-Stowe (1828–1896), die Autorin von «Onkel Toms Hütte».

Deshalb ist mir nicht bange vor dem, was uns bevorsteht. Durch die immer größeren Risse im Gebälk des vernunftfixierten Fortschritts wird immer mehr Licht einfallen.

Ganz besonders freue ich mich auf das Jahr 2030.

Auch wenn es vielen nicht bewusst ist: Aus christlicher Sicht findet dann die größte Jubiläumsfeier überhaupt statt:

2000 Jahre Christentum.

Das alles begann schließlich nicht im Stall von Bethlehem, sondern eigentlich erst mit dem Kreuzestod von Christus, seiner Auferstehung und der Gründung der Kirche am Pfingstfest. Die meisten Kirchenhistoriker datieren den Dreifach-Knaller auf das Jahr 30, einige auch auf das Jahr 33, was ich nicht weiter problematisch finde. Dann feiern wir ab 2030 eben vier Jahre lang.

Wer die sozialpolitische «Agenda 2010» revolutionär fand, wird den Mund vor Staunen gar nicht zukriegen bei den vielen Kirchenreformen, die uns bevorstehen. Mit «Kirche» meine ich natürlich nicht nur die deutsche, ja überhaupt kein bestimmtes institutionelles Konstrukt. Die Krise der Volkskirchen wird sich höchstwahrscheinlich noch verschärfen. Darin liegt auch eine Chance. Schließlich landet die Christenheit dann wieder da, wo sie oft am wirkungsvollsten war:

Abseits der Macht.

Damit läuten auch die Totenglocken für eine theologische Schule, die immer ein Elitenphänomen war und genau wie der radikale Vernunftglaube nur an einigen Universitäten überleben wird. Ich meine die theologische Schule, die sich gerne das Etikett «liberal» gibt, tatsächlich aber engstirnig materialistisch ausgerichtet ist, Gottes Wirken in die Naturgesetze einzwängt, Wunder ausschließt und im Zweifel für den Zweifel argumentiert.

Der bekannteste Materialismus-Fundamentalist der Theologiegeschichte ist Rudolf Bultmann (1884–1976). Er ist berühmt für sein Bemühen, die Bibel zu «entmythologisieren» – und vor allem für den folgenden Satz: «Man kann nicht elektrisches Licht und Radioapparat benutzen, in Krankheitsfällen moderne medizinische und klinische Mittel in Anspruch nehmen – und gleichzeitig an die Geister- und Wunderwelt des Neuen Testaments glauben.» Folgt man Bultmann, stehen die Berichte über Jesu Wunder und seine Auferstehung auf derselben Stufe wie die Geschichten aus dem indischen Mahabharata.

Ich habe mich deshalb in den letzten Jahren intensiv mit ihm beschäftigt. Schließlich war ich in Indien nicht nur andauernd mit Mythen konfrontiert, sondern auch mit der Tatsache, dass sie kaum alltagsverändernde Wirkung haben.

Bultmann, das habe ich den biografischen Informationen über ihn entnommen, verstand sich nicht als Glaubenszerstörer.[126] Vielmehr sah er sich als Glaubenserneuerer in einer Zeit, in der die Wissenschaft den verbindlichen Erkenntnisrahmen vorgab. Er schlug deshalb vor, die Wundergeschichten rein «existentiell» zu deuten, also danach, was sie für den modernen Zuhörer bedeuteten.

Bultmann hatte die historische Chance, der Welt zu zeigen, wie eine existentialistische Interpretation der Bibel in der Praxis gelingt. Er war Professor in Marburg, als Hitler an die Macht kam. Und blieb es ohne Unterbrechung bis zum Untergang des «Dritten Reichs». Anders als Kollegen wie Karl Barth leistete Bultmann den Führereid. Ziemlich unbeanstandet durfte er lehren und auch predigen.

Nach dem Krieg gab er eine Auswahl seiner Predigten heraus.[127] Ich habe sie durchgelesen. Sie sind voller existentialistischer Floskeln, aber ohne jede Kritik an den Novemberpogromen, am Überfall auf Polen, an der Deportation der Marburger Juden, an der Hinrichtung von Christuszeugen wie den Scholl-Geschwistern, am Vernichtungskrieg im Osten.

Kurz nach dem Einmarsch in Russland hielt er eine Predigt, in der er es als «Wunder» beschrieb, dass er und seine Zuhörer nicht an die Front mussten, sondern «dass wir hier unsere Arbeit treiben können».

«Was jemand wirklich glaubt», schreibt der Elitenkritiker Nassim Nicholas Taleb (*1960), «zeigt sich alleine darin, was er dafür riskiert».[128]

Bultmann riskierte sein Leben nicht, weil seine materialistische Überzeugung ihm nichts gab, wofür es sich zu sterben lohnte. Das ist mein persönlicher Schluss, den ich aus seiner Lehre und seinem Leben ziehe.

Mittlerweile ist die materialistische Theologie, die ein übernatürliches Eingreifen Gottes kategorisch ausschließt, auch in Fachkreisen ziemlich überholt, genau wie ein primitiv-naturalistisches Weltbild, das nur für wirklich hält, was wahrnehmbar und verständlich ist.

Unbestritten ist unter Kirchenhistorikern jedenfalls die Tatsache, dass die ersten Christen fest an die Auferstehung glaubten – an die von Jesus und an die eigene.

Unzweifelhaft ist auch, dass Kirchen nur dort wachsen, wo dieses Evangelium gepredigt wird.

Ich habe mich in vielen Ländern umgesehen, wo Kirchen nicht von Subventionen leben, sondern im Wettbewerb stehen. Seitdem weiß ich:

Kirchen, die nicht Jesu Auferstehung und das ewige Leben verkünden, sind so nachgefragt wie eine Sauna in der Backofenhitze von Karachi während dem Fastenmonat Ramadan.

Aber welche Kirche soll es dann sein? Womöglich eine spleenige? Sektenhafte? Reaktionäre? Naiv frömmelnde?

Meine alternative Prognose lautet: Dynamisch orthodoxe Kirchen sind im Kommen, wobei ich «orthodox» nicht im konfessionellen Sinne meine, sondern im Sinne des orthodoxen, übersetzt «rechtgläubigen», Nizänischen Bekenntnisses aus dem Jahr 325 («Ich glaube an Gott, den Vater …»).

Auch in Zukunft werden kirchliche Institutionen wichtig sein.

Es werden unterhalb dieser Institutionen, zwischen ihnen und außerhalb von ihnen aber ganz neue Räume der gelebten Frömmigkeit entstehen. Schließlich hat bisher noch jede Umbruchszeit ihre eigenen Frömmigkeitsbewegungen hervorgebracht und gerade das Christentum seine Stärke darin, flexibel auf neue Herausforderungen zu reagieren.

Die aktuellen Umwälzungen werden ganz zwangsläufig zu neuen Aufbrüchen führen, womöglich sogar zu einer Renaissance des Christentums. So wie die Renaissance an der Schnittstelle von Mittelalter und Neuzeit das antike Erbe für den christlichen Kulturraum erschloss, so könnte eine neue Renaissance am Beginn des dritten Jahrtausends das christlich-abendländische Erbe in den global-digitalen Kulturraum überführen.

Wie das konkret aussehen könnte, beschreibt der amerikanische Journalist Rod Dreher (*1967) in einem der meistdiskutierten christlichen Bücher der letzten Jahre, «Die Benedikt-Option»[129]. Er bezieht sich mit dem Titel nicht auf den vorherigen Papst, auch wenn er ihn oft zitiert, sondern auf Benedikt von Nursia (480–547), der in den Wirren zwischen Antike und frühem Mittelalter den nach ihm benannten Benediktinerorden gründete. Dreher rät dazu, sich ihn zum Vorbild zu nehmen: «Wir sollten aufhören, Energie und Ressourcen in aussichtslose politische Kämpfe zu stecken, und uns lieber darauf konzentrieren, gegenkulturelle Gemeinschaften, Institutionen und Netzwerke zu bauen.»

Die Strategie kann nicht ohne Weiteres auf Deutschland übertragen werden. Sie ist sehr stark auf die freikirchlich geprägten Vereinigten Staaten zugeschnitten. Aber auch in Deutschland gibt es immer mehr Räume, in denen Glaube innovativ vermittelt und gelebt wird: nicht in Katakomben und Klöstern, sondern in Wohnzimmern, Kinos, Buchgeschäften, Discos – und natürlich auch in Kirchen.

Ich selbst habe solche Räume mitgestaltet, in Deutschland wie in Indien, habe mitgewirkt an christlichen Gesprächssalons, Kulturtreffs, Bibelkreisen. Dabei habe ich ein Gespür dafür entwickelt, was solche Räume zum Leuchten bringt. Neben der Verankerung im christlichen Glaubensfundament ist das insbesondere:

Freundschaft.

Die Kathedralen des 21. Jahrhunderts werden Freundeskreise sein. Orte, in denen sich Menschen freundschaftlich miteinander und mit Gott verbinden.

Oft wird nämlich vergessen, dass der Aufruf zum liebevollen Umgang miteinander das einzige «neue» Gebot ist, das Jesus seinen Nachfolgern hinterlassen hat: «Habt euch untereinander lieb, so wie ich euch liebgehabt habe. Daran sollen alle erkennen, dass ihr zu mir gehört» (Johannes-Evangelium 13,35 und 36).

Es liegt eine besondere Tragik darin, dass dieses neue Gebot gleichzeitig das vermutlich am wenigsten befolgte von allen ist.

Die zwei größten Katastrophen, die über die Christenheit hereingebrochen sind, die islamischen Eroberungen und die radikale Aufklärung, wurden durch innerchristliche Streitereien zumindest verschärft, vielleicht sogar ausgelöst. Heftige Auseinandersetzungen zwischen theologischen Lagern, die heute keiner mehr kennt (schon mal was von Duo- und Monophysiten gehört?), machten es dem Islam leicht, sich als stringente Alternative zu profilieren und nach und nach die Hälfte des christlichen Einflussgebiets zu schlucken. In der frühen Neuzeit waren es die Konfessionskriege, die viele Intellektuelle am Glauben verzweifeln ließen und zu einer radikalen Kirchenkritik führten.

Das zweitausendjährige Kirchenbestehen ist ein guter Anlass, von Konfrontation auf Kooperation umzuschalten. Die Herausforderungen durch Säkularisierung, Technik-Overkill und Konsumtotalitarismus können nur gemeinsam bewältigt werden.

Das heißt nicht, dass jeder theologische Schwachsinn achselzuckend akzeptiert werden muss. Inklusion hat für mich etwa da Grenzen, wo Jesus zum bloßen Lehrer und guten Menschen degradiert wird oder von Wohlstandspredigern zum Beschaffungsgehilfen für unsere Gier herabgewürdigt wird.

Jesus hat seinen Nachfolgern keine heile Welt versprochen, stattdessen viele Tränen, die sie einander abwischen sollen, und viele Lasten, die sie mit vereinten Kräften tragen sollen. Aus seinen Reden und auch aus der Geschichte geht klar hervor:

Oft wird es erst schlechter, bevor es besser wird.

Wir sind die Nutznießer dieser Entwicklung. Uns geht es unendlich viel besser als der kleinen Truppe, die das Evangelium vor zweitausend Jahren in die Welt trug. Uns Christen in Deutschland geht es auch viel besser als den meisten Menschen, die derzeit leben. Das weiß ich spätestens, seit ich von meinem eigenen Porzellantellerrand aufgeschaut habe und gemerkt habe, wie wenig andere in ihren Blechschüsseln haben.

Wir können in großer Dankbarkeit zurückschauen und um uns blicken.

Und mit Hoffnung nach vorne.

Egal, wie viel zusätzliche Lebenszeit uns die moderne Medizintechnik beschert und wie viel uns durch Umweltgifte und Stress wieder weggenommen wird:

Es kommt am Ende noch besser. Ewig währt am längsten.

Epilog

Tag

(Brooklyn, New York)

Noch ist die Sonne nicht aufgegangen. Es ist ja auch erst drei Uhr morgens. Ich stehe in einer Menschenschlange vor einem Haus im New Yorker Stadtteil Brooklyn. Die jungen Leute um mich herum sind nach der neuesten Hipster-Mode gekleidet. Das hier soll, so hat ein Musikmagazin entschieden, der coolste Club in New York sein und damit einer der angesagtesten der Welt.

In mir kommen Heimatgefühle auf. Nicht wegen den Bässen, die aus dem Backsteingebäude wummern. Sondern wegen den leuchtenden Neonbuchstaben am Eingang.

«Schimanski», steht dort.

Von der Hauswand blickt mich das schnauzbärtige Gesicht des berühmtesten aller «Tatort»-Kommissare an. Er war der unbestrittene Fernsehheld der achtziger Jahre. Sein Revier war mein Geburtsort.

Ein Hauch von Duisburg, mitten in der Geld- und Glitzer-Metropole.

Das wärmt, bei spätherbstlichen Außentemperaturen von zwei Grad, mein Gemüt. Ich bin in New York, weil ich Freunde treffen und die Gelegenheit nutzen will, mir selbst einen Eindruck von dem «Schimmi»-Kult in New York zu machen.

Als ich am Türsteher vorbei den Club betrete, bin ich enttäuscht und schon nach ein paar Minuten wieder auf der Straße. Keine Tatort-Erkennungsmelodie, kein Klaus Lage, der «Faust auf Faust» singt. Das öde Beat-Gestampfe erstickt meine nostalgischen Gefühle und erinnert mich mit seiner Lautstärke allenfalls an den Sound der Zechen-Sprengungen im Ruhrgebiet.

Dennoch bin ich froh, hier gewesen zu sein. Der Kurz-Besuch im «Schimanski» hat eine meiner festen Überzeugungen bestätigt:

Alles, was gut ist, kommt irgendwann zurück.

Die Achtziger und Schimanski. Und erst recht viele christlich-abendländische Errungenschaften. Bei der Zukunftsbewältigung wird uns immer öfter der Griff zum Eingemachten helfen.

«Zukunft braucht Herkunft», lehrte der Gießener Philosoph Odo Marquardt (1928–2015). Der Zukunftsschock, unter dem wir derzeit stehen, zwingt uns dazu, nach unserer Herkunft zu fragen, nach unserem Erbe, nach unserer Bestimmung: Wo kommen wir her? Was bringen wir mit? Sind wir überhaupt auf dem richtigen Weg?

Die Trends, die ich in diesem Buch aufgezeigt habe, sind nur eine kleine Auswahl der vielen Veränderungsprozesse, die gerade ablaufen. Zu all diesen Entwicklungen gibt es eine Vielzahl von Vorschlägen, wie wir darauf reagieren sollen. Sie alle vorzustellen und zu bewerten, sprengt den Umfang jedes Buches.

Deshalb verdichte ich meine Ratschläge zum Schluss auf drei:

Wir werden besser und steigern unsere Wettbewerbsfähigkeit, wenn wir in unsere alten Stärken investieren: unseren Forschungsgeist, unseren Wissensdurst, unsere Bildung. Und wenn wir unsere Institutionen auf Effizienz trimmen oder ganz neue gründen.

Wir werden krisenfester, wenn wir nicht die radikale Autonomie fördern, sondern die gelingende Gemeinschaft: allen voran die Familie.

Wir werden glücklicher, wenn wir uns auf unsere wichtigste und schönste Tradition besinnen und sie nicht nur pflegen, sondern leben: den christlichen Glauben. Das ist keine Flucht in Nostalgie und keine Jenseitsvertröstung: Das ist Zukunftssicherung, die über das Morgen hinausreicht.

Bei den aktuellen Debatten um Migration wird vergessen: Wir alle sind kosmische Migranten. Wir haben für diese Welt nur eine befristete Aufenthaltsgenehmigung, die jede Minute ablaufen kann.

Welcher Zukunft wir entgegengehen, ist nicht zuletzt Einstellungssache. Meine eigene Zukunftsvorstellung, die sich während der Arbeit an diesem Buch verfestigt hat, ist:

Ich gehe spannenden, vermutlich auch sehr schwierigen Zeiten entgegen. Und gleichzeitig gehe ich heim.

So ähnlich, wenn auch viel kunstvoller, drückte sich der Dichter Thomas Stearns Eliot (1888–1965) aus. In einer schlimmen Krisenzeit, während der deutschen Luftangriffe auf England, verfasste er ein Gedicht, dem er den Namen einer winzigen Ortschaft gab, Little Gidding. Hier hatten im 17. Jahrhundert einige Familien eine christliche Gemeinschaft gegründet. Sie renovierten eine verfallene Kirche, kümmerten sich um Kranke, verdienten Geld mit Buchbinderei. Sie wählten in einer turbulenten Epoche die «Benedikt-Option», die ich im letzten Kapitel beschrieben habe. Eliot hatte diese Gemeinschaft vor Augen, als er die folgenden Verse schrieb:

«Wir werden nicht aufhören, zu forschen / Und am Ende aller Erforschungen / Werden wir da ankommen, wo wir losliefen / Und den Ort erkennen, als wären wir zum ersten Mal dort.»[130]

Anmerkungen

Vorbemerkung: Ich habe vorwiegend englischsprachige Literatur benutzt und deshalb Zitate aus dem englischen Original selbst ins Deutsche übersetzt. Viele der verwendeten Bücher habe ich wegen der besseren Verfügbarkeit in Indien als Kindle-Version gelesen, Zeitschriftenartikel in der Regel im Internet. Ich verzichte deshalb bei meinen Quellenangaben auf Seitenzahlen.

[1] Meine Frau Tabitha Bühne hat, ebenfalls beim Fontis-Verlag, ihre persönlichen Südasien-Erinnerungen veröffentlicht: *Mit Sari auf Safari. Wie Indien mein Leben auf den Kopf stellte*, 2018.

[2] Matthias Claudius: *Sämtliche Werke. Gedichte, Prosa, Briefe in Auswahl*, 1871.

[3] Katherine Frank: *Crusoe. Daniel Defoe, Robert Knox and the Creation of a Myth*, 2015.

[4] Siehe dazu Ian Johnson: *The Souls of China. The Return of Religion after Mao*, 2017.

[5] R+V-Versicherung, R+V-Studie: «Die Ängste der Deutschen 2018», September 2018.

[6] Evan Osnos: *Age of Ambition. Chasing Fortune, Truth, and Faith in the New China*, 2015.

[7] «Hindustan Times», 17.9.2017: «There are 1.77 million homeless in India, but the State is blind to them».

[8] Margot Käßmann: «Die multikulturelle Gesellschaft – Wurzeln, Abwehr und Visionen», Vortrag an der Ruhr-Universität Bochum, 12. Januar 2011.

[9] Amy Chua: *Political Tribes. Group Instinct and the Fate of Nations*, 2018.

[10] Die folgenden Texte sind zitiert aus Veena Kade-Luthra (Hrsg.): *Sehnsucht nach Indien. Literarische Annäherung von Goethe bis Günter Grass*, 3. Auflage, 2006.

[11] Friedrich Max Müller: *India. What Can It Teach Us?*, 1883.

[12] John Gottman: *Why Marriages Succeed or Fail. And How You Can Make Yours Last*, 1995.

[13] Eine unautorisierte Übersetzung aus dem Internet. Wir konnten die Übersetzerin bzw. den Übersetzer leider nicht ermitteln. Für Hinweise sind Autor und Verlag dankbar.

[14] Bobby Duffy: *The Perils of Perception. Why We're Wrong About Nearly Everything*, 2018.

[15] Erzählerische Kurzfassungen beider Mythen finden sich bei: Otto Abt: *Das Ramayana. Botschaft der Hoffnung und Freude*, 2003; ders.: *Von Liebe und Macht. Das Mahabharata. Neu erzählt*, 2001.

[16] Einer der führenden Vertreter dieser Geschichtslesart ist Steven Pinker, siehe vor

allem sein Buch *Enlightenment Now. The Case for Reason, Science, Humanism, and Progress,* 2018.

[17] Arnold J. Toynbee: *A Study of History,* London 1934–1954.

[18] Platon: *Der Staat,* übersetzt von Gernot Krapinger, 2017.

[19] «Spiegel Online», 19.6.2018, Kolumne von Margarete Stokowski: «Fehlt nur noch der Scheiterhaufen».

[20] Jared M. Diamond: *Collapse. How Societies Choose to Fail or Survive,* 2005.

[21] Ferdinand Mount: *Prime Movers. From Pericles to Gandhi: Twelve great political thinkers and what's wrong with each of them,* 2018.

[22] Der Utilitarismus (lat. *utilitas:* Nutzen, Vorteil) ist eine Form der zweckorientierten (teleologischen) Ethik, die in verschiedenen Varianten auftritt. Auf eine klassische Grundformel reduziert, besagt er, dass eine Handlung genau dann moralisch richtig ist, wenn sie den aggregierten Gesamtnutzen, das heißt die Summe des Wohlergehens aller Betroffenen, maximiert. (Quelle: de.wikipedia.org.)

[23] Philip Lucas und Anne Sheeran: «Asperger's Syndrome and the Genius and Eccentricity of Jeremy Bentham», in: «Journal of Bentham Studies», 8/2006.

[24] Mary Gabriel: *Love and Capital. Karl and Jenny Marx and the Birth of a Revolution,* 2011.

[25] «Das intime Erdbeben des ‹Dr. Sex›», in: «Stuttgarter Zeitung», 25.1.2018.

[26] Judith A. Reisman: *Sexual Sabotage. How One Mad Scientist Unleashed A Plague of Corruption and Contagion on America,* 2010.

[27] Judith Butler: *Das Unbehagen der Geschlechter,* deutsche Übersetzung, 1991.

[28] Nassim Nicholas Taleb: *The Black Swan. The Impact of the Highly Improbable,* 2007.

[29] Nassim Nicholas Taleb: *Skin in the Game. Hidden Asymmetries in Daily Life,* 2018.

[30] Richard A. Shweder, Nancy C. Much, Manamohan Mahapatra, Lawrence Park: «The ‹Big Three› of Morality (Autonomy, Community, Divinity) and the ‹Big Three› Explanations of Suffering», in A. M. Brandt und P. Rozin (Hrsg.): *Morality and Health,* 1997.

[31] Jonathan Haidt: *The Righteous Mind: Why Good People are Divided by Politics and Religion,* 2012.

[32] Sylvia Leifheit: *Einweihung in die Lebensweisheiten König Salomon's* [sic!], 2017.

[33] Wendy Doniger: *The Hindus. An Alternative History,* 2009.

[34] «Deutschland ist zweitgrößter Zahler an humanitärer Hilfe», in: «FAZ», 5.11.2018.

[35] Zum Beispiel 2. Mose 23,9: «Einen Fremdling sollst du nicht hart behandeln; ihr wisst ja, wie es dem Fremden zu Mute ist, weil ihr selbst Fremdlinge gewesen seid in Ägypten.» (Quelle: «Textbibel des Alten und Neuen Testaments», hrsg. von Emil Kautzsch.)

[36] Bobby Duffy: *The Perils of Perception: Why We're Wrong About Nearly Everything,* 2018.

[37] «Japan Acknowledges the First Radiation-Linked Death From the Fukushima Nuclear Disaster», in: «Time», 6.9.2018.

[38] «Sie lässt sich nicht unterkriegen», in: «Chrismon», 27.7.2018.

[39] D. N. Jha: *The Myth of the Holy Cow*, 2002.

[40] Pankaj Mishra: *Age of Anger. A History of the Present*, 2017.

[41] Matthias Claudius: *Sämtliche Werke. Gedichte, Prosa, Briefe in Auswahl*, 1871.

[42] Keinen baldigen Kollaps, stattdessen einen schleichenden Niedergang des Euro sagt der indisch-amerikanische Wirtschaftsprofessor Ashoka Mody in seinem Buch *Euro-Tragedy: A Drama in Nine Acts* (2018) voraus. Mody hält eine Rückkehr zu nationalen Währungen für wahrscheinlich, sieht darin aber eine Chance: «Es ist Zeit, einen neuen Pro-Europäismus zu pflegen, einen, der nicht an eine gemeinsame Währung gebunden ist. (...) Eine neue Europäische Republik des Wissens, die aus dem erneuerten Bekenntnis zu dezentralem Wettbewerb hervorgehen wird, einem Wettbewerb um Fortschritt und Innovation, wird am ehesten nachhaltiges Wachstum hervorbringen.»

[43] Siehe dazu Nicholas Shaxson: *The Finance Curse. How Global Finance is Making Us All Poorer*, 2018; der Autor schreibt über die Situation in Großbritannien, die zwar nicht mit der deutschen gleichgesetzt werden kann, aber typisch für die globale Entwicklung ist: «Vor hundert Jahren wurden 80 Prozent der Kredite an private Firmen vergeben. Heute leihen die Banken vor allem einander Geld oder investieren in Immobiliengeschäfte. Kaum mehr als zehn Prozent der Kredite britischer Banken gehen an Firmen außerhalb des Finanzsektors.»

[44] «Wo Vergewaltigungen alltäglich sind», in: «FAZ», 26.6.2018.

[45] Larry Siedentop: *Inventing the Individual. The Origins of Western Liberalism*, 2014.

[46] Bobby Duffy: *The Perils of Perception. Why We're Wrong About Nearly Everything*, 2018.

[47] Francis Fukuyama: *Identity. Contemporary Identity Politics and the Struggle for Recognition*, 2018.

[48] Steven Levitsky und Daniel Ziblatt: *How Democracies Die. What History Reveals Us About Our Future*, 2018.

[49] Roger Eatwell und Matthew Goodwin: *National Populism. The Revolt Against Liberal Democracy*, 2018.

[50] Der britische Journalist Oliver Bullough (Autor von: *Moneyland. Why Thieves and Crooks now Rule the World and How to Take It Back*) geht davon aus, dass aus den Haushalten von Entwicklungsländern jährlich zwischen zwanzig Milliarden und einer Billion Dollar gestohlen werden.

[51] Beth Macy: *Dopesick. Dealers, Doctors, and the Drug Company that Addicted America*, 2018.

[52] Hartmut Rosa: *Resonanz. Eine Soziologie der Weltbeziehung*, 2016.

[53] R+V-Versicherung, R+V-Studie: «Die Ängste der Deutschen 2018», September 2018.

[54] «Courage to do justice», in: DAWN, 3.11.2018.

[55] Von der Bundesregierung wurde im November 2018 ein Aufnahmeangebot aus-

gesprochen. Siehe: «Die Tagespost», 23.11.2018: «Deutschland will Asia Bibi aufnehmen.»

[56] Open Doors, Weltverfolgungsindex 2018; siehe auch: John L. Allen Jr.: *The Global War on Christians. Dispatches from the Front Lines of Anti-Christian Persecution,* 2013.

[57] Leonard Fernando, G. Gispert-Sauch: *Christianity in India. Two Thousand Years of Faith,* 2004.

[58] Catherine Nixey: *The Darkening Age. The Christian Destruction of the Classical World,* 2018. Das polemische Buch der britischen Journalistin, die nach eigenen Angaben eine ehemalige Nonne und einen ehemaligen Mönch als Eltern hat, wurde von der «New York Times» zu einem der Top-Bücher des Jahres 2018 gekürt («100 Notable Books of 2018», in: «New York Times», 19.11.2018).

[59] Passend dazu sind die Schlussfolgerungen des britischen Historikers Ian Mortimer in: *Human Race. 10 Centuries of Change on Earth,* 2015: «Es erscheint mir hochwahrscheinlich, dass Religionen sich auch im Westen wieder stärker ausbreiten werden, da auch dort die Ungleichheit zunehmen und die Mehrheit der Menschen relativ gesehen ärmer werden wird. [...] Es gibt weltweit einen klaren Zusammenhang zwischen Religiosität und Armut. Damit meine ich nicht, dass Armut zu Religiosität führt [...]. Mir erscheint das Gegenteil wahrscheinlicher: Dass Geld zu einem Verlust an geistlicher Hingabe führt. So oder so: Ich vermute, dass die Tröstungen des Glaubens und die gemeinschaftsfördernde Wirkung der Religion in Zukunft wieder wichtiger werden werden.»

[60] Mit den Kategorien «Sein, Bewusstsein, Freude» orientiere ich mich an dem christlich-apologetischen Buch von David Bentley Hart: *The Experience of God. Being, Consciousness, Bliss,* 2014.

[61] Todd M. Johnson, Gina A. Zurlo, Albert W. Hickman und Peter F. Crossing: «Christianity 2018: More African Christians and Counting Martyrs», Center for the Study of Global Christianity, Gordon-Conwell Theological Seminary, 2018.

[62] Philip Jenkins: *The Lost History of Christianity. The Thousand-Year Golden Age of the Church in the Middle East, Africa, and Asia – and How It Died,* 2008.

[63] Todd M. Johnson und Gina A. Zurlo: «Ongoing Exodus: Tracking the Emigration of Christians from the Middle East», in: «Harvard Journal of Middle Eastern Politics and Policy», 2013/2014.

[64] «Western Europe's Christians are As Religious As America's ‹Nones›», in: «Christianity Today», 29.5.2018.

[65] «Being Christian in Western Europe», Pew Research Center, 29.5.2018.

[66] «Religionsmonitor 2008», «Bertelsmann-Stiftung».

[67] Axel Michaels: *Buddha. Leben, Lehre, Legende,* 2011; Donald S. Lopez Jr.: *From Stone to Flesh. A Short History of the Buddha,* 2013.

[68] Siehe u. a. Shashi Tharoor: *Why I Am A Hindu*, 2018; Diana L. Eck: *India. A Sacred Geography*, 2013; Kim Knott: *Hinduism. A Very Short Introduction*, 2000.

[69] Siehe u. a. Karen Armstrong: *Muhammad. A Prophet For Our Time*, 2006; Reza Aslan: *No god but God. The Origins, Evolution, and Future of Islam*, 2011; Lesley Hazleton: *The First Muslim. The Story of Muhammad*, 2013.

[70] «Being Christian in Western Europe», Pew Research Center, 29.5.2018.

[71] Siehe vor allem Ibn Ishaq: *The Life of Muhammad*, übersetzt von A. Guillaume, 1998.

[72] Kolumne von Christian Stöcker: «Zum Glück gibt's den Islam» – Der Einstieg des Artikels verrät die Stoßrichtung: «Der Islam wird von seinen Kritikern als barbarisch dargestellt, das Christentum als aufgeklärt. Beides ist falsch. Tatsächlich waren einst die Christen die wahren Barbaren.» In: Spiegel Online, 2.10.2016. – Interview mit Islamforscher Alexander Flores: «Warum die Islamische Welt den Anschluss verlor». Hier heißt es: «Über Jahrhunderte war die islamische Gesellschaft der westlichen wissenschaftlich und kulturell weit überlegen.» In: Spiegel Plus, 20.12.2017.

[73] Fred Donner: *Muhammad and the Believers. At the Origins of Islam*, 2010. Tom Holland: *In the Shadow of the Sword: The Birth of Islam and the Rise of the Global Arab Empire*, 2012. Robert G. Hoyland: *In God's Path: The Arab Conquests and the Creation of an Islamic Empire*, 2015. G. W. Bowersock: *The Crucible of Islam*, 2017. Brian A. Catlos: *Kingdoms of Faith. A New History of Islamic Spain*, 2018.

[74] Kyle Harper: *The Fate of Rome: Climate, Disease, and the End of an Empire*, 2017.

[75] Daniel J. Janosik: *John of Damascus, first Apologist to the Muslims. The Trinity and Apologetics in the Early Islamic Period*, 2016; Michael Philip Penn: *When Christians First Met Muslims. A Sourcebook of the Earliest Syriac Writings on Islam*, 2015; Philip Jenkins: *The Lost History of Christianity. The Thousand-Year-Golden Age of the Church in the Middle East, Africa, and Asia – and How It Died*, 2008.

[76] Hugh Kennedy: *When Bagdad Ruled the Muslim World. The Rise and Fall of Islam's Greatest Dynasty*, 2006.

[77] David Potter: *Theodora. Actress, Empress, Saint*, 2015.

[78] Michael Blume: *Islam in der Krise. Eine Weltreligion zwischen Radikalisierung und Rückzug*, 2017.

[79] «The Gender Gap in Religion around the World», Pew Research Center, 22.3.2016.

[80] «Report Says Over 35.000 madrassas operating in Pakistan», in: «Pakistan Today», 31.7.2015.

[81] Horaz: *Satiren*, Buch 1, Teil 2, Vers 177.

[82] Kyle Harper: *From Shame to Sin. The Christian Transformation of Sexual Morality in Late Antiquity*, 2013.

[83] James Davison Hunter, Paul Nedelisky: *Science and the Good. The Tragic Quest for the Foundations of Morality*, 2018.

[84] John Gray: *Seven Types of Atheism*, 2018.

[85] Siehe dazu das Buch des amerikanischen Religionssoziologen Christian Smith: *Atheist Overreach. What Atheism Can't Deliver*, 2018.

[86] Für einen technik-optimistischen Ansatz siehe Max Tegmarks Buch: *Life 3.0: Being Human in the Age of AI*, 2017. Für eine kritische Einschätzung siehe Franklin Foer: *World Without Mind. The Existential Threat of Big Tech*, 2017.

[87] Michio Kaku: *The Future of Humanity. Terraforming Mars, Interstellar Travel, Immortality, and Our Destiny Beyond Earth*, 2018.

[88] Jon Ronson: «The Butterfly Effect», Podcast-Serie 2017.

[89] Mary Eberstadt: *How the West Really Lost God. A New Theory or Secularization*, 2013; Mark Regnerus: *Cheap Sex. The Transformation of Men, Marriage, and Monogamy*, 2017.

[90] «Why Do Virgins Have the Happiest Marriages?», in: «The Atlantic Monthly», Oktober 2018.

[91] «The Sex Recessions: Why young people are retreating from intimacy – and what this means for society», in: «The Atlantic Monthly», Dezember 2018.

[92] «Pro Porno»-Artikel veröffentlicht vor allem das Jungerwachsenen-Portal «Spiegel Bento» regelmäßig: «Warum Pornos in die Schule gehören», 13.2.2017. «Erika Lust, was macht einen guten Porno aus?», 24.4.2017. «Hey, liebe Frauen: Guckt mal bitte mehr Pornos!», 5.7.2018. «Diese Frau bestickt Stoff mit Szenen aus Pornos», 25.9.2018.

[93] Edmund Burke: *Reflections on the Revolution in France*, 1790.

[94] Walter Andersen, Shridhar Damle: *RSS. A View to the Inside*, 2018.

[95] Robert M. Sapolsky: *Behave. The Biology of Humans at Our Best and Worst*, 2017.

[96] William Goldman: *Adventures in the Screen Trade. A Personal View of Hollywood and Screenwriting*, 1983.

[97] Robert Musil: *Das hilflose Europa oder Reise vom hundertsten ins tausendste*, 1922.

[98] David J. Lieberman: *Never Get Angry Again. The Foolproof Way to Stay Calm and in Control in Any Conversation or Situation*, 2018.

[99] Siehe dazu die Lebensbeschreibung von Martin E. P. Seligman, einem der Begründer der «Positiven Psychologie»: *The Hope Circuit: A Psychologist's Journey from Helplessness to Optimism*, 2018.

[100] «Schüler fühlen sich am meisten durch Leistungsdruck gestresst», in: «Spiegel Online», 24.10.2018.

[101] Kathleen Dalton: *Theodore Roosevelt. A Strenuous Life*, 2002.

[102] Dambisa Moyo: *Edge of Chaos. Why Democracy is Failing to Deliver Economic Growth – and How to Fix It*, 2018.

[103] «Ziegenbalgs Erben», in: «ideaSpektrum», 19.10.2018.

[104] Konfuzius: *Gespräche mit Lun-Yu*, 2005.

[105] Simone Weil: *The Need for Roots. Prelude to a Declaration of Duties Towards Mankind*, 1951.

[106] Edmund Burke: *Reflections on the Revolution in France*, 1790.

[107] Bobby Duffy: *The Perils of Perception. Why We're Wrong About Nearly Everything*, 2018.

[108] Robert Wright: *Why Buddhism Is True. The Science and Philosophy of Meditation and Enlightenment*, 2017.

[109] Rolf Dobelli: *Die Kunst des guten Lebens. 52 überraschende Wege zum Glück*, 2017. Siehe auch Massimo Pigliucci: *How to Be A Stoic. Ancient Wisdom for Modern Living*, 2017.

[110] Emily R. Wilson: *The Greatest Empire. A Life of Seneca*, 2014.

[111] Anregend finde ich u. a. die Aufzeichnung eines Gesprächs des Dalai Lama mit dem anglikanischen Geistlichen Desmond Tutu, in: Dalai Lama und Desmond Tutu: *The Book of Joy. Lasting Happiness in A Changing World*, 2016.

[112] David Gilmour: *The British in India. Three Centuries of Ambition and Experience*, 2018.

[113] Mathias Tietke: *Yoga im Nationalsozialismus. Konzepte, Kontraste, Konsequenzen*, 2011.

[114] Für eine besonders verächtliche Darstellung siehe Christopher Hitchens: *The Missionary Position. Mother Teresa in Theory and Practice*, 1995.

[115] Steven Pinker: *Enlightenment Now. The Case for Reason, Science, Humanism, and Progress*, 2018.

[116] Yuval Noah Harari: *21 Lessons for the 21st Century*, 2018.

[117] Timothy Samuel Shaw, Allen D. Hertzke (Hrsg.): *Christianity and Freedom. Volume 1, Historical Perspectives*, 2017.

[118] Stephen Hawking: *Brief Answers to the Big Questions*, 2018.

[119] «Alle Gestirne hinter der Stirn», in: «Die Welt», 15.3.2018.

[120] Yuval Noah Harari: *21 Lessons for the 21st Century*, 2018.

[121] Jordan B. Peterson: *12 Rules for Life. An Antidote to Chaos*, 2018.

[122] Alfred Döblin: *Der unsterbliche Mensch. Ein Religionsgespräch*, 1946.

[123] Fjodor Dostojewski: *Tagebuch eines Schriftstellers, übersetzt von E. K. Rahsin*, 1996.

[124] Fjodor Dostojewski: *Sämtliche Erzählungen, übersetzt von E. K. Rahsin*, 1964.

[125] Kerstin Decker, *Heinrich Heine: Narr des Glücks*, 2005; Hans Hübner: *Der freche und der fromme Prophet. Heinrich Heine und sein Glaube*, 2009.

[126] Konrad Hammann: *Bultmann. Eine Biographie*, 2009.

[127] Rudolf Bultmann: *Marburger Predigten*, Tübingen 1956.

[128] Nassim Nicholas Taleb: *Skin in the Game. Hidden Asymmetries in Daily Life*, 2018.

[129] Rod Dreher: *The Benedict Option. A Strategy for Christians in A Post-Christian Nation*, 2016. Vorschläge dazu, wie die Strategie praktisch weiterentwickelt werden kann, macht die amerikanische Journalistin Leah Libresco: *Building the Benedict Option. A Guide to Gathering Two or Three Together in His Name*, 2018.

[130] T. S. Eliot: «Four Quartets», in: *The Complete Poems and Plays of T. S. Eliot*, 2004.